权威·前沿·原创

皮书系列为

"十二五""十三五""十四五"时期国家重点出版物出版专项规划项目

BLUE BOOK

智 库 成 果 出 版 与 传 播 平 台

四川蓝皮书
BLUE BOOK OF SICHUAN

四川绿色金融发展报告
（2024）

DEVELOPMENT REPORT OF SICHUAN'S GREEN
FINANCE（2024）

主　编／魏良益
副主编／杨嘉嵋

社会科学文献出版社
SOCIAL SCIENCES ACADEMIC PRESS（CHINA）

图书在版编目（CIP）数据

四川绿色金融发展报告 . 2024 ／ 魏良益主编；杨嘉
嵋副主编 . --北京：社会科学文献出版社，2024.9.
（四川蓝皮书）. --ISBN 978-7-5228-4017-8

Ⅰ. F832. 771

中国国家版本馆 CIP 数据核字第 20242SE947 号

四川蓝皮书

四川绿色金融发展报告（2024）

主　　编／魏良益
副 主 编／杨嘉嵋

出 版 人／冀祥德
责任编辑／吴　敏
责任印制／王京美

出　　版／社会科学文献出版社·皮书分社 （010）59367127
　　　　　地址：北京市北三环中路甲 29 号院华龙大厦　邮编：100029
　　　　　网址：www.ssap.com.cn
发　　行／社会科学文献出版社 （010）59367028
印　　装／三河市东方印刷有限公司

规　　格／开 本：787mm×1092mm　1/16
　　　　　印 张：19.5　字 数：289 千字
版　　次／2024 年 9 月第 1 版　2024 年 9 月第 1 次印刷
书　　号／ISBN 978-7-5228-4017-8
定　　价／158.00 元

读者服务电话：4008918866

主要编撰者简介

魏良益　博士，研究员，金融学、MBA 硕士生导师，四川省社会科学院金融财贸研究所所长，兼任四川省财政学会副会长、四川省金融创新与风险管理学会副会长、四川省公司治理研究会副会长。长期从事金融财政、产业经济、区域经济、企业管理等领域研究和教学工作。出版学术专著多部，在 CSSCI 来源期刊发表论文数十篇，先后主持国家社会科学基金项目、四川省社会科学规划重大项目、四川省软科学重点项目等多项。获四川省哲学社会科学优秀成果二等奖 2 项、三等奖 3 项。多篇对策建议获得四川省主要领导肯定性批示。

杨嘉嵋　博士，研究员，四川省社会科学院金融财贸研究所硕士生导师，四川省学术和技术带头人后备人选，四川省海外高层次留学人才。长期从事科技金融、绿色金融、文化金融等领域研究工作。先后主持完成国家级课题、省部级课题、市级课题、院级课题共 8 项，主研完成国家级课题、省部级课题及其他项目共 33 项。发表核心期刊论文近 30 篇，获得四川新闻奖 1 次（独著）。12 篇对策建议获得正省级领导肯定性批示，1 篇对策建议获得中宣部采用。1 份调研报告获得中宣部 2019 年"优秀调研报告"奖项。

序　言

在"绿色金融"概念被提出之前，Jose Salazar 最早提出了"环境金融"概念，认为环境金融是金融业根据环保产业的融资需求而进行的技术创新。2009 年，经济合作与发展组织（OECD）发布了《绿色增长宣言》。国际发展金融俱乐部（IDFC）在 2011 年官方报告中对"绿色金融"的广义定义进行了阐释，即对与环境相关的产品、绿色产业和具有可持续发展前景的项目进行的投融资，以及倡导可持续发展理念的金融政策。

近年来，绿色金融作为化解经济增长与环境保护之间矛盾的创新型金融发展方式，获得越来越多的关注和政策支持。2012 年 2 月，中国银监会发布《绿色信贷指引》，推动银行业金融机构以绿色信贷为抓手，积极调整信贷结构，充分发挥银行业金融机构在引导社会资金流向、配置资源方面的作用。2015 年 1 月，国务院办公厅发布《关于推行环境污染第三方治理的意见》，明确要求研究支持环境服务业发展的金融政策。2016 年 8 月，中国人民银行、财政部等七部门联合印发《关于构建绿色金融体系的指导意见》，明确提出建立绿色金融体系，发挥资本市场优化资源配置、服务实体经济的功能，支持和促进生态文明建设。2021 年 4 月，《中华人民共和国国民经济和社会发展第十四个五年规划和 2035 年远景目标纲要》提出要"构建绿色发展政策体系""大力发展绿色金融"。2021 年 10 月，《成渝地区双城经济圈建设规划纲要》提出要"探索绿色转型发展新路径""在绿色金融等领域先行先试"。2021 年 12 月，《成渝共建西部金融中心规划》提出要"推进绿色金融改革创新"。党的十八大（2012）、党的十九大（2017）、党的二十大（2022）报告都提出，要"坚持节约资源和保护环境的基本国策""推进绿色发展"。

与此同时，2016年7月，中共四川省委发布《关于推进绿色发展建设美丽四川的决定》（川委发〔2016〕20号）。2018年1月，四川省人民政府发布《四川省绿色金融发展规划》。2021年2月，《四川省国民经济和社会发展第十四个五年规划和二〇三五年远景目标纲要》提出要"加快生产生活低碳转型"。2021年12月，中共四川省委发布《中共四川省委关于以实现碳达峰碳中和目标为引领推动绿色低碳优势产业高质量发展的决定》。2023年6月，中共四川省委十二届三次全会审议通过了《中共四川省委关于深入推进新型工业化加快建设现代化产业体系的决定》，明确提出"推进产业绿色化发展"。

为贯彻落实国家创新驱动发展战略，全国各地都提出了要大力发展绿色金融，并进行了相应的改革和创新实践，积累了大量宝贵的经验。如何科学评价全国各地绿色金融发展水平，认识各地绿色金融发展异质性问题，相互借鉴学习并实现错位竞争十分重要。在此背景下，构建科学、统一、协调的绿色金融标准体系是当前绿色金融发展需要解决的问题，亟须建立符合生态文明发展趋势、符合国内外绿色金融标准共识、符合各地经济社会发展实际的绿色金融发展评价体系，引导、促进各地绿色金融快速发展。

本书根据国际国内绿色金融发展面临的新环境、新要求，以四川省绿色金融发展现状为研究重点，构建了四川绿色金融发展指标体系和评价模型，对2018~2022年四川省及其他30个省区市绿色金融发展进行了总体评价，对四川省绿色保险、绿色证券、绿色信贷、绿色基金发展情况进行了专项研究，对四川省级绿色金融改革创新试验区（"5+2"）的绿色金融发展情况进行了专题研究。

本书在编委会指导下，由四川省社会科学院金融财贸研究所组织选题、研究、撰写；各报告由四川省社会科学院、西南财经大学、攀枝花学院、四川银行股份有限公司等单位的专家学者撰写，并得到中国人民银行四川省分行、国家金融监督管理总局四川监管局、四川省地方金融监管局、四川省发展和改革委员会、中国证券监督管理委员会四川监管局、中共成都市委金融委员会办公室、四川银行股份有限公司等单位的大力支持，在此一并表示感谢。本书的出版发行得到社会科学文献出版社的领导和同仁的帮助与支持，在此表示感谢。

　　由于编辑经验不足，本书难免存在缺点和不足，敬请各位同行和广大读者批评指正！

2024 年 8 月

摘　要

　　绿色发展已成为全球共识。绿色金融作为绿色发展的重要推动力量，其理论研究、政策实践和产品创新等得到国内外学术界的持续关注。近年来，四川省聚焦"碳中和"主题大力发展绿色金融，设立绿色金融改革创新试验区，进行绿色金融产品创新，深化绿色金融基础工程建设，催生"金融+"科技赋能"双碳"目标实现新模式，取得了阶段性成果。

　　基于"环境—绩效—活力—潜力"理论分析框架，本书构建了四川绿色金融发展指标体系及评价模型，从绿色金融发展环境、发展绩效、发展活力、发展潜力四个维度，综合分析了四川省绿色金融发展状况，对比分析了全国31个省区市绿色金融发展情况。从总体情况看，四川省绿色金融发展指数位居前列；四川绿色金融发展环境指数处于第一梯队，绿色金融发展绩效指数、绿色金融发展活力指数、绿色金融发展潜力指数均位于前列；四川绿色金融发展存在规模偏小、制度创新不足、信息披露意愿不强等问题，需要从路径优化、重点聚焦等方面发力。同时，对比分析了成渝地区双城经济圈、京津冀、长三角、粤港澳大湾区绿色金融发展情况，认为成渝地区双城经济圈部分指标达到或接近先进水平，为促进成渝地区双城经济圈绿色金融进一步发展指明了方向。此外，本书探讨了四川省绿色保险、绿色证券、绿色信贷、绿色基金的发展基础、发展需求、发展潜力、现实困境等，对四川省绿色金融改革创新试验区（成都市、广元市、南充市、雅安市、阿坝州、宜宾市、攀枝花市）的绿

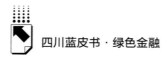

色金融发展成效、典型案例、发展经验进行了总结并做出展望；对四川省前瞻性开展绿色金融业务并取得显著成效的本土城市商业银行——四川银行股份有限公司的典型做法进行了梳理和分析。

关键词： 绿色金融 绿色发展 四川省

目 录 ⟪⟫

Ⅰ 总报告

Ⅱ 技术报告

Ⅲ 分报告

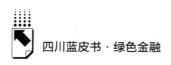

Ⅳ 区域篇

Ⅴ 案例篇

皮书数据库阅读**使用指南**

总 报 告 ►

B.1
四川绿色金融发展指数
报告（2018~2022）

魏良益 王 梦 李 璇 李 琴 向轶凡*

摘　要：　2018 年四川省启动省级绿色金融创新试点工作，形成了"5+2"试点地区绿色金融创新发展格局。从全国总体情况看，四川省绿色金融发展指数位居前列；四川绿色金融发展环境指数处于第一梯队，绿色金融发展绩效指数、绿色金融发展活力指数、绿色金融发展潜力指数均位于前列。2018~2022 年，四川省绿色金融发展在发展环境、发展绩效、发展活力及发展潜力维度总体保持了向好态势。成渝地区双城经济圈绿色金融在发展环境、发展绩效、发展活力、发展潜力等方面都有明显进步。与京津冀地区、长三角地区、粤港澳大湾区相比，成渝地区双城经济圈部分指标达到或接近

---

* 魏良益，四川省社会科学院金融财贸研究所所长、研究员、硕士生导师，主要研究方向为金融财政、产业经济等；王梦，西南财经大学管理科学与工程学院，主要研究方向为金融财政、产业经济等；李璇，四川省社会科学院金融财贸研究所，主要研究方向为金融财政、产业经济等；李琴，四川省社会科学院金融财贸研究所，主要研究方向为金融财政、产业经济等；向轶凡，四川省社会科学院金融财贸研究所，主要研究方向为金融财政、产业经济等。

先进水平。目前，四川绿色金融发展存在规模偏小、制度创新不够、信息披露意愿不强等问题，需要从发展路径优化、发展重点聚焦（转型金融与绿色供应链金融、碳金融与气候金融、生物多样性金融、生态金融与可持续金融）等方面推动创新发展。

关键词： 绿色金融　金融发展　四川省

一　四川绿色金融发展指数综合分析

（一）2018~2022年全国绿色金融发展概况

表1展示了2018~2022年全国31个省（区、市）的绿色金融发展指数梯队分布情况。2022年，位列第一梯队的有上海、江苏、北京、广东、重庆、四川、浙江、山东。其中，四川省指数值为77.01。

全国绿色金融发展水平呈现出较为明显的梯度特征，如果按照指数值并结合区域进行划分，大致可以分为三个梯队。2022年，第一梯队指数值在75以上，遥遥领先于河南、陕西、青海、西藏等。江西、贵州、湖南、甘肃、湖北、河北、山西、辽宁、福建、新疆、天津、海南、云南、黑龙江、安徽、宁夏处于第二梯队，指数值均在65以上。第三梯队为吉林、广西、内蒙古、河南、陕西、青海、西藏。各省（区、市）绿色金融发展均处于起步阶段，除上海、江苏、北京等地优势较明显外，其余省（区、市）指数值均较为接近。具体而言，各省（区、市）绿色金融发展指数具有以下特征。

总体来看，各省（区、市）呈现明显的"左偏型"非标准正态分布，绿色金融发展不平衡特征较为突出，国家级城市群绿色金融发展指数值较高。从绿色金融发展特点来看，指数值较高的省份大多位于四大城市群，即长三角城市群、粤港澳大湾区、京津冀城市群及成渝城市群。其余国家级城市群，如哈长城市群、呼包鄂榆城市群等的表现也较好。国家级城市群所在地区经济实力较为强劲，市场化程度较高，金融市场较成熟，且有大量政策支持，绿色金融发展环境较好、活力较强，故绿色金融发展指数值较高。

表1　2018~2022年31个省（区、市）绿色金融发展指数梯队分布情况

梯队	2022年 省（区、市）	2021年 省（区、市）	2020年 省（区、市）	2019年 省（区、市）	2018年 省（区、市）
第一梯队	上海、江苏、北京、广东、重庆、四川、浙江、山东	上海、江苏、北京、重庆、广东、四川、浙江、江西	广东、江苏、四川、上海、北京、浙江、河北、重庆	浙江、江苏、四川、广东、天津、甘肃、江西、北京	广东、山东、浙江、北京、江苏、内蒙古、海南、山西
第二梯队	江西、贵州、湖南、甘肃、湖北、河北、山西、辽宁、福建、新疆、天津、海南、云南、黑龙江、安徽、宁夏	山东、贵州、湖南、甘肃、湖北、河北、山西、辽宁、新疆、天津、海南、黑龙江、安徽、宁夏、福建、吉林	贵州、安徽、山西、甘肃、山东、江西、辽宁、新疆、天津、广西、海南、内蒙古、吉林、湖南、湖北、福建	内蒙古、辽宁、安徽、贵州、新疆、山东、山西、海南、广西、重庆、河北、湖北、上海、黑龙江、吉林、湖南	甘肃、四川、新疆、辽宁、贵州、天津、江西、安徽、重庆、河北、湖南、陕西、青海、广西、河南、云南
第三梯队	吉林、广西、内蒙古、河南、陕西、青海、西藏	广西、云南、内蒙古、河南、陕西、青海、西藏	青海、宁夏、黑龙江、河南、陕西、西藏、云南	福建、青海、河南、宁夏、云南、陕西、西藏	宁夏、黑龙江、上海、湖北、福建、西藏、吉林

注：第一梯队为得分前25%的省（区、市），第二梯队为得分25%~75%的省（区、市），第三梯队为剩下的省（区、市）。如需各省（区、市）指数得分，请联系笔者。

东部地区经济发达但发展不均衡，除成渝地区双城经济圈外的中西部地区经济发展相对滞后。从经济区域划分来看，绿色金融发展指数值呈现出东、中、西递减的格局。东部沿海地区是最早实施开放政策并且经济发展水平较高的，因此绿色金融发展综合指数值较高，但是，区域内各省（区、市）之间的指数值差距较大，发展不均衡。中部地区以及西部地区绿色金融发展处于起步阶段，指数值较低，区域内各省（区、市）之间的指数值差距相对较小。东北地区得益于政策支持和生态资源优势，指数值相对较高。从地理位置看，第一、第二梯队的省（区、市）大都处于长三角、珠

三角及成渝地区双城经济圈，即经济相对发达地区，说明当前绿色金融发展水平与区域经济发展水平呈现出较为显著的正相关性。

（二）2018~2022年全国绿色金融发展趋势分析

全国绿色金融发展总体持续向好，大部分省（区、市）进步显著。2022年所有省（区、市）绿色金融发展指数值相较于2018年均有显著上升，其中上海市、江苏省、北京市、吉林省及重庆市等进步较迅速，但地区间指数值差距进一步拉大。

进步最大的是位于第一梯队的上海市，主要原因是2016年8月中国人民银行等七部门发布《关于构建绿色金融体系的指导意见》，上海市相关综合性绿色发展规划、绿色金融专项发展规划及绿色金融协同发展政策等绿色金融发展政策日益完善；2019年5月中共中央、国务院印发《长江三角洲区域一体化发展规划纲要》，凭借强劲的经济实力，上海市绿色金融发展水平迅速提升。

在西部地区，四川省的进步也十分明显，指数值从2018年的43.51上升至2022年的77.01。此外，重庆市也在第二梯队中脱颖而出，于2020年成功跨入第一梯队。

梯队追赶态势明显。2018~2022年各省（区、市）的绿色金融发展呈现"你追我赶"的态势。具体来看，2018~2019年，11个省（区、市）的指数值上升，20个省（区、市）的指数值下降；2019~2020年，10个省（区、市）的指数值上升，21个省（区、市）的指数值下降；2020~2021年，15个省（区、市）的指数值上升，16个省（区、市）的指数值下降；2021~2022年，18个省（区、市）的指数值上升，13个省（区、市）的指数值下降。此外，第一梯队中头部省（区、市）优势进一步增强。

2018~2022年，广东、浙江先后居绿色金融发展指数前列，且指数值持续上升。2021年以来江苏、北京、重庆也稳定居前，其中江苏和北京指数值小幅上升。四川省的指数值有所波动，而浙江省的指数值下降。整体而言，梯队间差距逐渐缩小（见图1）。

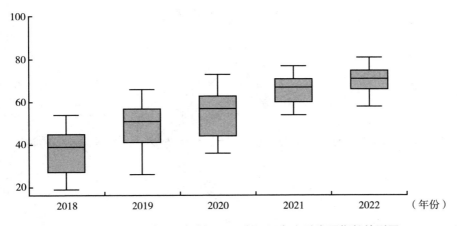

图1　2018~2022年31个省（区、市）绿色金融发展指数箱型图

（三）2018~2022年全国绿色金融发展突出省份

2017年6月，经国务院同意，中国人民银行会同国家发展和改革委员会、财政部、环境保护部等部门，在江西（赣江新区）、贵州（贵安新区）、新疆（哈密市、昌吉州、克拉玛依市）、广东（广州市）、浙江（湖州市、衢州市）五个省（区）的8个城市（新区）开启为期5年的绿色金融改革创新试验。2019年12月，在第一批"五省（区）八市"的基础上，国家批准在甘肃（兰州新区）设立绿色金融改革创新试验区，2022年8月批准设立重庆绿色金融改革创新试验区。几年来，"五省（区）八市"等地充分发挥先行先试、示范带头作用，绿色金融发展取得了显著成效。

各梯队都有部分省（区、市）在绿色金融发展的不同维度上表现亮眼。第一梯队各省（区、市）在一级指标上都有明显的领先优势，基本上位居各分项指标的前列。其中，上海市各项指标表现非常亮眼，特别是绿色金融发展环境指数、绿色金融发展绩效指数、绿色金融发展活力指数与其他省（区、市）相比有较明显优势（见图2）。

上海市绿色金融发展成效突出。上海市重视绿色金融发展，对绿色、

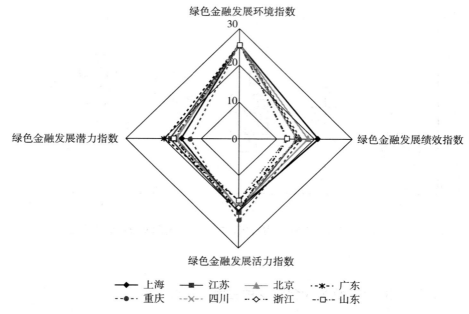

图2　2022年第一梯队各省（区、市）绿色金融发展部分指数雷达图

低碳、循环经济领域予以较大的支持力度。上海市发布的绿色金融行动方案中提出的重点任务包括进一步发展绿色融资、提高绿色金融创新能力、推动绿色金融标准体系建设等，为上海市绿色金融发展规划了路线和确立了目标。

江苏省在绿色金融发展潜力方面优势明显，列第2位。江苏省聚焦绿色低碳发展，经过多年实践探索取得了初步成效。省级机构联合发布了《关于深入推进绿色金融服务生态环境高质量发展的实施意见》，为绿色金融政策体系的初步建立奠定了基础。江苏省还专门在省级规划中强调"大力发展绿色金融、支持美丽江苏建设"，高度重视绿色金融发展。在政策合力推动下，全省绿色信贷余额不断增长，绿色金融债券发行和绿色债务融资工具等业务也取得了显著成绩。同时，江苏省还通过财政奖补、贴息、风险补偿等方式不断完善绿色金融激励体系，累计安排绿色金融奖补资金1.45亿元，进一步刺激了绿色金融发展潜力向绿色金融发展绩效转化。

北京市绿色金融发展水平处于全国领先地位。截至 2022 年底，北京市主要中资银行的绿色信贷余额超过 1.6 万亿元，同比增长超 25%，非金融企业发行的绿色债券超过 1000 亿元，占全国总发行量的近 40%。同时，北京市的碳市场各类碳排放权交易产品累计成交量达 9393.64 万吨，成交额达 30.37 亿元，试点碳配额成交均价稳居全国第一。

广东省绿色金融发展取得了显著成就。截至 2022 年底，绿色贷款余额接近 3 万亿元大关，并且呈现持续增长态势。珠三角地区的金融机构是绿色贷款的主要投放主体，其中广州市作为全国首批绿色金融改革创新试验区，其示范作用突出。广东省在绿色金融发展方面的优势之一是能够与港澳地区形成合力。成立于 2020 年 9 月的粤港澳大湾区绿色金融联盟为粤、港、澳三地提供了合作平台，共同推动绿色金融产品创新，推进粤港澳大湾区绿色产业发展。广东省在绿色金融改革创新方面一直走在全国前列，创造了多个国内"首个""首单"，如碳市场履约挂钩的债券等创新金融工具。中国人民银行广州分行的数据显示，广东省的绿色贷款余额和绿色债券余额规模都居全国首位，反映了广东省在这一领域的引领地位。在政策引领方面，广东省人民政府办公厅印发了《广东省发展绿色金融支持碳达峰行动的实施方案》，提出力争到 2025 年设立 40 家绿色专营机构，规模实现翻番。广东省在改革创新和绿色金融方面取得了积极成效，是其金融供给侧结构性改革的亮点之一。

重庆市作为绿色金融改革创新试验区，其建设成绩也十分亮眼，在绿色金融发展活力方面取得了显著成绩。截至 2022 年，绿色贷款余额超过 4000 亿元，同比增长约 34%，占各项贷款余额的比例超过 11%，是 2018 年的 3 倍以上。重庆市金融机构陆续推出了一批绿色信贷产品，并成立了绿色金融改革创新试验区工作领导小组，以多项举措促进绿色金融改革创新试验区建设。在数字化建设、政策环境、市场体系等方面采取了多项措施，如推进绿色金融数字化建设、营造良好政策环境以及完善绿色金融市场体系等。截至 2023 年，重庆市绿色贷款不良率低于 0.4%，全市碳排放权累计成交额超过 8.3 亿元，在全国 7 个试点碳交易市场中名列前茅。

四川省在绿色金融领域也取得了显著成绩,绿色金融发展环境、绩效、活力和潜力指数稳步提升。四川省以绿色金融"三大功能""五大支柱"为框架,加快构建了"双碳"目标下的绿色金融体制机制,推动了绿色金融改革创新和提质增效。截至 2022 年第二季度末,全省绿色贷款余额达 8382.57 亿元,同比增长 38.89%;全省绿色债券余额达 504.5 亿元,同比增长 35.50%。同时,四川省还积极推动环境权益融资,制定了《四川省环境权益抵质押贷款指导意见》,落实国家金融标准,推动地方碳账户体系和金融运用场景建设,在省级绿色金融综合服务双核平台上线绿色金融产品 131 款,入驻金融机构 77 家。此外,四川省还制定了《绿色金融创新发展工作方案》,在省级绿色金融创新试点方面也取得了成效。

浙江省在绿色金融发展方面的进展值得关注。浙江省发布《关于金融支持碳达峰碳中和的指导意见》(包括 10 个方面 25 项举措),着力推动全省金融支持碳达峰碳中和工作。作为绿色金融改革创新试验区,湖州市和衢州市做出了重要贡献。其中,湖州市在全国率先出台绿色金融促进条例,并建设全国首个区域性 ESG 评价数字化系统;衢州市率先建设工业、农业、能源、建筑、交通运输和居民生活六大领域碳账户体系,并出台了《关于金融支持碳账户体系建设的指导意见》,在碳账户信息优化业务流程和服务方面表现突出。此外,浙江省在绿色金融产品创新方面也取得了成就,如全省已落地碳配额抵押贷款 25 笔,贷款金额总计 2.4 亿元。同时,浙江省也积极推进全省金融机构环境信息披露,探索金融机构碳核算、环境风险压力测试等信息披露核心领域,在 2022 年底实现了全省法人银行业金融机构环境信息披露全覆盖。

第二梯队中,江西省绿色金融发展也取得了较为突出的成绩。在赣江新区绿色金融改革创新试验区获得国务院批复后,江西省委、省政府高度重视绿色金融改革发展工作,各地、各有关部门全力推动,呈现出发展活力充沛、创新能力突出、辐射效果显著的特点。其中,江西省在制定绿色票据、绿色信托标准以及地方绿色金融标准方面走在全国前列,截至 2022 年全省绿色信贷余额达 2136 亿元。此外,九江银行率先设立全省首家绿色金融事业部，推出多款绿色金融产品，积极探索新模式、新方法，取得了显著成绩。赣江新区充分利用国家级牌照优势，打造了绿色金融示范街，推动了绿色保险产品创新试点，成为江西省推进绿色金融改革创新的一个缩影。

贵州省在绿色金融发展环境及绩效方面进步显著。贵州省致力于推动绿色金融发展，经过不懈努力取得了显著成效。截至 2022 年末，全省绿色贷款余额达 5633.9 亿元，同比增长 28.2%，为绿色经济高质量发展提供了有力支持。贵安新区绿色金融改革创新试验区发展成效显著，综合排名在全国 9 个试验区中列第 4 名、位居中西部第一。各类金融机构积极推出绿色金融产品，加大对绿色产业的金融支持力度，同时也积极探索生态产品价值实现机制，推动生态产业化和产业生态化。金融机构还以各种差异化金融优惠政策激励绿色环保行为，推动了绿色生态账户的建立和使用。在推动环境信息披露工作方面表现出色，多项措施积极引导社会资本投向绿色低碳领域；同时，签约推出首张竹林碳票，为生态资源的生态价值变现提供了新途径。通过各项措施，金融机构助力地方产业升级和生态保护，为贵州省经济可持续发展贡献力量。

甘肃省的绿色金融发展呈现向好态势。兰州新区作为绿色金融改革创新试验区取得了一定成绩，截至 2022 年绿色信贷余额超过 2400 亿元，新增贷款超 100 亿元，占比超过各项贷款余额的 10%。此外，兰州新区委托中节能咨询有限公司编制绿色企业和绿色项目认证及评级办法，并于 2021 年 2 月正式发布了《兰州新区绿色项目认证及评级办法（试行）》《兰州新区绿色企业认证及评级办法（试行）》，以促进绿色产融对接，并提供制度保障。甘肃省在加强绿色金融能力建设方面，重点支持基础设施绿色升级、清洁能源利用、生态环境修复等。同时，甘肃银行、兰州银行成功发行超过 40 亿元绿色金融债券，募集资金定向支持绿色企业、绿色项目发展，推动甘肃电投能源发展股份有限公司发行总额 10 亿元的绿色中票，成为甘肃省银行间市场首单绿色债务融资工具。此外，甘肃省加快环境权益市场建设，为未来碳金融发展奠定基础。

作为绿色金融改革创新试验区，新疆在绿色金融领域进步显著。截至2022年，新疆金融机构绿色贷款余额超过2600亿元，占各项贷款的10%以上。这些绿色贷款主要用于清洁能源、基础设施绿色升级以及节能环保产业。同时，新疆的绿色信贷规模扩大，绿色专营机构（包括绿色支行、绿色金融事业部、绿色柜台）的覆盖范围持续扩大，克拉玛依市、哈密市、昌吉州已实现全覆盖，共有59家银行业绿色专营机构和7家非银行业绿色专营机构。此外，截至2022年，新疆累计发行绿色金融债券超50亿元，非金融企业绿色债务融资工具总额超20亿元。共有1715个项目被纳入绿色项目库，项目总投资达8755.69亿元，融资需求为6198.23亿元，覆盖地区从三地试验区扩展至乌鲁木齐市、伊犁哈萨克自治州、阿勒泰地区等11个地州市。

第三梯队中，也有部分省（区、市）在不同维度呈现出了一定的特色。吉林省的绿色金融发展指数不高，但得益于较为丰富的生态资源，截至2022年，生态环保项目融资累计获得银行授信222.83亿元，年内累计发放贷款8.03亿元。共有28家重点排放单位参与碳排放交易，累计交易配额811.18万吨，累计成交额3.32亿元；48家重点排放单位的月度信息化存证率在全国率先达到100%。近年来，吉林省将绿色金融融入"绿水青山、冰天雪地"转化通道，走出了一条具有吉林省特色的生态保护和高质量发展新路子。借助绿色金融手段，吉林省成功盘活碳排放权资产，解决企业融资难题，并推动绿色产业发展。通过各种创新方式，吉林省生态环境厅打破企业绿色高质量发展瓶颈，积极推进碳排放数据监管，并鼓励企业参与碳排放权交易。同时，吉林省积极推动绿色贷款解决企业融资难题，为重点企业和项目获得信贷资金支持创造有利条件。吉林省不断创新环境治理模式、市场化融资方式和环境经济政策，为绿色金融发展提供全方位支持。吉林省在生态环保项目融资、碳排放交易和信息化存证等方面取得了较为突出的成绩，但绿色金融发展仍存在不足之处，需要进一步加强政策支持，提升生态保护水平，加强信息披露和监管，推动绿色金融创新，强化合作推动，促进更多资金和资源流向绿色、可持续发展领域，推动绿色金融发展迈上新台阶，为生态保护和高质量发展提供更有力的支持。

二　四川绿色金融发展指数结构分析

（一）绿色金融发展环境指数分析

1.绿色金融发展环境指数构成

绿色金融发展环境指数占绿色金融发展总指数的权重为25%；三级指标中，制度建设和能力建设等权重设置。制度建设下设2个四级指标，能力建设下设2个四级指标。四级指标均为等权重设置。发展环境指数构成详见本书B.2。

2.绿色金融发展环境指数概况

受限于数据的可得性及相关政策文本数量，本指标体系中绿色金融发展环境指数下的分项指标均为定性指标（详见本书B.2），因此本部分仅对各省（区、市）的绿色金融发展环境情况做定性分析。如表2和图3所示，2018~2022年我国31个省（区、市）的绿色金融发展环境指数呈现显著的阶梯式分布。

表2　2022年全国31个省（区、市）绿色金融发展环境指数

梯队	省（区、市）
第一梯队	北京、福建、广东、贵州、江苏、江西、宁夏、山东、上海、四川、天津、浙江、重庆
第二梯队	安徽、甘肃、河北、湖北、湖南、山西、新疆、云南
第三梯队	海南、辽宁、广西、河南、黑龙江、内蒙古、陕西、吉林、青海、西藏

江苏、浙江、天津等的绿色金融统计制度、绩效考核制度、信息共享平台等较为健全，这些省（区、市）在2016年8月中国人民银行等七部门发布《关于构建绿色金融体系的指导意见》后，迅速建立了较为全面的绿色金融政策体系，绿色金融发展的政策环境较好。

此外，许多省（区、市）已经在建立绿色企业信用体系、绿色项目库、信贷风险监测和评估机制、绿色项目融资风险补偿机制等方面取得一定进

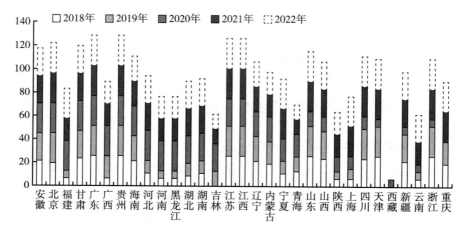

图 3 2018~2022 年全国 31 个省（区、市）绿色金融发展环境指数

展。2018 年以来，四川省、重庆市迅速出台了相应的政策。重庆市、四川省、贵州省等地的绿色金融发展环境较为健全。

部分省（区、市）的制度建设亮点凸显。比如，广东在绿色金融信息共享平台建设上有一定优势，而新疆在绿色企业信用体系建设上表现较为突出。

然而，部分省（区、市）的绿色金融发展环境建设仍存在不足，比如，辽宁、西藏等的绿色金融统计制度和绿色项目库建设有待加强。

3. 绿色金融发展环境核心指标分析

（1）制度建设

制度建设是绿色金融发展的重要支撑和保障，包括建立统计制度、绩效考核制度、信息共享平台、企业信用体系、项目库、风险监测和评估机制以及融资风险补偿机制等内容，各省（区、市）制度建设情况如图 4 所示。

北京、江苏、广东、天津等省（区、市）制度建设相对较为全面，已经在统计制度、绩效考核制度、信息共享平台、企业信用体系、项目库、风险监测和评估机制以及融资风险补偿机制等方面取得了突出成绩。

值得注意的是，除北京、江苏、广东和天津外，安徽、甘肃、贵州、四川和山东等也在制度建设方面取得了较大进步。在建立绿色金融统计制度、绩效考核制度、信息共享平台、企业信用体系、项目库、风险监测和评估机制以及

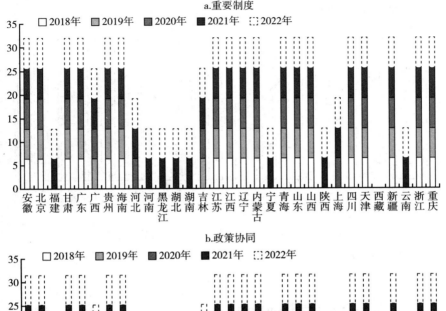

图 4　2018~2022 年 31 个省（区、市）制度建设指数

融资风险补偿机制等方面表现突出，为绿色金融的发展提供了有力支持。

（2）能力建设

在能力建设方面，2022 年 31 个省（区、市）在能力建设上呈现出明显的梯度差异，如图 5 所示。北京、福建、广东等在支撑体系建设和风险监督预警体系建设方面表现突出。福建省 2021 年和 2022 年进步明显。甘肃、广东、贵州、江苏等的上述指数值稳定，并呈现出一定的增长趋势。值得注意的是，四川省在上述两方面均取得了较好的成绩。

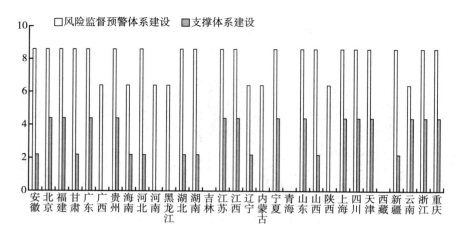

图 5　2022 年 31 个省（区、市）能力建设指数

资料来源：收集、整理，计算所得。

（二）绿色金融发展绩效指数分析

1.绿色金融发展绩效指数构成

绿色金融发展绩效指数旨在刻画绿色金融发展取得的成效。绿色金融发展绩效指数占总指数的权重为 25%，包括绿色信贷、绿色股权、绿色债券、绿色保险、绿色基金、绿色投资、绿色支持、绿色权益 8 个三级指标。8 个指标等权重设置，每个三级指标下设 1 个四级指标，四级指标均为等权重设置。发展绩效指数构成详见本书 B.2。

2.绿色金融发展绩效指数情况

根据标准化处理过的数据与指标权重加权求和后，得出 2018～2022 年我国 31 个省（区、市）的绿色金融发展绩效指数。图 6 显示了 2022 年 31 个省（区、市）的绿色金融发展绩效指数情况。

在绿色金融发展绩效指数中，上海市、吉林省、北京市具有明显优势。湖北省在绿色信贷发展方面领先于其他省（区、市）；上海市和北京市在绿色股权方面占据绝对领先地位；吉林省在绿色债券、绿色基金方面表现突出；辽宁省在绿色保险方面优势明显，充分说明地区对此的重视程度；江苏

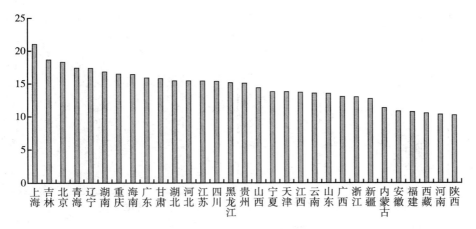

图6 2022年绿色金融发展绩效指数情况

资料来源：收集、整理，计算所得。

省在绿色投资方面居前列；贵州省在绿色支持方面显著优于其他省（区、市）；甘肃省在绿色权益方面优势明显。

四川省在绿色信贷方面表现欠佳，在绿色债券、绿色保险和绿色基金方面优势明显，在绿色股权、绿色投资、绿色支持、绿色权益方面位于31个省（区、市）的中游水平，因而整体处于中游水平。

3. 绿色金融发展绩效核心指标分析

（1）绿色信贷

在31个省（区、市）绿色信贷指数方面，湖北省、北京市、山西省优势明显，在支持环境友好行业发展方面表现突出，为地区绿色信贷发展提供了扎实的环境基础。四川省展现出良好的绿色信贷发展势头，指数值相较于上年增加。

（2）绿色投资

在31个省（区、市）绿色投资指数方面，江苏省、重庆市、甘肃省、青海省、河北省、广东省、河南省和山西省等表现较好。四川省紧随其后，反映出四川省政府及金融机构对环境保护产业投资、资源综合利用产业投资、新能源产业投资、生态农业投资、绿色技术和绿色服务业投资等较为重视。

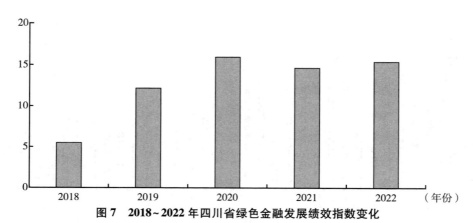

图7　2018~2022年四川省绿色金融发展绩效指数变化

资料来源：收集、整理，计算所得。

（3）绿色权益

在31个省（区、市）绿色权益指数方面，甘肃省、吉林省、上海市、云南省和山西省等表现较好，展现出当地政府针对绿色权益的开发和保护措施的成效显著。四川省该指数值相较于上年上升，表明四川省的碳交易、用能权交易、排污权交易等市场建设正在扎实有序地推进中。

表3　2018~2021年31个省（区、市）绿色金融发展绩效指数梯队分布情况

梯队	2021年	2020年	2019年	2018年
	省（区、市）	省（区、市）	省（区、市）	省（区、市）
第一梯队	上海、吉林、北京、青海、辽宁、湖南、重庆、海南	上海、广东、四川、西藏、江苏、河北、安徽、北京	浙江、上海、甘肃、江苏、黑龙江、福建、天津、四川	北京、广东、海南、山东、浙江、内蒙古、广西、陕西
第二梯队	广东、甘肃、河北、湖北、江苏、四川、黑龙江、贵州、山西、宁夏、天津、江西、云南、山东、广西、浙江	重庆、贵州、福建、广西、青海、湖南、吉林、辽宁、甘肃、山西、湖北、浙江、宁夏、河南、黑龙江、新疆	内蒙古、湖北、辽宁、广西、江西、海南、河北、安徽、湖南、河南、宁夏、新疆、青海、重庆、北京、广东	西藏、河北、重庆、新疆、湖南、甘肃、山西、辽宁、河南、云南、吉林、上海、宁夏、安徽、黑龙江、江苏
第三梯队	新疆、内蒙古、安徽、福建、西藏、河南、陕西	陕西、海南、江西、天津、云南、山东、内蒙古	山西、吉林、云南、贵州、陕西、西藏、山东	四川、天津、福建、江西、青海、贵州、湖北

注：第一梯队为得分前25%的省（区、市），第二梯队为得分25%~75%的省（区、市），第三梯队为剩下的省（区、市）。如需各省（区、市）指数得分，请联系笔者。

（三）绿色金融发展活力指数分析

1. 绿色金融发展活力指数构成

绿色金融发展活力指数旨在刻画绿色金融创新、市场竞争能力及未来可持续发展能力等情况，绿色金融发展活力指数占总指数的权重为25%。三级指标中，创新能力、创新绩效、交流合作等权重设置。创新能力下设2个四级指标，创新绩效下设1个四级指标，交流合作下设2个四级指标，同一三级指标下的四级指标均为等权重设置。绿色金融发展活力指数构成详见本书B.2。

根据标准化处理的数据与指标权重加权求和后，得出2018~2022年我国31个省（区、市）的绿色金融发展活力指数。图8显示了2022年31个省（区、市）的绿色金融发展活力指数情况。

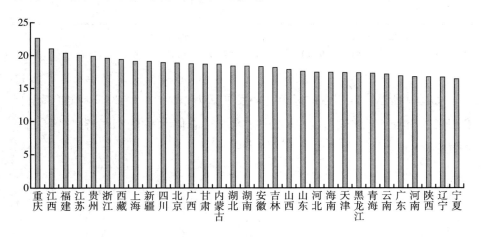

图8　2022年绿色金融发展活力指数

2. 绿色金融发展活力指数情况

在绿色金融发展活力指数方面，重庆、江西、福建具有明显优势（见表4）。内蒙古的创新能力指数高于其他省（区、市），北京、河北、天津也处于领跑地位；31个省（区、市）的创新绩效指数无较大差异；重庆市和江西省的交流合作指数优势突出，且交流合作指数整体的上下限差距大，在等权重下对发展活力指数的影响较为明显。

表4 2018~2021年31个省（区、市）绿色金融发展活力梯队

梯队	2021年 省(区、市)	2020年 省(区、市)	2019年 省(区、市)	2018年 省(区、市)
第一梯队	重庆、江西、福建、江苏、贵州、浙江、西藏、新疆	江苏、四川、浙江、北京、贵州、重庆、福建、江西	浙江、广东、江苏、内蒙古、四川、福建、贵州、江西	内蒙古、福建、江苏、云南、贵州、北京、河北、海南
第二梯队	上海、四川、北京、广西、甘肃、内蒙古、湖北、湖南、安徽、吉林、山西、山东、海南、河北、黑龙江、天津	内蒙古、天津、山西、云南、广东、湖南、陕西、河北、新疆、安徽、上海、湖北、青海、山东、海南、辽宁	北京、河南、新疆、天津、河北、山东、甘肃、山西、重庆、云南、安徽、湖北、上海、海南、辽宁、湖南	浙江、山东、新疆、广东、天津、青海、辽宁、四川、陕西、重庆、江西、山西、湖北、上海、河南、湖南
第三梯队	青海、云南、广东、河南、陕西、辽宁、宁夏	河南、黑龙江、吉林、广西、西藏、甘肃、宁夏	吉林、青海、陕西、黑龙江、西藏、广西、宁夏	安徽、黑龙江、甘肃、西藏、吉林、广西、宁夏

注：第一梯队为得分前25%的省（区、市），第二梯队为得分25%~75%的省（区、市），第三梯队为剩下的省（区、市）。如需各省（区、市）指数得分，请联系笔者。

如图9所示，四川省的绿色金融发展活力指数2018~2022年逐年攀升，创新能力和交流合作指数均处于中游水平，总体水平在31个省（区、市）中居前。

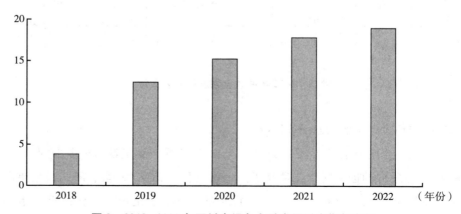

图9 2018~2022年四川省绿色金融发展活力指数变化

3.绿色金融发展活力核心指标分析

（1）创新能力

创新能力主要用绿色金融产品数量、ESG信息披露银行占比、绿色项目审批"绿色通道"金融机构占比三个指标进行衡量。其中，31个省（区、市）在绿色金融产品数量及绿色项目审批"绿色通道"金融机构占比上差异不大。绿色金融产品主要由各个全国性金融机构发布，因此考虑到全国市场一体化发展，大部分产品均在各省（区、市）上市。类似地，具备绿色项目审批"绿色通道"的金融机构也多为全国性金融机构，因此创新能力实际上由各省（区、市）的ESG信息披露银行占比决定。

2022年，六大国有银行已全部披露其2022年ESG/社会责任报告。在12家股份制银行中，已有9家披露了报告。已发布ESG/社会责任报告的银行分别为工商银行、农业银行、中国银行、建设银行、交通银行、邮储银行、招商银行、浦发银行、中信银行、兴业银行、民生银行、光大银行、平安银行、恒丰银行和浙商银行。由于采用占比数据，银行总数量较少的内蒙古及六大国有行、九大股份行较为集中的北京市较为占优，因此其指数处于前列。

（2）交流合作

交流合作主要包括国际交流（赤道银行数量）和国内交流（绿色金融学术会议）两个方面，重庆市在绿色金融交流合作方面表现优异，紧随其后的是江西省和福建省。云南、天津、陕西和宁夏等的交流合作相对较少。

重庆市绿色金融改革创新试验区自成立以来，取得了亮眼的成绩，在绿色金融交流合作方面表现突出，且在推动可持续发展和环境保护方面扮演着重要的角色。重庆市绿色金融改革创新试验区着力于创新金融机制，促进绿色金融产品和服务的发展。通过建立绿色金融评价体系、推动绿色信贷和债券市场发展，以及支持绿色项目融资等方面的努力，试验区积极推动了重庆市的绿色金融发展。在绿色金融改革创新试验区的推动下，重庆市加大了对可再生能源、节能环保和生态保护等领域的金融支持力度。在推动绿色金融的市场化、专业化过程中也加快推进国际化进程，积极开展国际交流活动。与之相比，云南、天津、陕西和宁夏等的绿色金融改革刚起步，在绿色金融交流合作方面有待加强。

31个省（区、市）的绿色金融文化、社会意识及对于环境保护和可持续发展的重视程度会影响其绿色金融交流合作水平。此外，绿色金融产业技术和创新能力的提升也是吸引交流合作的关键，拥有先进产业技术和创新解决方案能够推动绿色金融发展。因此，地方政府及相关金融机构、企业都应加强对于提升绿色金融交流合作能力的重视。

总体来看，31个省（区、市）在绿色金融发展活力方面呈现了不同程度的变化。特别是那些发展相对滞后的地区，逐渐意识到了提升绿色金融发展活力的重要性，并积极采取改进措施。2018～2022年，一些发展相对滞后的地区开始注重环境保护和可持续发展，将绿色金融作为推动经济转型升级的重要手段，积极完善绿色金融政策和机制，鼓励金融机构加大对绿色产业的支持力度，促进环保企业融资。然而，尽管这些地区在提升绿色金融发展活力方面取得了积极的成效，但与重庆等领先地区相比仍存在较大的差距。因此，各地应进一步加强交流和合作，共同推动绿色金融蓬勃发展。

（四）绿色金融发展潜力指数分析

1. 绿色金融发展潜力指数构成

绿色金融发展潜力指数旨在刻画绿色金融发展的空间与潜能，发展潜力指数占总指数的权重为25%。三级指标中，资源潜力、市场潜力等权重设置。资源潜力下设3个四级指标，市场潜力下设2个四级指标，同一三级指标下的四级指标等权重设置。绿色金融发展潜力指数构成详见本书B.2。

根据标准化处理的数据与指标权重加权求和后，得出2018～2022年我国31个省（区、市）的绿色金融发展潜力指数。图10显示了2022年31个省（区、市）的绿色金融发展潜力指数。

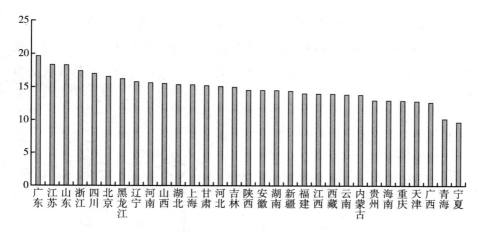

图10　2022年绿色金融发展潜力指数情况

资料来源：收集、整理，计算所得。

2.绿色金融发展潜力指数情况

在绿色金融发展潜力指数方面，广东、江苏、山东具有明显优势（见表5）。其中广东的资源潜力指数和市场潜力指数表现优异，江苏、内蒙古的

表5　2018~2021年31个省（区、市）绿色金融发展潜力指数梯队分布情况

梯队	2021年	2020年	2019年	2018年
	省（区、市）	省（区、市）	省（区、市）	省（区、市）
第一梯队	广东、江苏、山东、浙江、四川、北京、黑龙江、山西	广东、江苏、山东、浙江、四川、黑龙江、北京、河北	广东、江苏、山东、四川、浙江、黑龙江、河北、北京	广东、江苏、四川、山东、浙江、河北、黑龙江、北京
第二梯队	辽宁、湖北、河南、上海、河北、甘肃、吉林、陕西、安徽、湖南、新疆、内蒙古、江西、西藏、福建、云南	辽宁、河南、山西、上海、湖北、甘肃、吉林、安徽、湖南、新疆、陕西、内蒙古、江西、西藏、福建、云南	辽宁、内蒙古、山西、河南、甘肃、湖北、上海、吉林、新疆、湖南、西藏、安徽、陕西、云南、福建、江西	内蒙古、山西、河南、辽宁、甘肃、湖北、西藏、上海、新疆、陕西、湖南、吉林、安徽、云南、青海、江西
第三梯队	重庆、广西、海南、天津、贵州、青海、宁夏	广西、天津、贵州、海南、重庆、宁夏、青海	广西、贵州、海南、天津、青海、重庆、宁夏	广西、福建、贵州、海南、重庆、天津、宁夏

注：第一梯队为得分前25%的省（区、市），第二梯队为得分25%~75%的省（区、市），第三梯队为剩下的省（区、市）。如需各省（区、市）指数得分，请联系笔者。

资源潜力指数居前；山东、浙江和北京在市场潜力方面表现亮眼。

2018~2022年四川省绿色金融发展潜力指数逐年上升（见图11），且2022年四川省资源潜力指数居前，市场潜力指数大幅提升，总体发展潜力居全国前列。

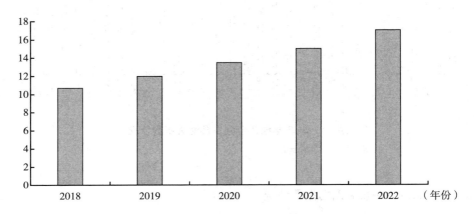

图11 2018~2022年四川省绿色金融发展潜力指数变化

资料来源：收集、整理，计算所得。

3. 绿色金融发展潜力核心指标分析

（1）资源潜力

2022年绿色金融资源潜力指数居前的有广东、江苏、内蒙古、山东和四川。广东、江苏、内蒙古、山东和四川等显示出较大的绿色金融资源潜力，具有较大的发展空间。相对而言，天津、宁夏、海南等的绿色金融资源潜力有待挖掘。

（2）市场潜力

2022年绿色金融市场潜力指数居前的有广东、山东、浙江、北京和江苏。广东、山东、浙江、北京和江苏等显示出较大的绿色金融市场潜力，具备较大的发展空间。相比之下，广西、内蒙古、宁夏和青海等的绿色金融市场潜力有待挖掘。

总体来看，31个省（区、市）在绿色金融发展潜力方面差异比较大。

为进一步挖掘和利用绿色金融资源，推动可持续发展和绿色产业发展，需要根据各省（区、市）的特点和优势，制定有针对性的政策和措施，提升绿色金融资源利用水平，共同促进绿色金融发展。

三　四川绿色金融发展情况分析

（一）四川绿色金融子指数情况

从 4 个二级指标数值来看，四川省在发展环境、发展绩效、发展活力及发展潜力上均总体保持上升趋势，其中绿色金融发展活力提升幅度最大。受疫情影响，绿色金融发展绩效指数 2021 年有所下降，但 2022 年有所上升，整体上保持了良好的上升趋势。

四川省绿色金融发展指数迅速提升。四川省绿色金融发展在过去几年中取得了较大的进步，但 2022 年其他省（区、市）的发展速度更快，导致其相对位置有所下降。

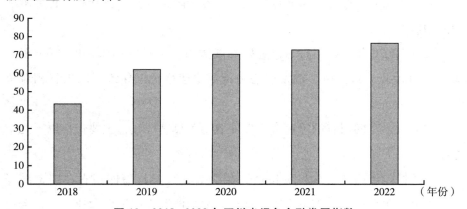

图12　2018~2022 年四川省绿色金融发展指数

资料来源：收集、整理，计算所得。

四川省绿色金融发展环境指数 2019~2022 年一直保持前列。四川省积极改善绿色金融发展环境，提供更好的政策和法规支持，吸引了更多的投资和企业，从而发展环境指数表现较好。

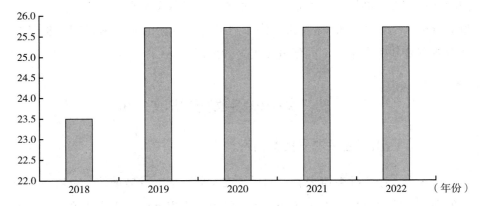

图 13　2018～2022 年四川省绿色金融发展环境指数

资料来源：收集、整理，计算所得。

四川省绿色金融发展绩效指数 2018～2022 年整体呈上升。

2018～2022 年，四川省绿色金融发展活力指数持续增长，主要是因为四川省采取了措施鼓励绿色金融创新发展，各金融机构及企业开展绿色金融活动的积极性提升。

2018～2022 年，四川省绿色金融发展潜力指数持续增长，但 2021 年和 2022 年其他省（区、市）的发展潜力指数快速增长也导致了四川省相对位置下降。

综上所述，四川省的绿色金融发展取得了显著成绩，主要包括以下几个方面。

一是抓住了绿色金融发展机遇。在"双碳"目标下四川省在碳资产开发、水电资源利用等方面具有明显优势，清洁能源生产消费占比高，在清洁发展机制、国家核证自愿减排量项目等方面处于全国领先地位。

二是银行机构表现突出。以四川银行为代表的区域性银行机构从顶层设计入手，构建了绿色金融创新发展体系，绿色金融业务显著增长。四川银行绿色信贷和绿色债券大幅增长，在中国人民银行成都分行的绿色金融评价中名列榜首，成为中国金融学会绿色金融专业委员会川内首家法人金融机构理事单位。

三是大力支持绿色转型。四川银行不仅在绿色金融方面取得显著成绩，还积极服务于传统制造业转型升级，如向企业发放用于支持高碳行业低碳转型的可持续发展挂钩贷款、为实现企业 ESG 绩效目标提供了贷款利率优惠等。这成为四川省内银行金融机构积极落实国家"双碳"战略和推动制造业绿色低碳转型的重要举措。

四是坚持持续创新。以四川银行为代表的四川省内金融机构大力支持绿色金融改革创新试验区发展，积极履责，为更多的地区实现绿色低碳发展输出丰富的绿色金融资源，加大了对低碳转型、绿色消费、生物多样性保护等领域的支持力度，同时将绿色低碳理念融入银行治理体系，积极探索资产低碳化转型的有效路径。

（二）四川绿色金融创新试点城市创新实践

2018 年，四川省出台《四川省绿色金融发展规划》，启动省级绿色金融创新试点工作，确定成都市新都区、广元市、南充市、雅安市和阿坝州为省级绿色金融创新试点地区。各试点地区在绿色金融制度与机制、绿色金融产品与工具、绿色金融机构与平台建设等方面不断创新，并取得了良好的成效。

1. 绿色金融制度与机制的创新实践

成都市新都区制定了新都区建设绿色金融 5 年行动计划，并发布了绿色金融专项支持政策《新都区银行业绿色金融专营机构建设指引（试行）》。广元市在绿色金融方面也取得了重要进展，制定并印发了全省首个市级绿色金融实施意见《广元市推进绿色金融发展实施意见》。雅安市相继推出了《雅安市推进绿色金融发展实施意见》《雅安市贯彻落实推进"5+1"绿色产业金融体系建设的实施方案》。阿坝州在推动绿色金融创新方面也不遗余力，制定了绿色金融工作计划、绿色金融创新试点工作计划。这一系列举措在各层面有序推进，通过强化督导，引导全州金融机构积极探索绿色金融与乡村振兴、普惠金融等的融合发展路径。

绿色金融的发展离不开良好的引导机制，试点地区在这方面推动形成了"政府+市场"的工作格局。成都市新都区为健全工作领导机制，成立了由区委书记任组长的绿色金融工作领导小组。该领导小组定期召开专题会和推进会，专注于研究解决重大事项，以确保各项工作安排部署到位。广元市则成立了绿色金融工作专项小组及5个专项改革小组，以加强对全市绿色金融工作的组织领导和统筹指导。雅安市建立了"政府主导、机构主推、部门协同、县区落实"的绿色金融创新试点工作机制，定期召开绿色金融创新试点工作推进会。中国人民银行阿坝州中心支行通过持续实行"党委总揽、政府主导、人行推动、部门联动、监管督导、金融机构参与"的绿色金融工作机制，联合各行业部门，立足阿坝州生态发展定位，找准了金融助企纾困与绿色金融融合发展的契合点。

在财政支持方面，成都市每年提供1500万元，用于支持金融机构绿色化改造、绿色信贷评估认证、贴息和风险补偿等方面的政策激励。广元市充分发挥生态环保、乡村旅游、尾矿治理等财政补贴政策的综合效应，以此撬动金融资本的投入。雅安市则加大了资本市场对绿色发展的支持力度，成功发行了3.481亿元的地方政府债券，专项用于支持绿色项目。雅安市成功推动了7家绿色企业挂牌新三板、71家绿色企业在天府（四川）联合股权交易中心挂牌。

2. 绿色金融产品和工具的创新实践

绿色信贷在绿色金融创新试点地区创新实践中扮演着至关重要的角色。截至2023年9月末，四川省绿色信贷总额超过1.27万亿元，同比增长41.68%，较全国水平高出5个百分点。成都市新都区的绿色贷款余额截至2022年9月末达到43亿元，较2018年增长553.29%。广元市绿色贷款规模逐年攀升，年均增长率高达28.12%；金融机构成功申报了第一批碳减排支持工具资金5940.8万元；支持风电项目发放碳减排贷款9901.4万元，利率低至4.18%；落地全省首笔可再生能源补贴确权贷款5000万元，推出全省法人银行系统首款"碳减排"挂钩贷款990万元和全市首笔、全省第四笔碳减排票据再贴现业务8004.1万元；率先探索了绿色信贷指标交易，激发银行更大胆地增加绿色信贷；通过引入政府增信机制，推出"绿色家居贷"等政银企互动产品，累计推出 30 余个绿色信贷产品。南充市累计投放绿色信贷达 260.57 亿元，在实施"一行一策""一行一品"专项行动的指导下，针对新能源汽车、废弃资源利用等绿色产业，成功开发了绿色信贷产品。雅安市绿色贷款余额 2022 年达到 175 亿元，占全部贷款的比重达 15%；在中国人民银行雅安中支的指导下，全市金融机构不仅创新了金融支持方式，还推出了绿色信贷产品，支持绿色信贷业务发展，为绿色金融创新试点取得新突破奠定了基础；"产品创新+项目对接"推动了绿色金融创新发展，"绿色再贷款+产品创新"助推了碳减排业务的发展，"政府引导+绿色金融"为乡村振兴绿色发展提供了有力支持。截至 2022 年末，阿坝州金融机构的绿色贷款余额达到 136.2 亿元，同比增长 58.3%；农发行阿坝分行向松潘县岷江源国家湿地公园发放贷款 5596 万元，通过博物馆、游客中心等项目经营，预计可辐射带动 917 户 4990 人，其中包括已脱贫人口 202 户 881 人；为了提升重点生态保护区的基础服务水平，央行阿坝中支探索了"绿色信贷+生态项目+农牧民"的模式，通过搭建生态价值转化基础通道，为生态价值的持续转化奠定了坚实的基础。

在绿色基金方面，雅安市积极创新风险分担机制，建立了 1 亿元的雅安市民营和小微企业贷款风险补偿基金与 8250 万元的乡村振兴农业产业发展基金；通过"基金+担保+银行"模式，分担贷款风险，有效撬动信贷资源流向绿色科技领域。在绿色债券方面，四川省各地银行、证券交易所纷纷推出绿色债券、碳中和债、票据、资产支持证券产品等多样化产品；成都银行、成都农商行、乐山商业银行等机构累计公开发行的绿色金融债券超过 90 亿元。在绿色保险方面，全省保险业累计为近千家省内企业提供了环境污染责任保险，逐步形成了符合四川省实际的绿色保险和环境风险防范机制；广元市成功发行了全省首单森林碳汇遥感指数保险；阿坝州积极探索"再贷款+绿色信贷+基地"的绿色发展模式。

2023 年，全国首笔中国核证自愿减排量（CCER）开发挂钩贷款成功在四川落地。申请贷款的企业在成功开发 CCER 造林碳汇项目并将登记的减排量追加质押的情况下，将获得一定比例的利率下浮优惠。四川天府水城旅游景区是获得首笔 CCER 开发挂钩贷款的企业，其拥有 53 宗林地，总面积达到 1737 亩，位于成都市金堂县。在众多 CCER 品种中，林业碳汇被认为是固碳增汇的重要途径，通过造林、再造林等方式获得储碳增量，利用森林储碳功能实现负排放，减排成本相对较低。

3. 绿色金融机构和平台建设的创新实践

行业标准是促使绿色金融可持续发展的关键。四川省正在加强对绿色金融评价结果的应用，将其纳入央行评级、银行业机构综合评价等工作中，以引导金融资源更加集中地流向绿色产业。在试点期间，四川省发展和改革委员会、四川省经济和信息化厅、四川省地方金融监管局、中国人民银行成都分行四部门联合发布了《关于开展四川省绿色企业和绿色项目库建设工作的通知》，并在成都市、广元市、雅安市和阿坝州等地推动了地方绿色认定标准的制定工作；同时，积极推动《金融机构环境信息披露指南》和《环境权益融资工具》等标准在各地市州推广。成都市新都区在此背景下编制了绿色金融标准，并开展了绿色评估认证工作。广元市则在制定广元绿色认定标准的探索中，加强了部门之间的协作，精选了超过 2000 个绿色项目和 200 多家绿色企业，积极储备了总计达 5000 亿元的项目投资；与四川环交所联合打造广元绿色项目及企业认定标准，探索利用"天府信用通""绿蓉融"等平台创建广元专区，以强化多方主体、多源信息的有效整合，提升精准识别和对接的效果；截至 2022 年 2 月，全市绿色项目库已经收录了 1546 个绿色项目和 213 家绿色企业。雅安市建立了完备的绿色金融评价机制，健全了风险防控体系，并将绿色金融纳入《2021 年度县（区）和市级有关部门（单位）生态环境保护党政同责工作考评细则》；全市金融机构结合当地实际情况明确了环境风险评估细则，不断完善流程管理和风险防控机制；对于不符合绿色环保要求的企业，实行"一票否决"政策，而对于存在重大违规行为或环保违法整改不力的企业，及时进行信贷额度的压缩和收回。

在绿色金融机构建设方面，四川银行积极构筑"零碳网点"，而中国银行、成都农商行、四川天府银行等均在试点地区设立了绿色支行。成都市新都区为推动市场化运作机制创新，在赴北京、上海等地学习调研的基础上，成功将"政府引导"与"市场主导"有机结合；2018 年 7 月出资 2 亿元成立了成都香城绿色金融控股有限公司，通过市场化运作模式的推动，积极促进了绿色金融可持续发展。广元农商行等金融机构也相继成立了绿色金融事业部，推动金融机构强化绿色经营理念，全市共有 11 家银行成立了绿色专营机构。此外，这些金融机构还积极探索绿色信贷的差异化流程服务和内部资金转移定价优惠等措施，广元市农商银行、广元市贵商村镇银行两家法人机构率先进行了金融机构环境信息的披露。雅安市则在"信息披露+碳资源综合利用"方面探索绿色金融的转型发展；通过开展环境信息披露，推动金融机构绿色转型，雅商行和中行雅安分行作为全省环境信息披露的首批试点机构在该方面发挥了重要作用；央行雅安中支和市金融工作局则与第三方生态环境技术公司（四川川大生态环境技术有限公司）合作，共同探索"金融+碳汇"的绿色金融发展方式，致力于通过与第三方机构的合作，共同推动辖内碳金融的新发展。

在平台建设方面，成都市新都区致力于构建"绿蓉通"平台，以优化绿色金融的综合服务；截至目前已有 25 家银行入驻该平台，发布了 87 款金融产品，成功协助企业获得授信总额高达 40.35 亿元；开设"成都绿色金融"公众号，发布绿色金融前沿资讯和活动信息，并连续多年举办绿色金融高峰论坛。南充市则倡导发展绿色贷款，采用"红黄蓝绿"四色分类认定系统，根据企业的环境友好程度和环境风险等级进行分类划定，从而提供优化信贷审批流程、增加授信额度、延长贷款期限以及降低利率定价等多方面的信贷支持。雅安市着力构建国家绿色数据中心，通过"绿色信贷+碳汇交易"模式，金融机构发放了总额达 6.5 亿元的绿色信贷，全力支持中国·雅安大数据中心的低能耗处理技术，使其达到国家绿色数据中心建设标准，2021 年 3 月该数据中心成为国内首个获得"碳中和"双证书的国家绿色数据中心。此外，雅安市强化了银企信息共享和融资对接，通过"四川天府信用通"平台发布了绿色企业和项目相关信息，从而提高了融资信息的及时性和精准性；首次举办省级金融机构"雅安行"活动及绿色金融发展政银企融资对接会，共筛选出污水处理、河堤整治等107个项目，成功促成融资金额达376.3亿元。阿坝州聚焦绿色发展多元合作，构建了多部门互动渠道；央行阿坝州中心支行强化与发改、经信、环保、农业农村等部门的常态化沟通机制，持续跟踪"三品一标"认证、水制氢项目、光伏发电项目等进度，实时向金融机构传递最新信息；与州发改委合作，推动各县生态绿色企业和项目在"绿蓉融""天府信用通"平台上发布金融需求信息，同时加强阿坝州绿色企业和绿色项目库的动态管理，以促进更有效的融资对接。

（三）成渝地区双城经济圈绿色金融发展情况

经过多年发展，成渝地区双城经济圈绿色金融发展环境、发展绩效、发展活力、发展潜力等都有明显提升。与京津冀地区、长三角地区、粤港澳大湾区相比，成渝地区双城经济圈部分指标达到或接近先进水平。

1. 总体情况分析

成渝地区双城经济圈在绿色金融发展指数上表现良好，略优于长三角地区和京津冀地区，但略低于粤港澳大湾区①，四者相差不大。上述差距主要源于绿色金融发展时间相对较短，以及四大经济圈作为全国经济增长极都高度重视绿色发展。目前，各大经济圈的绿色金融发展水平差异并不明显，随着时间的推移和政策的深入推进，预计差异将进一步减小。

粤港澳大湾区、京津冀地区、长三角地区、成渝地区双城经济圈在绿色金融发展环境、发展绩效、发展活力、发展潜力四大方面呈现出不同特点。

粤港澳大湾区绿色金融发展全方位领先，成为发展典范。粤港澳大湾区以雄厚的经济基础、丰富的金融资源和独特的区位优势而著称。广东省作为该区域的核心，不仅承担了众多国家重大改革创新任务，而且通过在"前沿阵地"和"试验田"中的实践，为绿色金融体制机制创新奠定了坚实的

---

① 由于香港、澳门数据暂时无法获取，珠三角各城市指标获取不全且代表性有待验证，暂以广东各项指标代替。

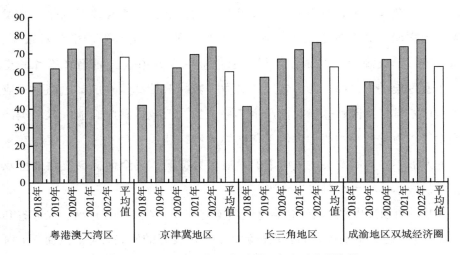

图14　2018~2022年四大区域绿色金融发展指数

资料来源：收集、整理，计算所得。

基础。2017年6月，广州市正式被批准成为全国首批绿色金融改革创新试验区，为绿色金融发展提供了有力的支持。粤港澳大湾区持续领先的发展环境、发展绩效和发展潜力指数使其成为绿色金融发展的典范。2018~2022年，广东省绿色金融发展指数遥遥领先于其他省（区、市），展现出了稳步上升且逐渐全面化的发展态势。

成渝地区双城经济圈发展活力凸显、发展绩效相对欠佳。成渝地区双城经济圈的绿色金融发展呈现出迅猛的势头。2018~2022年，绿色金融发展指数平均值增速超过了粤港澳大湾区、京津冀地区、长三角地区。这显示了成渝地区双城经济圈在绿色金融领域取得了显著的进展，为未来的发展奠定了良好的基础。从二级指标的角度来看，成渝地区双城经济圈在绿色金融发展环境和发展活力方面表现突出，发展环境指数平均值略低于粤港澳大湾区，但明显高于长三角地区、京津冀地区。这表明成渝地区双城经济圈在创造良好的绿色金融发展环境方面有着相对优越的条件。在发展活力方面，成渝地区双城经济圈的绿色金融发展活力指数平均值明显优于长三角地区、京津冀地区、粤港澳大湾区。这反映了成渝地区双城经济圈在激发绿色金融创新方面取得了显著的成效。然而，需要注意的是，在发展绩效方面，成渝地区双城经济圈表现相对欠佳，指数平均值相对较低。这可能表明成渝地区双城经济圈在绿色金融服务绩效方面仍有提升的空间。在发展潜力方面，四川省发展潜力指数相对较高但重庆却不高，对成渝地区双城经济圈整体指数值产生了一定的拉低效应。成渝地区双城经济圈发展潜力指数平均值远远低于粤港澳大湾区和长三角地区。这表明在未来的发展中，有必要关注重庆市的发展潜力提升，以全面提高成渝地区双城经济圈整体绿色金融发展水平。

长三角和京津冀地区绿色金融发展速度不一。在长三角地区，江苏省和浙江省在绿色金融发展方面表现稳健，展现出良好的发展态势。然而，上海市和安徽省的绿色金融发展指数相对较低。但令人瞩目的是，上海市2022年的绿色金融发展指数较2018年实现了近210%的增长。在京津冀地区，北京市的绿色金融发展指数明显高于河北省和天津市。尽管河北省的绿色金融发展基础相对薄弱，但增长速度显著提升，显示出强劲的发展动力。然而，天津市的发展速度相对较缓，需要加快发展，以提升绿色金融发展水平，确保地区整体发展的均衡性。

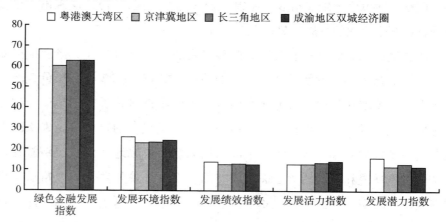

图15 四大区域绿色金融发展指数情况

资料来源：收集、整理，计算所得。

2. 核心指标指数分析

（1）发展环境核心指标指数分析

深入分析发展环境核心指标，成渝地区双城经济圈在制度建设方面取得了显著的进展。颁布了绿色发展规划并制定了绿色产业、科技、财政与金融协同发展政策，这些举措使成渝地区双城经济圈制度建设指数值较高。这一系列措施为绿色金融的有序发展提供了明确的指导和强有力的支持。然而，成渝地区双城经济圈在能力建设方面的指数值相对较低。成渝地区双城经济圈在绿色金融支撑体系建设和风险监督预警体系建设方面需加强，目前与其他区域相比存在差距。粤港澳大湾区在能力建设方面指数值最高，而京津冀地区和长三角地区居中。

成渝地区双城经济圈应加大对绿色金融支撑体系和风险监督预警体系建设的投入，并学习借鉴其他地区的成功经验，以推动绿色金融的全面发展。以浙江省湖州市为例，其在绿色金融方面的风险监督预警体系建设取得了显著进展，通过建立人行绿色金融信息管理系统，实现了对辖区内所有银行绿色信贷的全面信息管理、环境效益计量、绿色信贷绩效评价和数据信息共享。同样，江苏省通过启用绿色金融综合服务平台，引入央行再贷款支持的"苏碳融"等政策性产品，充分发挥省级绿色金融综合服务主渠道功能，有效推动了政银企三方协同联动，目前已入库 3194 家绿色企业和 1746 个绿色项目，满足绿色融资需求 97.53 亿元。

（2）发展绩效核心指标指数分析

成渝地区双城经济圈绿色金融发展取得了初步成效，构建了多元化的绿色金融产品体系，但绿色金融产品供给规模和发展绩效仍处于中等偏下水平。总体而言，成渝地区双城经济圈总体发展绩效指数相对于粤港澳大湾区、长三角地区稍显逊色。具体而言，成渝地区双城经济圈在绿色信贷、绿色股权、绿色债券、绿色保险、绿色基金、绿色投资、绿色支持和绿色权益方面，绿色信贷和绿色保险的表现相对欠佳，绿色股权融资方面相对滞后，与粤港澳大湾区、京津冀地区、长三角地区相比存在差距。这说明成渝地区双城经济圈在绿色金融多元化发展上仍需进一步加强，尤其是在推动绿色股

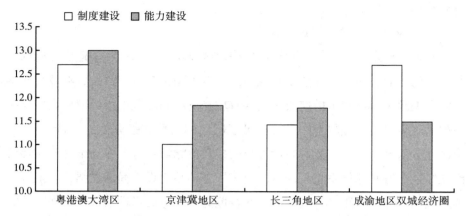

图16　2018~2022年四大区域绿色金融发展环境核心指标

资料来源：收集、整理，计算所得。

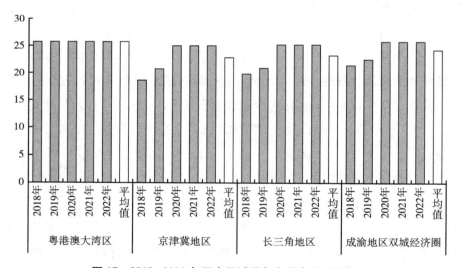

图17　2018~2022年四大区域绿色金融发展环境指数

资料来源：收集、整理，计算所得。

权融资方面需要注重创新。

广东省特别注重绿色保险发展，持续优化外部环境。2012年广东省发布《关于开展环境污染责任保险试点工作的指导意见》，2015年修订《广东省环境保护条例》，明确建立和实施环境污染责任保险制度。在重点区域和行业，强制性环境污染责任保险得以实施。在绿色信贷方面，广东省积极推动金融机构将环境权益纳入抵押担保品范围，同时将碳排放强度纳入差异化授信审批内容。此外，引导金融机构推出多款绿色信贷产品，包括"可再生能源补贴确权贷款""绿色电桩融""生态公益林补偿收益权质押贷款""碳惠贷"等。截至2023年6月末，广东省绿色信贷余额约9000亿元。

在长三角地区，上交所绿色金融（长三角）服务中心自设立以来，常态性地推动绿色金融和企业上市等领域的培训，为绿色企业上市提供高效服务，深化绿色投融资服务，促进资本市场更好地服务绿色金融发展。这一举措有效地提升了长三角地区绿色金融发展水平，推动绿色投融资服务朝更高效的方向发展。

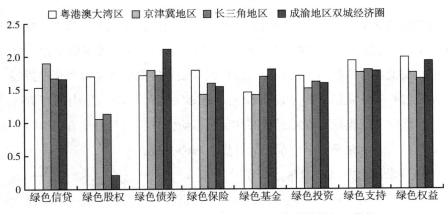

图18　2018~2022年四大区域绿色金融发展绩效核心指标

（3）发展活力核心指标指数分析

成渝地区双城经济圈在绿色金融发展活力指数方面表现较好。成渝地区双城经济圈绿色金融发展活力指数值高于长三角地区、京津冀地区、粤港澳大湾区。在创新能力方面，四大经济圈之间差异不大，京津冀地区由于六大国有行和九大股份行分布较为集中，占据一定优势，指数值较高，而成渝地

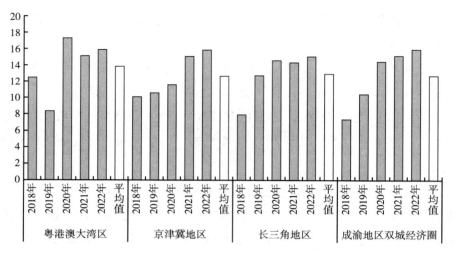

图19　2018~2022年四大区域绿色金融发展绩效指数

资料来源：收集、整理、计算所得。

区双城经济圈指数值居中。四川省的创新能力指数值稍低于重庆市，主要体现为 ESG 信息披露银行数量占比略低。成渝地区双城经济圈的交流合作指数值比其他经济圈略高。这表明成渝地区双城经济圈在推动绿色金融发展方面注重与各方的协同合作，促进绿色金融相关主体间的信息流通和资源共享。这反映了成渝地区双城经济圈在促进区域内外交流与合作方面取得了显著成效，为绿色金融的进一步发展提供了有力支持。

（4）发展潜力核心指标指数分析

四大经济圈在绿色金融发展潜力上呈现出明显的差异。其中粤港澳大湾区资源潜力指数居前列，紧随其后的是长三角地区，而成渝地区双城经济圈相对较低。深入分析绿色金融发展潜力核心指标，成渝地区双城经济圈在资源潜力方面呈现出相对均衡的特点，指数平均值与粤港澳大湾区、京津冀地区、长三角地区相比，显示了其在可利用的绿色金融资源方面具备中等潜力。然而，在市场潜力指数方面，成渝地区双城经济圈发展相对滞后，指数值远低于粤港澳大湾区、京津冀地区以及长三角地区。这表明成渝地区双城经济圈的企业金融化程度和金融深度较低，尚未充分发挥其作为西部金融中

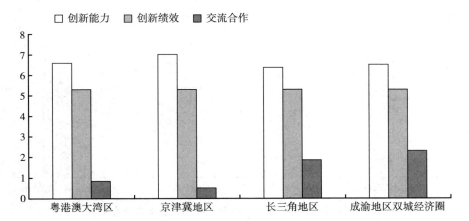

图20　2018~2022年四大区域绿色金融发展活力核心指标

资料来源：收集、整理，计算所得。

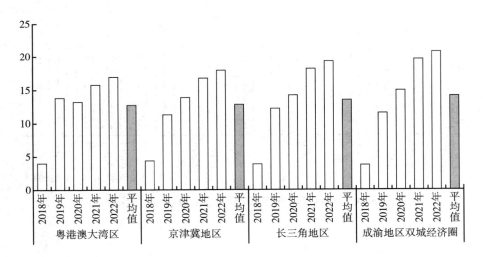

图21　2018~2022年四大区域绿色金融发展活力指数

资料来源：收集、整理，计算所得。

心的集聚辐射功能。为实现绿色金融的全面发展，未来成渝地区双城经济圈
需要加强市场潜力的开发，拓展金融深度，促进企业金融化，以更好地融入
全球绿色金融体系。

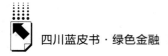

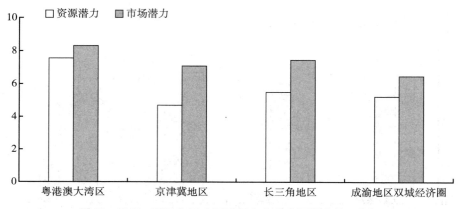

图 22　2018~2022 年四大区域绿色金融发展潜力核心指标

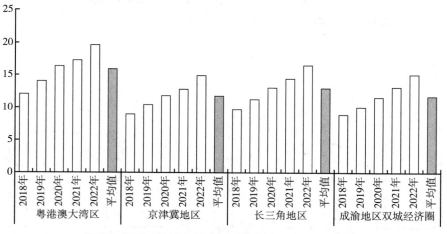

图 23　2018~2022 年四大区域绿色金融发展潜力指数

四　四川绿色金融发展中存在的不足

（一）绿色信贷和绿色债券融资总额偏低，不能满足低碳发展需求

2018~2022 年，四川省年度绿色信贷投放总额占全部信贷总额的比重低于 5%，绿色债券发行总额占全部债券发行总额的比重低于 15%，绿色信

贷、绿色债券的融资总额偏小。除部分上市公司和创业板公司外，其他绿色公司大多依赖银行借贷来进行间接融资。一方面，绿色产业的市场、技术发展较快，资金需求缺口较大；另一方面，绿色项目回收期较长，投资风险较大，使得资本不愿流向绿色产业领域。绿色产业发展存在技术壁垒，即绿色产业的较强专业性提高了项目评估成本，增加了融资难度。

（二）绿色基金需要加快发展，管理制度与机制需要创新

2018~2022 年，四川省绿色基金市值占各类基金市值的 6% 左右。绿色基金仍处于初步发展阶段。绿色基金的资金募集、投放渠道单一；绿色基金产品创新不够；绿色基金管理政策与制度、投融资机制、退出方式等亟待优化；社会资本参与绿色基金的程度还不高。

（三）绿色保险缺乏立法保障，政策支持不足

全省绿色产业的保险深度、保险密度不高。企业投保积极性不高，投保环责险的主动性较低。金融机构间的联动欠缺，绿色信贷、绿色债券、绿色基金、绿色保险同属于绿色金融体系，但均是各自发展，相关参与主体合作意愿不强。监管机构与保险公司之间仍以"监管与被监管"的关系为主，而不是"支持与被支持"的关系。保险行业对绿色保险的支持更多地体现在资产端，负债端的可靠性保险不足，产品和服务难以满足绿色转型多元化风险管理的需求。绿色保险产品风险评估、服务体系还需完善。保障范围难以界定，绿色保险费率厘定困难，以规范性文件和倡议为主，政策力度有待加大。

（四）绿色金融激励机制不完善，绿色金融配套制度建设滞后

财政、税务等部门尚未针对绿色金融出台奖补、担保、减免等政策，环保补贴标准低、范围小。银行内部对绿色贷款审批、利率等的倾斜有限。财税等政府部门对绿色信贷的激励不足。绿色金融配套制度建设滞后。绿色产业专项政策有待落地，投资者对绿色项目投资持观望态度。

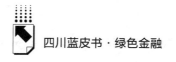

（五）绿色金融发展模式不明确，绿色信息披露意愿不强

全省绿色金融发展模式尚处于试点探索阶段，还未形成成熟的发展模式。存在绿色认定手续繁杂、周期长及权威绿色认证机构缺失等问题。地方政府、企业、金融机构能够按照国家发展绿色金融的总体要求开展工作，但总体发展水平还不高。基于金融机构绿色金融指标考核压力、环境保护规制压力、社会舆论压力和环保项目投入资金压力，银行及企业主动披露绿色信息的意愿不强。

（六）绿色金融标准不统一，金融机构执行尺度存在差异

目前，绿色金融总体上仍然以绿色信贷为主。银行机构主要依据上级行制定的方案，自主选择支持的领域和范围，拟定绿色信贷制度和流程，导致金融机构未统一绿色认定标准，绿色金融在实际运作中存在分歧，经济和环境效益不能被统一监测和评估，对金融机构的激励和处罚机制无法有效实施。全省银行金融机构有 24 家建立了绿色信贷工作机制。工行实行环保"一票否决制"；建行建立起四级十二类绿色信贷分类标准。各金融机构绿色金融政策实施力度差异较大，部分金融机构追求经济效益，降低绿色信贷评价标准。绿色金融的监督机制还不完善。

五　四川绿色金融发展展望

四川省绿色金融具有巨大的发展空间，需要在以下几方面持续着力。

（一）优化发展路径，提升绿色金融发展质效

完善绿色金融发展政策体系。借鉴广东、浙江等绿色金融改革创新试验区发展经验，结合本地特色，全面推动绿色金融发展、规划战略、政策措施等的实施，打造针对性强、效率高的制度架构。建立激励相容的制度体系，提高市场主体运作效率。整合现有绿色金融政策和规范性文件，为绿色低碳

发展提供清晰的政策导向和行为规范。

改善绿色金融发展环境。建立由多个部门协同统筹的绿色金融服务平台，引导各类资源在绿色领域高效配置，推动绿色金融资源要素的有效整合。加强财政与金融的互动，建立适合四川省绿色发展的激励机制（包括贷款贴息、担保增信、政府基金奖励、风险补偿等），引导更多社会资金投向绿色低碳项目，促进绿色产业发展。协同推进科技—产业—金融等良性循环发展机制构建，促进绿色低碳全面发展。优化绿色金融发展环境，推动绿色低碳产业发展。

优化绿色信贷服务。金融机构应加大绿色金融供给力度，推动碳减排支持工具、"川碳快贴"等政策工具的应用，制定更具弹性的绿色贷款利率，推动绿色金融产品服务、供给方式和渠道的创新，确保绿色信贷相关资金更加有针对性地流向更多更优质的绿色低碳项目。

扩大绿色保险产品供给。提高环境污染责任险、巨灾保险、绿色农业保险等产品覆盖率，推动绿色建筑保险、气象指数保险、新能源项目保险等产品创新试点。提升保险中介机构在绿色保险领域的估值定价能力，与保险机构、社保基金等建立合作关系。

推动金融科技应用。运用区块链、云计算、人工智能等技术，完善绿色金融发展风险监测管理体系，全面提升对绿色项目和产品的风险识别防范能力。充分推动金融科技在金融产品创新、绿色金融资源配置、绿色企业信用评估等领域的深度运用。

（二）发展转型金融和绿色供应链金融，拓展绿色金融发展深度

紧抓新型工业化、现代化产业体系构建等战略机遇，以"棕色产业"和碳密集产业的低碳转型为路径，以可持续发展为目标，大力发展转型金融，拓展绿色金融活动空间。完善和创新转型金融投融资方式，加大转型金融产品开发力度，完善转型金融风控机制，提升转型金融资源配置效率。

积极对钢铁、水泥、玻璃、陶瓷、热电、矿山等高耗能领域的工艺技术升级、环保技改、数智化改造等重大技改项目提供金融支持，助力绿色生

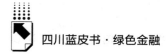

产。注重对产业供应链的绿色环节的金融需求进行对接，助力绿色企业提质增效。

（三）发展碳金融和气候金融，拓展绿色金融发展广度

以限制温室气体排放为目标，开发碳金融产品，完善交易机制，培育交易市场，扩展四川省环境交易所现货、期货交易功能，鼓励社会资本参与碳金融产品开发、碳资产交易，大力发展碳金融。

以促进环境改善、应对气候变化和资源节约高效利用的经济活动为重点，积极参与气候金融，引导和吸引资本向绿色低碳领域规模化流动。全面动员政府、企业及个人共同参与，促进全社会对绿色金融创造价值的认同。

（四）发展生物多样性金融、生态金融和可持续金融，提升绿色金融发展高度

地球是全人类的共同家园，生物多样性保护任务紧迫且繁重。四川省生物资源丰富，发展生物多样性金融潜力巨大，应重点在国家公园建设、补足生物多样性保护的资金缺口、防止物种资源流失、减少森林砍伐等方面开展金融活动。

四川省是长江流域、黄河流域上游的重要生态屏障，生态安全保护是国家战略，关系到生态文明建设总体目标的实现。应重点对生态产品价值实现、产业生态化、生态产业化、生态补偿等领域提供金融支持。

实现可持续发展是新发展理念的最终目标，可持续金融就是合理有效动员和配置金融资源，提高金融效率，不断完善金融体制机制，以实现金融长期有效运行和稳健发展。应重点支持可持续发展目标下与能源、生物多样性、环境等相关的领域发展。

技 术 报 告

四川绿色金融发展指标体系构建
及指数生成方法报告

摘　要： 从金融功能和绿色发展理论出发，借鉴现有绿色金融指数的编制实践和成功经验，统筹考虑目标导向性、指标全面性、数据可获得性和动态可追踪性四个原则，基于"环境—绩效—活力—潜力"框架，构建四川绿色金融发展指标体系，包含4个二级指标、15个三级指标、22个四级指标、29个五级指标，并明确了数据的收集处理、权重的确定以及指数的计算等定量分析方法。本指数适用范围较广，对政府部门决策者、科研人员、金融机构从业人员具有较高的参考价值。

关键词： 绿色金融　绿色发展　四川省

* 魏良益，四川省社会科学院金融财贸研究所所长、研究员、硕士生导师，主要研究方向为金融财政、产业经济等；王梦，西南财经大学管理科学与工程学院，主要研究方向为金融财政、产业经济等；杨嘉嵋，四川省社会科学院金融财贸研究所研究员、硕士生导师，主要研究方向为科技金融、绿色金融等。

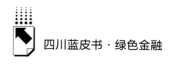

一 四川绿色金融发展指标体系构建背景

随着全球气候变暖、环境污染、资源枯竭、能源危机和新冠病毒大流行等影响人类生存的多重危机相继爆发,绿色发展、可持续发展理念日益成为全球共识。绿色金融作为绿色发展、可持续发展的推动力量,其理论研究、政策实践和产品创新等得到国内外学术界的持续关注,并在绿色金融体系、绿色金融政策及工具、绿色金融监管与评价、绿色金融和气候投融资等方面作了有益的探索,但在绿色金融的标准和应用、绿色金融的风险防范、环境信息披露机制和激励约束机制完善等方面还需要深入研究、大胆探索。构建区域绿色金融发展评价体系,指导当地绿色金融发展,有利于指导各地明确绿色金融发展方向、发展重点,也是丰富绿色金融理论研究和实践创新的重要路径。

绿色金融是支持"双碳"目标实现的重要环节。自我国提出"双碳"目标后,四川省绿色金融工作布局与活动开展的导向性更加明确。国务院、各部委、中国人民银行、国家金融监管总局等金融监管部门合力引导金融机构优化绿色金融服务、加强能力培养。在实践中,四川省聚焦"碳中和"主题进行绿色金融产品创新,深化绿色金融基础工程建设,催生"金融+"科技赋能"双碳"目标实现新模式,取得了阶段性成果,但各地绿色金融发展水平还存在较大差距,需要进一步加深对绿色金融发展理论的认知,建立一套适用于全省各地绿色金融发展的评价标准和指标体系。

基于上述背景,编制四川绿色金融发展指标体系。本指标体系在充分研究四川省绿色金融发展现状的基础上,从金融功能和绿色发展理论出发,紧扣绿色金融要更好地服务绿色经济的逻辑主线,借鉴现有绿色金融指数的编制实践和成功经验,力求对四川省绿色金融发展状况进行量化、精确的动态反映,从指数变动轨迹中分析各要素的影响方向及程度,探寻全省各地绿色金融发展的运行规律。

本指数基于"环境—绩效—活力—潜力"框架，构建四川绿色金融发展指标体系，包含4个二级指标：发展环境指数、发展绩效指数、发展活力指数、发展潜力指数，综合反映全省绿色金融发展情况。具体从制度建设、能力建设、绿色信贷、绿色股权、绿色债券、绿色保险、绿色基金、绿色投资、绿色支持、绿色权益、创新能力、创新绩效、交流合作、资源潜力、市场潜力等15个三级指标，以及22个四级指标、29个五级指标进行综合评估，最终计算出全省绿色金融发展综合指数。①环境是绿色金融发展的重要影响因素。好的营商环境可以促进绿色金融发展，差的营商环境则是绿色金融发展的制约因素。现阶段，政府是绿色金融发展环境建设的主要力量，政府在建立法律制度供给、出台政策措施、推动市场培育和人才培养等绿色金融发展的营商环境打造方面承担着重要责任。这也是对政府是否作为及其成效的评价。②绩效是各地在过去一段时间内发展绿色金融取得的成效。由于多方面的原因，各地绿色金融发展水平会不一；根据国家有关文件精神，从绿色金融发展具体业务领域对经营绩效进行评价，具有一定的合理性、指导性和可比性。③活力是各地发展绿色金融的创新能力的重要体现。绿色金融发展需要创新，包括理论与实践、制度与政策、市场与产品等多领域创新。创新能力越强的地区，绿色金融发展活力就越强。④潜力是各地绿色金融未来发展的空间及取得工作成效的可能性。各地绿色金融发展的资源越丰富，其发展潜力就越大；各地绿色金融发展的市场空间越大，其发展潜力就越大。

本指数适用范围较广，对政府部门决策者、科研企业、金融机构从业人员具有较高的参考意义和实践价值。一方面，本指数从多个维度综合评估了全国各省级行政区的绿色金融发展现状，通过横向对比，有助于四川省政府部门直观了解绿色金融发展全貌，找准优势和不足，因地制宜地制定绿色金融发展政策；另一方面，本指数的持续发布，也可以反映四川省各地市州绿色金融发展情况，便于决策层因时制宜，动态调整绿色金融发展支持政策。本指数有助于相关企业和金融机构发现适合自身发展的市场，提高相关企业与金融机构的合作效率，推动经济高质量发展。

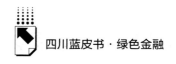

二 四川绿色金融发展指标体系构建

四川绿色金融发展指标体系设计和编制是以中国特色金融理论为指导，统筹考虑目标导向性、指标全面性、数据可获得性和动态可追踪性四个原则，在充分吸取国内外知名绿色金融指数编制经验的基础上，通过指标体系的设计、数据的收集处理、权重的确定以及指数的计算等四个步骤编制完成。

（一）国内知名绿色金融发展指数

公开资料检索结果显示，在绿色金融发展指数方面，已有6个指数最知名，包括2个国际性指数、2个全国性指数、2个区域性指数。

其中，国际性指数包括：①中央财经大学绿色金融国际研究院全球绿色金融发展研究课题组发布的全球绿色金融发展指数（GGFDI）（2022）；②中国工商银行带路绿色指数课题组发布的"一带一路"绿色金融（投资）指数（2019~2022）。

全国性指数包括：①中央财经大学绿色金融国际研究院地方绿色金融发展评估课题组发布的中国地方绿色金融发展指数（2019~2022）；②国务院发展研究中心信息网发布的中国绿色金融发展指数。

区域性指数包括：①中国标准化研究院、中国人民银行湖州市分行、湖州市人民政府金融工作办公室、国家金融监管总局湖州监管分局发布的湖州市绿色金融发展指数（2018~2022）。②中国人民银行上海总部和上海交通大学上海高级金融学院共同发布的上海绿色金融指数（2022）。

上述有关指数的具体内容如表1所示。

表1　主要绿色金融发展指数梳理

指数名称	范围	发布机构	维度
全球绿色金融发展指数（GGFDI）	国际性	中央财经大学绿色金融国际研究院	政策与战略指数 市场与产品指数 国际合作指数

指数名称	范围	发布机构	维度
"一带一路"绿色金融（投资）指数	国际性	中国工商银行	绿色经济表现指数 绿色发展能力指数 环境资源压力指数
中国地方绿色金融发展指数	全国性	中央财经大学绿色金融国际研究院	政策推动指数 市场效果指数
中国绿色金融发展指数	全国性	国务院发展研究中心信息网	政策激励指数 市场设施指数 市场激励指数
湖州市绿色金融发展指数	区域性	中国标准化研究院、中国人民银行湖州市分行、湖州市人民政府金融工作办公室、国家金融监管总局湖州监管分局	基础指数 市场指数 贡献指数
上海绿色金融指数	区域性	中国人民银行上海总部、上海交通大学上海高级金融学院	现况绩效指数 社会认知指数

（二）现有绿色金融发展指标体系存在的不足

1. 评价标准不完善

目前尚未形成具有权威性和一致性的绿色金融评价标准，导致各指标体系各自为政，绿色金融指数的评价结果可能存在较大的不确定性和地区局限性。

2. 绿色金融数据可得性和一致性较差

当前国内缺乏统一、权威的绿色金融数据信息平台，省级数据获取困难，省级以下数据则几乎难以获取，因此需要进一步统一资料来源和口径，以提高指标的准确性和可比性。

3. 社会和环境影响评估欠缺

当前各指标体系主要关注数量指标，缺乏对绿色金融的社会和环境影响的评估，并且未涉及可持续发展效果评估。

4. 指标赋权过程中主观因素影响较大

当前各指标体系的计算和测算严重依赖专家的主观评估和权重分配，主观性较强，缺乏足够的客观性和说服力，仅国务院发展研究中心采用了较为客观的熵值法进行赋权测算。

（三）值得借鉴的经验

已有绿色金融发展指数为本研究提供了有益参考，有以下经验值得借鉴。

第一，在指标体系构建方面，不仅包含与绿色金融有关的"硬"信息，如金融规模、金融结构、金融效率等，同时也注重"软"信息的收集，如政策制度建设、市场培育等。各类绿色金融发展指标体系均尝试包含绿色信贷、绿色投资、绿色保险、绿色债券、绿色支持、绿色基金和绿色权益等多个方面，希望能够全面反映绿色金融的多个领域和要素。各绿色金融发展指标体系均对市场效果维度表现出了较高的关注度，强调了市场的反应和效果对绿色金融发展的重要性。

第二，在指标权重确定方面，受限于数据的可及性，且缺乏权威的绿色金融发展指标体系统一标准，多数绿色金融发展指标体系采用了专家赋权法进行指数测算，尽量保证结果的客观性。部分报告采用熵值法。

第三，在数据收集方面，多数采用公开数据或抽样调查的方法获取样本信息，进行数据收集。

（四）四川省绿色金融发展指标体系亮点

相较于已有指数，本研究的主要特色如下。

一是具有开创性。本研究构建的四川绿色金融发展指标体系是四川省首个绿色金融发展的专项指标体系，有助于综合反映全省绿色金融发展情况、面临的困难，为决策部门提供重要参考。

二是数据动态性。本研究依托公开发布数据及调研所得数据，持续跟踪四川省绿色金融发展情况，既从时间纵向维度来监测绿色金融发展在各时点的状态，又从动态角度描述四川省绿色金融发展的动态变化；同时，还通过区域横向对比研究，进行绿色金融跨区域、跨时间对比分析。

三是指数创新性。本研究拟围绕绿色金融发展的全维度进行综合评估。

具体而言，从绿色金融发展环境、绩效、活力、潜力四个维度，评估四川省绿色金融发展状况及其抵御风险的能力。主要从绿色金融可持续性发展的视角，将"双碳"目标和新发展理念融入整个指标体系设计中，力争与转型金融、普惠金融、科创金融、支持生物多样性保护、共同富裕等有序衔接，进行创新实践。

（五）四川绿色金融发展指标体系编制原则

四川绿色金融发展指标体系编制基于现代统计学科学原理、指数编制方法和综合评价理论，严格遵循科学性、合理性、动态性的基本原则。

一是科学性原则。本研究围绕绿色金融发展，从环境、绩效、活力、潜力四个维度，分别构建发展环境指数、发展绩效指数、发展活力指数和发展潜力指数四个二级指标，对四川省绿色金融发展情况进行科学评价。

二是合理性原则。绿色金融发展指标体系所采用的数据反映了不同地区绿色金融发展状态，同时指标体系内各个指数之间呈现出有机配合的状态，从三级指标到四级指标，指标体系结构清晰合理，避免了对某一方面的过度关注。

三是动态性原则。作为一个动态过程，绿色金融发展指标体系应随着数据增加以及社会发展而进行动态更新。同一地区在不同年份的绿色金融发展状况会有所变化，因而具体的衡量指标和关注的指数维度可能会随着时间的推移而变化，指标体系的构建需在可比性的基础上随具体情况变化而进行动态调整，以增强本指标体系的实用性。

（六）四川绿色金融发展指标体系框架

根据上述科学性、合理性、动态性原则，在借鉴现有绿色金融指数的基础上，结合四川省绿色金融发展特性、数据的可得性和可靠性，从发展环境指数、发展绩效指数、发展活力指数、发展潜力指数四个维度来衡量和构建绿色金融发展指数。

1.绿色金融发展环境指数

绿色金融发展环境指数反映区域内绿色金融发展的制度建设、能力建设等，旨在刻画绿色金融发展的经济、社会、科技等方面的营商环境情况，以及绿色金融发展的支撑体系建设、风险监督预警体系建设等基础设施建设情况。该指数从绿色发展制度建设、能力建设等方面进行刻画。其中，重要制度主要从绿色金融发展的统计制度、绩效考核制度等方面进行刻画；政策协同主要从绿色产业、科技、财政与金融协同发展政策等方面进行刻画；支撑体系建设主要从绿色金融信息共享平台、绿色企业信用体系、绿色项目库等方面进行刻画；风险监督预警体系建设主要从信贷风险监测和评估机制、绿色项目融资风险补偿机制等方面进行刻画。

2.绿色金融发展绩效指数

绿色金融发展绩效指数反映区域内政府及金融机构发展绿色金融绩效水平，旨在刻画绿色金融发展取得的成效。主要从绿色信贷、绿色股权、绿色债券、绿色保险、绿色基金、绿色投资、绿色支持、绿色权益八个维度反映。在这八个维度，基于绿色信贷投放、绿色股权融资、绿色债券融资、绿色保险收入、绿色基金募集、绿色产业投资、财政资金支持、绿色权益发展深度等具体业务完成情况进行评估。

3.绿色金融发展活力指数

绿色金融发展活力指数反映区域内绿色金融创新能力、创新绩效以及交流合作等情况，旨在刻画绿色金融创新、市场竞争能力及未来可持续发展能力情况，主要从创新能力、创新绩效、交流合作三个维度予以反映。创新能力主要从产品创新、管理创新两个方面反映；创新绩效主要从研发投入反映；交流合作主要从国际交流合作、国内交流合作两个方面反映。

4.绿色金融发展潜力指数

绿色金融发展潜力指数反映区域内绿色金融可持续发展能力，旨在刻画绿色金融发展的空间与潜能，从资源潜力、市场潜力两个维度反映。主要从金融资源、人力资源、生态资源三个方面反映资源潜力；同时，用企业金融化、金融深度等指标具体评估区域内绿色金融发展的市场潜力。

四川绿色金融发展指标体系框架如图1所示，具体指标见附录。

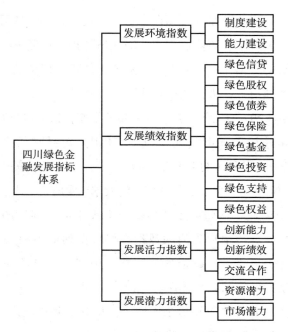

图 1　四川绿色金融发展指标体系框架

三　四川绿色金融指数数据收集与处理

（一）数据的收集、选取与预处理

1. 资料来源

本报告的样本涵盖了除我国香港、澳门、台湾以外的 31 个省、自治区和直辖市，时间范围为 2018～2022 年。考虑到各地区数据的可得性、准确性和标准性，本报告的数据主要来源于国泰安、Wind 数据库，以及中国人民银行、地方金融监管局、国家统计局、四川省统计局、上海证券交易所、深圳证券交易所及证监会、银保监局等相关部门的官方网站。

2. 数据清洗及预处理

结合指标设计以及数据的客观表现，从数据库中抽取指标数据。抽取后的数据在收集时由于各种原因可能存在缺失、错误、不一致等问题需要进行数据预处理，主要措施有离群点检测、缺失值处理、重复值处理、同向化处理等，以使残缺的数据完整，并将错误的数据纠正、多余的数据去除，进而将所需的数据整理出来，进行数据集成。

（1）离群点检测。异常数据是数据分布的常态，指特定分布区域或范围之外的数据，这里采用箱线图的四分位距（IQR）对异常值进行检测，也称Tukey's Test。一般使用 IQR 的 1.5 倍为标准值，大于上四分位+1.5×IQR 为异常值，小于下四分位−1.5×IQR 也为异常值，将根据异常值的占比情况进行剔除。

（2）缺失值处理。整理形成的指标数据表中数据列值的缺失需进行处理。首先统计数据列值中缺失值的数量，将数据列值中缺失率达到 50% 以上的数值型指标予以剔除，剩余数值型指标用多重插补法对缺失值进行插补，对于分类型指标使用众数补足。

（3）重复值处理。为重复值添加标记，根据实际情况进行进一步分析，将重复值从数据集中删除或进行替换。

（4）同向化处理。将逆指标正向化处理，使得它们能同正向指标结合起来，数值越大表现就越好。

（二）指标权重的确定

在完成绿色金融发展指标体系构建后，还需进一步确定各级指标的赋权，最终实现综合指数的测算。目前，综合指数评价的赋权方法大致包含两类思路：主观赋权法与客观赋权法。

主观赋权法是通过专家咨询来综合量化评价指标权重，如功效系数法、德尔菲法、相对指数法、层次分析法。主要依赖人的主观判断，易受主观因素和专家经验的影响，无法充分考虑客观历史数据的重要性，可能造成评价误差。

客观赋权法主要根据评价指标样本自身的互相关系和变异程度来确定权重，包括熵值法、变异系数法、主成分分析法等。这种方法根据样本数据的结构与特点来进行权重测算，具有较好的规范性，但仅依靠变量间的数值规律、缺乏经济学理论依据，容易受到样本数据结构的影响，不同的样本会根据同一方法得出不同的权重。

此外，均等权重法也是一种常见的赋权方法，也称为均等加权法或平均加权法。在这种方法中，每个因素或决策变量被赋予相同的权重，即被认为对决策结果的影响程度是相同的。均等权重法的优点是简单易用，适用于决策因素之间没有明显差异的情况。但是均等权重赋值方式有一定的随意性，可能无法准确反映实际情况，因此需要结合专家赋权法，以更好地反映各个因素的实际重要性。

考虑到层次分析法赋权的主观性过强，主成分分析法的降维处理会导致原始变量的经济含义丢失，熵值法不能很好地反映相关指标之间的关系且容易受到指标异常值的影响，而本研究关注的绿色金融发展指数需要结合发展环境指数、发展绩效指数、发展活力指数、发展潜力指数来综合反映整体情况，因此，本研究使用简单透明、可操作性强的均等权重法来确定各项指标权重。具体而言，对绿色金融发展指数的四个一级指数分别赋以 0.25、0.25、0.25、0.25 的权重，再依次基于一级指标权重平均赋权二级指标、基于二级指标权重平均赋权三级指标，最终得到各级指标权重。

（三）综合指数计算

将标准化后的定量和定性指标分别与各指标的权重相乘后加总，即可得出相应指数。在多指标综合评价中，需要根据一定的算式将多个指标合成为综合性指标。一般的合成方法有加权算术平均合成、加权几何平均合成，以及两者结合使用的混合合成方法。综合比较上述三种方法后，基于反应灵敏、计算简单、受抽样变动影响小的优点，本指标选用的是算术平均合成方法，具体步骤如下。

1. 定量指标标准化

（1）第一步：存在 t 年内 k 个省份的 m 个定量指标，每单位年存在截面数据 X_t，t 代表年份，将 t 组数据按时间顺序进行排序，构成指标值矩阵：

$$X = \{x_{ij}^t\}_{km} \tag{1}$$

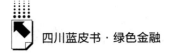

其中，x_{ij}^t 表示在 t 年份第 i 个省（区、市）中第 j 个指标值。

（2）第二步：采用极值标准差法进行标准化计算：

$$x_{ij}^{t'} = 100 \times \frac{x_{ij}^t - \min\limits_t x_{ij}}{\max\limits_t x_{ij} - \min\limits_t x_{ij}} \quad 1 \leq i \leq m, 1 \leq j \leq n \tag{2}$$

2. 反向指标的标准化

将原始数据进行反向转换，使得较大的值变得较小、较小的值变得较大，通过计算反向指标的最大值与每个原始数据的差值来实现反向指标的标准化。假设原始数据范围为 $[a, b]$，则反向指标的最大值为 $b\_\max$，反向指标的最小值为 $a\_\min$。反向转换后的数据为：

$$反向指标 = b\_\max - (原始数据 - a) \tag{3}$$

之后再对反向转换后的数据进行极值标准化处理，使其落在标准化范围内。

3. 定性指标打分

对于定性指标，满足条件的得 1 分，不满足条件的得 0 分。由于获取的数据均为公开数据，遇到未披露、不确定、无法判断的定性指标记为 0。

在具体指数合成中，由下往上逐层汇总，即先根据各个五级指标的数值和权重加权计算得到四级指标的数值，以此类推，再根据各个二级指标的数值（环境指数、绩效指数、活力指数和潜力指数）加权计算出一级指标的数值，得到绿色金融发展指数。具体计算公式如下：

$$X_4 = \sum_{l=1}^{m} W5_l D_l \tag{4}$$

$$X_3 = \sum_{j=1}^{m} W4_j D_j \tag{5}$$

$$X_2 = \sum_{i=1}^{n} W3_i D_i \tag{6}$$

$$X_1 = \sum_{k=1}^{l} W2_k D_k \tag{7}$$

其中，X_1 为综合指标，X_2 为二级指标，X_3 为三级指标，X_4 为四级指标，k 表示二级指标个数，i 表示三级指标个数，j 表示四级指标个数，l 表示五级指标个数，D_k 表示相应二级指标的值，D_i 表示相应三级指标的值，D_j 表示相应四级指标的值，D_l 表示相应五级指标的值，$W2_k$ 表示相应二级指标的权重，$W3_i$ 表示相应三级指标的权重，$W4_j$ 表示相应四级指标的权重，$W5_l$ 表示相应五级指标的权重。

基于每个地区数据计算的绿色金融发展指数值，通过数学方法映射到 [0，100]，然后采用算术平均法，将所有地市映射后的指数值合成综合发展指标，具体计算公式如下：

$$\text{Index} = \frac{\sum_{p=1}^{n} E_p}{n} \tag{8}$$

其中，Index 代表发展指数，E_p 为每个地市州映射后的指数总值，n 为地市州个数。

参考文献

王遥、毛倩：《全球绿色金融发展报告（2022）》，社会科学文献出版社，2023。

中国工商银行带路绿色指数课题组：《"一带一路"绿色金融（投资）指数研究》，《金融论坛》2020 年第 6 期。

王遥等：《中国地方绿色金融发展报告（2022）》，社会科学文献出版社，2023。

中国标准化研究院、中国人民银行湖州市分行、湖州市人民政府金融工作办公室、国家金融监管总局湖州监管分局：《湖州市绿色金融发展指数研究报告（2019）》，https：//finance. china. com/news/11173316/20190520/35934622_ all. Html，2019 年 5 月 20 日。

中国人民银行上海总部、上海交通大学上海高级金融学院：《上海绿色金融指数（2022）》，http：//sh. people. com. cn/n2/2022/1127/c134768-40211139. html，2022 年 11 月 27 日。

附录1 四川绿色金融发展指标体系

附表1 四川绿色金融发展指标体系

一级指标	二级指标		三级指标		四级指标		五级指标	
	指标名称	权重	指标名称	权重	指标名称	权重	指标名称	权重（专家）
绿色金融发展指标体系	发展环境指数	1/4	制度建设	1/8	重要制度	1/16	是否建立绿色金融统计制度	1/32
							是否建立绿色金融绩效考核制度	1/32
					政策协同	1/16	是否制定绿色产业、科技、财政与金融协同发展政策	1/16
			能力建设	1/8	支撑体系建设	1/16	是否建立绿色金融信息共享平台	1/48
							是否建立绿色企业信用体系	1/48
							是否建立绿色项目库	1/48
					风险监督预警体系建设	1/16	是否建立信贷风险监测和评估机制	1/32
							是否建立绿色项目融资风险补偿机制	1/32
	发展绩效指数	1/4	绿色信贷	1/32	绿色信贷投放	1/32	绿色信贷额占比（绿色信贷余额/总信贷余额）	1/32
			绿色股权	1/32	绿色股权融资	1/32	绿色上市公司融资占比（绿色上市公司融资总额/股权融资总额）	1/32
			绿色债券	1/32	绿色债券融资	1/32	绿色债券发行融资占比（绿色债券发行总额/债券发行总额）	1/32
			绿色保险	1/32	绿色保险收入	1/32	绿色保险费收入占比（环境污染责任保险保费收入总额/保险保费收入总额）	1/32
			绿色基金	1/32	绿色基金募集	1/32	绿色基金募集资金占比（绿色基金募集资金总额/各类基金募集资金总额）	1/32

一级指标	二级指标		三级指标		四级指标		五级指标	
	指标名称	权重	指标名称	权重	指标名称	权重	指标名称	权重（专家）
		1/4	绿色投资	1/32	绿色产业投资	1/32	绿色产业投资占比（环境保护产业、资源综合利用产业、新能源产业、生态农业、绿色技术和绿色服务业/固定资产投资总额）	1/32
			绿色支持	1/32	财政资金支持	1/32	政府环境保护财政支出占比（政府节能环保项目财政资金支出总额/财政资金支出总额）	1/32
			绿色权益	1/32	绿色权益发展深度	1/32	绿色权益市场交易占比（碳交易、用能权交易、排污权交易/权益市场交易总额）	1/32
发展活力指数		1/4	创新能力	1/12	产品创新	1/24	绿色金融产品数量（绿色信贷、绿色金融、绿色保险、绿色基金）	1/24
					管理创新	1/24	ESG信息披露银行占比（ESG信息披露银行数量/银行总数量）	1/48
							绿色项目审批"绿色通道"金融机构占比（已建立绿色项目审批"绿色通道"绿色信贷、绿色保险、绿色证券等金融机构数量/金融机构总数量）	1/48
			创新绩效	1/12	研发投入	1/12	绿色金融研发费用支出占比（金融机构绿色金融产品研发费总额/技术研发费用总额）	1/12
			交流合作	1/12	国际交流合作	1/24	加入赤道原则等国际倡议的银行数量	1/24
					国内交流合作	1/24	举办学术会议（市场活动）次数	1/24

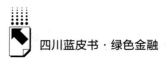

续表

一级指标	二级指标		三级指标		四级指标		五级指标	
	指标名称	权重	指标名称	权重	指标名称	权重	指标名称	权重（专家）
发展潜力指数		1/4	资源潜力	1/8	金融资源	1/24	银行各项存款余额	1/48
							保险公司原保险总收入	1/48
					人力资源	1/24	绿色金融从业人员占比（绿色金融从业人员/金融产业从业人员）	1/24
					生态资源	1/24	生物多样性保护优先区域生态系统面积（森林、草地、农田、湿地、城镇）	1/24
			市场潜力	1/8	企业金融化	1/16	绿色企业金融化占比（绿色上市公司数量/规上企业数量）	1/16
					金融深度	1/16	金融资产占比（金融资产总额/GDP）	1/32
							居民储蓄占比（居民储蓄总额/GDP）	1/32

附录 2　指标解释及资料来源

1. 是否建立绿色金融统计制度

➤说明：监管机构是否建立了绿色金融数据统计制度，以跟踪和评估绿色金融业务发展情况。

➤资料来源：监管机构发布的绿色金融统计报告、年度金融稳定报告等。

2. 是否建立绿色金融绩效考核制度

➤说明：监管机构是否制定了绿色金融绩效考核制度，以评估绿色金融业务的表现。

➤资料来源：金融机构的内部管理制度文件、报告和公开披露的绩效考核数据。

3. 是否制定绿色产业、科技、财政与金融协同发展政策

➤说明：该地是否制定了促进绿色产业、科技、财政和金融协同发展的政策文件或措施。

➤资料来源：地方政府公开发布的相关政策文件、规划和法律法规。

4. 是否建立绿色金融信息共享平台

➤说明：该地是否建立了用于共享绿色金融信息的平台，以提升信息透明度，促进行业合作。

➤资料来源：平台运营方的公告、报告以及相关数据统计。

5. 是否建立绿色企业信用体系

➤说明：该地是否建立了专门评定绿色企业信用状况的信用评级和监管体系。

➤资料来源：信用评级机构公布的相关绿色企业信用评级数据、监管机构发布的信用体系相关报告。

6. 是否建立绿色项目库

➤说明：该地是否建立了用于管理和汇总绿色项目信息的数据库或平台。

➢资料来源：相关金融机构或政府部门发布的绿色项目库报告或数据。

7. 是否建立信贷风险监测和评估机制

➢说明：该地是否建立了专门监测和评估绿色信贷风险的制度或机制。

➢资料来源：金融机构内部风险管理报告、监管机构发布的信贷风险评估指引等。

8. 是否建立绿色项目融资风险补偿机制

➢说明：该地是否建立了用于补偿绿色项目融资风险的机制或基金。

➢资料来源：相关金融机构、政府或国际组织公布的风险补偿机制数据。

9. 绿色信贷额占比（绿色信贷余额/总信贷余额）

➢说明：金融机构发放的绿色信贷在总信贷余额中的比重，反映了绿色信贷在金融机构信贷业务中的比重。

➢资料来源：金融机构的信贷业务报告、年度报告及 CSMAR、Wind 数据库等。

10. 绿色上市公司融资占比（绿色上市公司融资总额/股权融资总额）

➢说明：绿色上市公司融资在股权融资总额中的比重，反映了绿色上市公司融资规模在股权融资市场中的比重。

➢资料来源：证券交易所、监管机构发布的融资数据及 CSMAR、Wind 数据库。

11. 绿色债券发行融资占比（绿色债券发行总额/债券发行总额）

➢说明：绿色债券发行总额在债券市场发行总额中的比重，反映了绿色债券在债券市场中的比重。

➢资料来源：债券市场监管部门发布的债券市场数据及 CSMAR、Wind 数据库。

12. 绿色保险保费收入占比（环境污染责任保险保费收入总额/保险保费收入总额）

➢说明：环境污染责任保险保费收入在总保险保费收入中的比重，反映了绿色保险在保险市场中的比重。

>资料来源：保险市场统计年报、公司年度报告及 CSMAR、Wind 数据库等。

13. **绿色基金募集资金占比（绿色基金募集资金总额/各类基金募集资金总额）**

>说明：绿色基金募集资金在各类基金募集资金中的比重，反映了绿色基金在基金市场中的比重。

>资料来源：基金管理公司或监管机构公布的报告及 CSMAR、Wind 数据库。

14. **绿色产业投资占比（环境保护产业、资源综合利用产业、新能源产业、生态农业、绿色技术和绿色服务业/固定资产投资总额）**

>说明：绿色产业投资在固定资产投资总额中的比重，反映了绿色产业在国民经济中的比重。

>资料来源：国家统计局发布的固定资产投资数据、行业协会或研究机构发布的相应产业数据。

15. **政府环境保护财政支出占比（政府节能环保项目财政资金支出总额/财政资金支出总额）**

>说明：政府在节能环保项目财政支出中占总财政支出的比重，反映了政府在环保领域的支出力度。

>资料来源：政府财政部门发布的年度预算、财政支出报告等。

16. **绿色权益市场交易占比（碳交易、用能权交易、排污权交易/权益市场交易总额）**

>说明：碳交易、用能权交易、排污权交易等绿色权益交易在权益市场交易总额中的比重，反映了绿色权益交易在金融市场中的比重。

>资料来源：交易所、监管机构发布的交易数据统计及 CSMAR、Wind 数据库。

17. **绿色金融产品数量（绿色信贷、绿色金融、绿色保险、绿色基金）**

>说明：各类金融机构发行的绿色金融产品种类及数量。

>资料来源：金融机构、监管机构发布的金融产品统计报告。

18. ESG 信息披露银行占比（ESG 信息披露银行数量/银行总数量）

➤说明：在所有银行中，积极披露环境、社会和公司治理信息的银行占比情况。

➤资料来源：综合金融服务机构发布的 ESG 报告及 CSMAR、Wind 数据库。

19. 绿色项目审批"绿色通道"金融机构占比（已建立绿色项目审批"绿色通道"绿色信贷、绿色保险、绿色证券等金融机构数量/金融机构总数量）

➤说明：已建立绿色项目审批加速通道的金融机构在金融机构总数量中的比重。

➤资料来源：金融机构内部公告及 CSMAR、Wind 数据库。

20. 绿色金融研发费用支出占比（金融机构绿色金融产品研发费总额/技术研发费用总额）

➤说明：金融机构在绿色金融产品研发费用中所占比重，反映了相关金融机构的绿色金融产品创新能力和投入情况。

➤资料来源：工商银行年度报告、财务报表及 CSMAR、Wind 数据库。

21. 加入赤道原则等国际倡议的银行数量

➤说明：已经加入国际倡议如赤道原则等的银行数量，反映了金融机构在绿色发展领域的国际合作程度。

➤资料来源：赤道原则组织发布的成员名单及相关报告等。

22. 举办学术会议（市场活动）次数

➤说明：金融机构举办的相关绿色金融学术研讨会、市场活动等次数。

➤资料来源：2018~2022 年《中国重要学术会议目录》。

23. 银行各项存款余额

➤说明：银行各项存款的余额情况，包括活期存款、定期存款、结构性存款等。

➤资料来源：银行年度报告、银行监管机构发布的存款数据统计。

24. 保险公司原保险总收入

➤说明：保险公司从保险业务中取得的原始保费收入总额。

➤资料来源：保险监管机构、保险公司年度报告等。

25. **绿色金融从业人员占比（绿色金融从业人员/金融产业从业人员）**

➤说明：从事绿色金融工作的人员数量占金融产业总人员数量的比重。

➤资料来源：金融机构从业人员统计报告及工商银行年度报告。

26. **生物多样性保护优先区域生态系统面积（森林、草地、农田、湿地、城镇）**

➤说明：政府或相关机构划定的生物多样性优先保护区域内不同生态系统类型的面积。

➤资料来源：国家统计局。

27. **绿色企业金融化占比（绿色上市公司数量/规上企业数量）**

➤说明：绿色上市公司数量占规模以上企业数量的比重，反映了绿色企业的金融化程度。

➤资料来源：证券交易所及国家统计局发布的上市公司、企业数量统计数据。

28. **金融资产占比（金融资产总额/GDP）**

➤说明：金融机构的资产总额占国内生产总值（GDP）的比重。

➤资料来源：国家统计局。

29. **居民储蓄占比（居民储蓄总额/GDP）**

➤说明：居民储蓄总额占国内生产总值（GDP）的比重。

➤资料来源：国家统计局发布的居民储蓄数据、国民经济核算数据等。

分 报 告

B.3
四川省绿色保险发展与展望

罗志华*

摘　要： 在"双碳"战略与环境保护政策、绿色金融发展政策等推动下，我国绿色保险保障能力与险资绿色投资水平呈现快速提升态势。在这一大背景下，2024~2025年四川省保险业绿色保险产品、与险资投资绿色债券及绿色产业项目数量保持快速增长态势并无过多悬念。尽管如此，四川省仍存在绿色金融发展不平衡、绿色保险发展滞后、绿色保险信息共享机制不健全等问题，缺乏绿色信贷与绿色保险、绿色债券与绿色投资联动机制，基于此，本文提出遵循规划先行、绿色联动、措施有力、财政支持、信息共享原则，推进四川省绿色保险高质量发展。

关键词： 绿色金融　绿色保险　绿色投资　环境污染责任保险

---

* 罗志华，四川省社会科学院金融财贸研究所副研究员、硕士生导师，主要研究方向为金融创新与风险管理。

一 绿色保险概念及我国绿色保险政策演进

（一）绿色保险概念与定义

绿色保险，又称环境责任保险，是一种以保护环境、减轻环境污染损害为目的的保险。它主要承担被保险人在生产、科研或其他活动中可能产生的环境污染责任。

2022年11月中国银保监会发布《绿色保险业务统计制度的通知》，首次对绿色保险进行了官方定义：绿色保险是指保险业在环境资源保护与社会治理、绿色产业运行和绿色生活消费等方面提供风险保障和资金支持等经济行为的统称。

我国官方对绿色保险的定义，显著扩展了其内涵与外延。这与绿色保险最初所界定的环境污染责任保险、环境责任保险，在内容上具有较大的差异。此外，官方定义的绿色保险还包括保险服务的负债端与资产端：负债端包括保险机构围绕绿色低碳、可持续发展提供的保险产品和服务，资产端包括保险机构投向绿色产业的资金。

（二）绿色保险理念起源与发展

绿色保险理念形成于20世纪六七十年代西方国家的环境污染与治理过程中。20世纪60年代之前，环境责任并未成为独立险种，而是在全球环保浪潮大背景下伴随着环境责任理论和西方国家一系列环境保护立法措施发展起来的。

我国最早提出"绿色保险"概念的是刊载于《森林防火》的《愿绿色保险网覆盖更多山林》一文，文中提出在浙江全省推广"森林火灾保险"。国内将"绿色保险"与环境保护、环境责任结合起来研究，则是始于21世纪之初。2001年2月，《中国保险》刊载了《"绿色保险"与环境保护》一文，系统介绍了全球"绿色保险"即环境责任保险的发展状况。2005年以

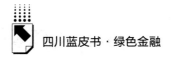

来，随着环保理念及"绿色保险"在我国的普及，学界对"绿色保险"的研究也逐步增多，我国环保政策也不断完善。

（三）我国绿色保险的政策演进

2006年6月，国务院印发《关于保险业改革发展的若干意见》，在政策层面首次提出"完善多层次的农业巨灾风险转移分担机制""充分发挥保险在防损减灾和灾害事故处置中的重要作用，将保险纳入灾害事故防范救助体系""发展……环境污染责任等保险业务"。2007年12月，国家环境保护总局、中国保险监督管理委员会发布《关于环境污染责任保险工作的指导意见》，提出"建立符合我国国情的环境污染责任保险制度"。2011年10月，国务院发布《关于加强环境保护重点工作的意见》，提出"健全环境污染责任保险制度"，首次提出"开展环境污染强制责任保险试点"。2012年11月，国务院发布《农业保险条例》，提出"国家建立财政支持的农业保险大灾风险分散机制""鼓励地方人民政府建立地方财政支持的农业保险大灾风险分散机制"。2013年1月，环境保护部、保监会发布《关于开展环境污染强制责任保险试点工作的指导意见》，在各省区市开展环境污染强制责任保险试点。

2016年8月，中国人民银行等七部门联合出台《关于构建绿色金融体系的指导意见》，对保险业提出"在环境高风险领域建立环境污染强制责任保险制度""鼓励和支持保险机构创新绿色保险产品和服务""建立完善与气候变化相关的巨灾保险制度""鼓励保险机构研发环保技术装备保险、针对低碳环保类消费品的产品质量安全责任保险、船舶污染损害责任保险、森林保险和农牧业灾害保险等产品""鼓励和支持保险机构参与环境风险治理体系建设"等要求。

2021年2月，国务院印发《关于加快建立健全绿色低碳循环发展经济体系的指导意见》，提出了"发展绿色保险，发挥保险费率调节机制作用"的绿色经济发展要求。

2022年6月，中国银保监会发布《银行业保险业绿色金融指引》，提出

"保险机构应当根据有关法律法规，结合自身经营范围积极开展环境保护、气候变化、绿色产业和技术等领域的保险保障业务以及服务创新，开发相关风险管理方法、技术和工具，为相关领域的生产经营者提供风险管理和服务，推动保险客户提高环境、社会和治理风险管理意识，根据合同约定开展事故预防和风险隐患排查""银行保险机构应当制定针对客户的环境、社会和治理风险评估标准，对客户风险进行分类管理与动态评估。保险机构应将风险评估结果作为承保管理和投资决策的重要依据，根据客户风险情况，实行差别费率"等要求。

2022 年 11 月，中国银保监会发布《绿色保险业务统计制度的通知》，对"绿色保险负债端业务"进行统计，要求各保险公司"自 2023 年 7 月起，正式报送《绿色保险业务统计表》的全国及各省（自治区、直辖市、计划单列市）数据"。

2023 年 9 月，中国保险行业协会发布《绿色保险分类指引（2023 年版）》，负债端将"助力应对极端天气气候事件""助力绿色产业发展""助力低碳转型经济活动""助力支持环境改善""助力生物多样性保护""助力绿色金融市场建设""助力绿色低碳安全社会治理""助力绿色低碳交流与合作""助力绿色低碳生活方式""其他"等十类保险应用场景纳入绿色保险分类目录，资产端将"聚焦积极支持清洁低碳能源体系建设，支持重点行业和领域节能、减污、降碳、增绿、防灾，实施清洁生产，促进绿色低碳技术推广应用，重点加大对节能减碳产业、环境保护产业、资源循环利用产业、清洁能源产业、生态保护修复和利用、基础设施绿色升级及绿色服务等重点绿色产业领域的资金支持力度"等保险资金绿色投资纳入绿色保险分类目录。这是首个全面覆盖绿色保险产品、保险资金绿色投资及保险公司绿色运营的行业自律规范。

2023 年 12 月，中国保险行业协会发布《保险机构环境、社会和治理信息披露指南》，是国内首个聚焦保险业 ESG 信息披露的指导性文件，为保险机构体系化地推进 ESG 相关能力建设提供了具体行动方案。2022 年，保险业绿色保险产品数量超过 3600 个，投资绿色债券规模超过 5000 亿元，69

家机构建立了绿色金融管理机制及工作小组，9 家机构加入了可持续保险或负责任投资原则。2023 年上半年，绿色保险保费收入 1159 亿元；保险资金投向绿色发展相关产业余额达 1.67 万亿元，同比增长 36%。

2024 年 3 月，中国人民银行等七部门印发《关于进一步强化金融支持绿色低碳发展的指导意见》，提出"建立健全绿色保险标准""大力发展绿色保险和服务""鼓励保险资金按照商业化原则支持绿色产业和绿色项目""鼓励保险机构研究建立企业碳排放水平与保险定价关联机制"等支持政策。

2024 年 4 月，国家金融监管总局发布《关于推动绿色保险高质量发展的指导意见》，提出"坚持节约低碳环保可持续发展等绿色发展原则，强化保险业供给侧结构性改革，构建绿色保险服务体系，推动绿色保险高质量发展，加大对绿色、低碳、循环经济的支持力度，防范环境、社会和治理风险，提升绿色保险服务经济社会绿色转型的质效"总体要求，以及"加强重点领域绿色保险保障""加强保险资金绿色投资支持""加强绿色保险经营管理能力支撑"等具体措施。

（四）我国绿色保险的发展成效

2021 年 6 月，中国保险行业协会发布《保险业聚焦碳达峰碳中和目标助推绿色发展蓝皮书》，2018~2020 年保险业累计为全社会提供了 45.03 万亿元保额的绿色保险保障，支付赔款 533.77 亿元；保险资金运用于绿色投资的存量规模从 2018 年的 3954 亿元增加至 2020 年的 5615 亿元，年均增长 19.17%。[①]

国家金融监管总局和中国保险行业协会的数据显示，2022 年，我国保险业绿色保险产品数量已超过 3600 个，当年绿色保险保额 31.67 万亿元，较 2021 年增长了 26.69%；69 家机构建立了绿色金融管理机制及工作小组，

---

① http：//www. iachina. cn/module/download/downfile. jsp？classid＝0&filename＝71fe3c6f7b3645
1bb51f9c33ad104aff. pdf.

9 家机构加入了可持续保险或负责任投资原则。①

中国保险资产管理业协会的数据显示，截至 2022 年底，保险资金债权投资计划、股权投资计划和保险私募基金支持绿色产业发展登记（注册）规模近 1.2 万亿元，相较 2020 年年均增速近 50%。②

国家金融监管总局的数据显示，2023 年，全国绿色保险业务保费收入 2297 亿元，赔款支出 1214.6 亿元。绿色保险规模显著增长。中国保险行业协会的数据显示，2023 年，全国保险业涉及重大自然灾害的赔付约 252.59 亿元，投入防灾减灾资金约 6.61 亿元，投入防灾减灾人力约 11.31 万人次，发送预警信息约 1.30 亿人次，排查企业客户风险约 17.14 万次，预计减少灾害损失约 37.09 亿元。③

此外，各大保险公司积极在负债端和资产端发力绿色保险业务。例如，中国人保集团 2023 年 1~11 月完成企业可持续发展保险等 30 款"双碳"产品开发工作，法人口径下"双碳"保险产品提供保险保障金额 4715 亿元，保费同比增长 10.4%。④ 再如，中国太保在行业内率先推出首个碳普惠平台——"太保碳普惠"平台。目前，该平台已在上海、浙江、北京、江西、广西、无锡、宁波、云南、温州、甘肃等地上线，截至 2023 年底，用户已超 25 万人，其中新能源车主占比 74%，激励客户完成绿色行为超 3 万次。⑤

A 股 5 家上市险企披露的可持续发展报告或 ESG 报告显示，2023 年 5 家 A 股上市险企绿色保险保额共计 235.10 万亿元，绿色投资规模为 9066.64 亿元。从绿色保险业务特点来看，财险公司是开展绿色保险业务（负债端业务）的主力，寿险公司是开展绿色投资业务（资产端业务）的主力（见表 1）。

① http：//www.iachina.cn/art/2023/9/1/art_ 22_ 107128.html.
② http：//www.stcn.com/article/detail/853608.html.
③ http：//www.iachina.cn/art/2024/5/10/art_ 22_ 107638.html.
④ https：//www.picc.com/xwzx/mtjj/202401/t20240111_ 85578.html.
⑤ http：//m2.people.cn/news/default.html？s＝Ml8yXzQwNzY1ODUxXzEzNDc2OF8xNzA5NjQwNzc2.

表1 A股五大上市险企 2023 年绿色保险与绿色投资业务情况

上市险企	绿色保险保额(万亿元)	绿色投资金额(亿元)
中国太保	109.20	2000.00
中国人保	75.50	979.00
中国平安	48.90	1285.68
中国人寿	0.60	4627.88
新华保险	0.90	174.08
合计	235.10	9066.64

资料来源:第一财经, https://baijiahao.baidu.com/s? id = 1795293787321806454&wfr = spider&for = pc。

2023年,中国人保提供绿色保险风险保障 75.5 万亿元,同比增长 20.4%;中国平安绿色保险保费收入 373 亿元,同比增长约 49%;中国太保、中国人保、中国平安、中国人寿等四家上市险企绿色投资额较 2022 年增长约 18%。

综上,我国保险业的绿色保险产品从最初的环境污染责任保险发展到应对极端气候、支持绿色产业发展、低碳转型、环境改善、支持生物多样性、绿色低碳社会治理与生活方式等十大类 69 个细分保险险种,绿色保险保障规模和保险资金绿色投资规模均迅速扩大,在应对气候变化、服务清洁能源、降低污染消耗、保护生态环境等方面,已成为促进我国经济绿色转型的重要力量之一。

二 四川省开展绿色保险的政策与成效

(一)四川省发展绿色保险的政策及创新试点

2016年7月,中国共产党四川省第十届委员会第八次全体会议通过《中共四川省委关于推进绿色发展建设美丽四川的决定》,提出加强森林火灾和有害生物防控体系建设,完善森林保险制度,发展生态环境修复、碳资产管理、环境污染责任保险等新兴服务业，扩大环境污染责任保险试点范围等发展绿色保险的要求。

从 2017 年开始，在政策支持下四川保险业一是大力发展环境污染责任保险，发挥费率杠杆调节作用，将环境风险管理与环保部门的激励政策、绿色信贷等挂钩，初步形成了符合四川实际的环境风险防范机制；二是加强养殖业环境污染风险管理，建立完善的农业保险理赔与病死牲畜无害化处理联动机制；三是积极探索与生态环境和气候变化相关的保险产品，开展农作物天气指数保险试点，分散由气候变化引起的灾害事故风险；四是加大绿色保险产品研发力度，加快发展科技保险、森林保险等险种，为绿色产业发展保驾护航。①

2018 年 1 月，四川省人民政府办公厅印发《四川省绿色金融发展规划》，提出"在全省构建强制性的环境污染责任保险与商业性的环境污染责任保险相结合、保障较全、运行良好的保险市场机制，投保企业达到 600家。逐步提供与环境风险、气候变化、低碳环保、可持续发展相关的保险产品和服务，有效发挥保险在经济补偿方面的有效作用，支持和促进经济向绿色发展"的总体目标。② 同时，启动省级绿色金融创新试点，确定成都市新都区、广元市、南充市、雅安市和阿坝州五个省级绿色金融创新试点区域。③

2019 年 12 月，四川省发改委会同四川省经信厅、四川省地方金融监管局、中国人民银行成都分行印发《关于开展四川省绿色企业和绿色项目库建设工作的通知》，结合《绿色产业指导目录（2019 年版）》，出台《四川省绿色企业和绿色项目库管理办法（试行）》，建设绿色企业和绿色项目库。2020 年 12 月，四川省发改委等四部门印发《关于继续开展四川省绿色

---

① 国家金融监管总局四川监管局：《四川省大力发展绿色保险，助推绿色金融战略》，https：//www. cbirc. gov. cn/branch/sichuan/view/pages/common/ItemDetail. html？ docId＝699895&itemId＝2020&generaltype＝0。

② https：//www. sc. gov. cn/10462/11555/11563/2018/2/11/10444976. shtml。

③ https：//jxt. sc. gov. cn/scjxt/gzdt/2023/11/20/ab5daf81688d4da39ed01e0f989e2a9b. shtml。

企业和绿色项目入库工作的通知》，推动绿色企业和绿色项目库建设。截至2023年底，全省入库绿色企业290家，入库绿色项目106个。①

2022年12月，四川省人民政府印发《关于印发四川省碳达峰实施方案的通知》，提出"用好绿色信贷、绿色基金、绿色债券、绿色保险等金融工具""推动发展绿色农业保险、环境污染责任险和林木保险等绿色保险产品"。

2023年1月，四川省地方金融监督管理局、中国人民银行成都分行印发《关于印发〈关于扩大四川省绿色金融创新试点区域的工作方案〉的通知》，明确提出"在2025年前全省新建成5个左右省级绿色金融创新试点地区"。②

2023年8月，四川省地方金融监管局等八部门印发《关于扩大省级绿色金融创新试点地区相关工作的通知》，同意新增宜宾市、攀枝花市为省级绿色金融创新试点地区。至此，四川省已经确定七个省级绿色金融创新试点区域。

（二）四川省保险业开展绿色保险的成效

2024年2月，国家金融监督管理总局四川监管局发布的数据显示，截至2023年末，四川全省保险业总资产6247.29亿元、原保费收入2483.51亿元、赔付支出974.49亿元，同比分别增长9.37%、8.08%、27.57%，提供风险保障1090.08万亿元，原保费收入位列全国第六。"险资入川"金额增加至5853亿元。

2023年，全省农业保险保额、支付赔款分别同比增长13.24%、18.76%。其中涉农生猪保险赔款支出同比增长48.81%。2023年，防止返贫保险为全省460余万人（户）提供防灾防病防意外等综合性风险保障2443.82亿元，赔付支出1.44亿元，受益群众16.74万人（户）。在72个脱贫县承办大病保险业务，期末有效承保人数2343.23万人次，赔付金额

---

① https：//www.sc.gov.cn/10462/11689/11698/11703/2024/5/28/9ba1924073904838a3aa6179dfaf2eaf.shtml.

② http：//dfjrjgj.sc.gov.cn/scdfjrjgj/zonghelei/2023/1/28/e4b959e532b54a3fa44873f235e6aba3.shtml.

20. 23 亿元。

全省保险业机构积极开展环境污染责任保险，截至 2023 年末，累计承保企业数量 1149 家次，提供风险保障金额 48.93 亿元，绿色保险长效机制正在逐步形成。

（三）四川省开展绿色保险的成效与亮点

森林保险方面，2014 年 12 月，四川省保监局、财政厅、林业厅联合印发《四川省森林保险实施规程（试行）》及附件《四川省森林保险灾害损失认定标准（试行）》，为四川省开展森林保险业务提供政策支持。2014 年度，四川省森林保险投保林地面积 3.14 亿亩，占全省林地面积的 87.52%，为全省 726.87 万户农户提供风险保障 1747.57 亿元。2014 年，全年保费收入总额 2.30 亿元，其中农民实际负担金额 304 万余元（不含无赔付优待款），约占保费总额的 1.32%。全年共完成森林保险责任赔付 1047 起，赔付保险金额 7007.64 万元，简单赔付率为 32.86%。

农林牧业特色保险方面，由法国安盟农业相互再保险全国总公司与蜀道投资集团合资经营的安盟财产保险有限公司，深耕特色农业，累计开办了包括种植险、养殖险、森林险在内的 381 个险种业务，为全国近 209 万户次农户提供风险保障近 1185 亿元。在四川落地大熊猫养殖保险、中华蜜蜂收入保险、猕猴桃高温气象指数保险等险种。其中，"红原牦牛保险模式"被选入"中国企业精准扶贫分领域案例（2018）"。

中华财险与宝兴县人民政府下属四川省夹金山国有林保护局有限公司签订"熊猫碳汇"保险合作协议，为宝兴县 6.7 万亩碳汇林提供 613.23 万元碳汇价值风险保障。雅安市委明确支持宝兴县碳汇交易的先行先试，"熊猫碳汇"保险为大熊猫国家公园范围内碳汇开发及标准制定迈出了重要一步。

2023 年 4 月，四川省首单"森林碳汇遥感指数保险"落地省级绿色金融创新试点区域广元市利州区。"森林碳汇遥感指数保险"项目为利州区天曌山国有林场 15626 亩林地提供了 390650 元碳汇价值损失风险保障，填补了四川省森林碳汇保险空白，保障林场碳库 7641.1 吨、碳汇价值 42.8

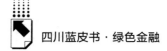

万元。

ESG 绿色保险服务方面，2023 年 3 月，蜀道集团所属蜀道保险经纪公司撰写的《ESG 绿色保险服务》被纳入《中欧绿色经济合作展望报告》，[①]涉及碳金融保险、低碳项目机器损坏碳交易损失保险以及生态环境保护保险等绿色保险合作内容。

三　2024~2025年四川省绿色保险发展研判与建议

在我国"双碳"战略与环境保护政策、绿色金融发展政策的有力推动下，绿色保险保障能力与绿色投资水平近年呈现快速提升态势。在这一大背景下，2024~2025 年四川省保险业绿色保险产品与保险资金投资绿色债券及绿色产业项目数量保持快速增长趋势并无过多悬念。

四川省统计局发布的经济数据显示，2024 年一季度四川省绿色低碳优势产业增加值增长 9.6%，规模以上工业企业风力、太阳能发电量分别同比增长 38.9%、94.2%，动力电池增长 39.7%、晶硅光伏增长 15.9%、能源装备产业增长 12.9%。[②] 总体上看，2024 年四川省绿色产业发展向好，绿色保险保障规模和保险资金投资绿色债券及绿色产业规模将再创新高。

银保监会和中国保险行业协会分别于 2022 年 11 月和 2023 年 9 月发布了《绿色保险业务统计制度的通知》和《绿色保险分类指引（2023 年版）》，对保险业开展绿色保险业务进行统计，但本报告受制于绿色保险及绿色投资业务数据的可得性，无法对四川省绿色保险发展情况进行数据比较分析。

结合全国绿色保险发展中存在的问题，本报告对四川省绿色保险支持绿色经济发展提出几点浅见。

---

① ESG 是 Environmental（环境治理）、Social（社会责任）和 Governance（公司治理）的缩写，是一种关注企业环境、社会、公司治理绩效而非传统财务绩效的投资理念和企业评价标准。
② http://tjj.sc.gov.cn/scstjj/c105918/2024/4/18/d2fcc8fa0a204298b3b4242023ba2f78.shtml.

（一）规划先行

建议有关部门在评估《四川省绿色金融发展规划》执行效果的基础上，结合中央政策与四川省发展实际，制定第二阶段 2024~2030 年四川省绿色金融发展规划，以规划引领绿色金融、绿色保险产业发展。

（二）绿色联动

近年来，在中央和省委、省政府绿色发展要求与相关配套政策支持下，四川省绿色金融发展成效显著，绿色信贷更是"一枝独秀"。尽管如此，四川省绿色金融发展仍不平衡，存在明显短板，缺乏绿色信贷与绿色保险、绿色债券与绿色投资联动机制。

从 2018 年四川省推动设立的 5 个绿色金融改革创新试点区域的发展成效来看，绿色金融主要涉及绿色信贷、绿色债券。成都市新都区、广元市、南充市、雅安市、阿坝州等试点区域绿色信贷余额均加快增长，成都市新都区发行全国首单区县级"乡村振兴"中期票据、区县级"碳中和"债券。

四川省生态环境厅发布的数据显示，截至 2023 年底，四川省绿色信贷余额 1.33 万亿元，同比增长 39.68%。① 成都银行、成都农商银行、乐山商业银行累计公开发行绿色金融债券超 90 亿元。② 相比之下，四川省绿色保险工具运用并不充分。建议加强绿色保险与绿色信贷联动，以绿色保险保障促进绿色信贷供给增加，推动绿色生态发展。

（三）措施有力

《四川省绿色金融发展规划》提出制定环境污染强制责任保险办法和建立强制性环境污染责任保险制度、抑制高污染行业扩张和倒逼企业淘汰落后

---

① https：//www.sc.gov.cn/10462/11689/11698/11703/2024/5/28/9ba1924073904838a3aa6179dfaf2eaf.shtml.

② https：//jxt.sc.gov.cn/scjxt/gzdt/2023/11/20/ab5daf81688d4da39ed01e0f989e2a9b.shtml.

产能等措施，建议落实责任单位，避免环境污染强制责任保险陷入"只打雷、不下雨"或"雷声大、雨点小"的局面。

（四）财政支持

从绿色保险创新试点情况看，绿色保险面临保险公司投入成本高、风险不确定、精算数据欠缺等问题，保险公司制定的保费费率普遍偏高，导致投标人投保意愿普遍不强等问题。

严湘桃指出，以环境污染责任保险费率为例，按行业划分最高费率为2%，较其他千分之几费率险种要高出好几倍。[①] 以2024年5月中国人民财产保险股份有限公司高淳支公司与江苏省南京市高淳区漆桥街道签约的39545亩耕地、乔木林和竹林植被综合碳汇价值保险为例，总保险金额47.69万元对应保费3万多元，保费费率6.3%。[②] 高费率严重抑制了绿色保险的推广。

鉴于绿色保险具有公共品属性，建议由政府和金融监管部门引导保险公司科学定价、合理定价，同时，借鉴财政贴息模式，以省市财政安排专项资金（或基金），按保费一定比例给予财政补贴，以减轻投保人保费负担。

此外，从长远考虑，四川省可向国家金融监管部门争取设立由省市财政或者国资出资的政府性绿色保险公司，为绿色产业提供政策性绿色保险服务，为环境风险高、环境污染事件较为集中的领域或相关企业提供环境污染强制责任保险，以抑制高污染行业扩张，倒逼企业淘汰落后产能。

（五）信息共享

建议落实《四川省绿色金融发展规划》，搭建信息共享平台，推进金融机构与环境保护等相关部门信息共享。基于《绿色保险业务统计表》报送要求，国家金融监管总局四川监管局已全面掌握各保险公司在四川省开展绿

---

① 严湘桃：《对构建我国"绿色保险"制度的探讨》，《保险研究》2009年第10期。

② https：//baijiahao. baidu. com/s？id＝1799617590888936443&wfr＝spider&for＝pc.

色保险和绿色投资业务的统计数据。建议省地方金融监管局、省经信委、省发改委、省生态环境厅、省财政厅等部门在信息共享平台上分享以上数据。在此基础上，结合四川省绿色企业和绿色项目入库情况，建议每年编制绿色金融发展报告，促进绿色经济向好发展。

参考文献

田志伟：《愿绿色保险网覆盖更多山林》，《森林防火》1988 年第 4 期。

《"绿色保险"与环境保护》，《中国保险》2001 年第 2 期。

富若松：《绿色保险研究》，《首都经济贸易大学学报》2005 年第 4 期。

蒋旭成、梁才：《"绿色保险"的国际经验与借鉴》，《广西金融研究》2008 年第 8 期。

李华友、冯东方：《"绿色保险"的国际经验及发展趋势》，《环境经济》2008 年第 9 期。

游春：《绿色保险制度建设的国际经验及启示》，《海南金融》2009 年第 3 期。

皮立波：《绿色保险：现状、问题与建议》，《中国保险》2010 年第 6 期。

严湘桃：《对构建我国"绿色保险"制度的探讨》，《保险研究》2009 年第 10 期。

B.4
四川省绿色证券发展报告

汪政希　杜坤伦*

摘　要：　在中国式现代化建设过程中，大力发展绿色金融对"双碳"目标实现和经济社会可持续发展至关重要。本报告以四川省绿色证券市场为研究对象，从资源禀赋、规制配套、区域战略协同三个方面深入剖析了四川绿色证券的发展基础，从绿色债券、绿色股票、上市公司 ESG 信息披露三个子维度分析了四川绿色证券发展现状。为更好地建设四川省绿色证券市场，服务于经济社会高质量发展，讲好四川绿色证券故事，贡献四川绿色发展智慧，应在精准政策落地、科学认定标准、提升市场活力、优化监管机制、促进区域合作等方面发力。

关键词：　绿色证券　绿色债券　绿色股票　ESG 信息披露　资本市场

一　引言

我国的证券市场是在经济发展和体制改革取得突破性进展、东部沿海地区率先走向现代化市场化、全国各具特色的区域经济格局初步形成的条件下应运而生的，是全国统一大市场的重要组成部分，是市场化法治化国际化要求高、主要促进企业资本形成、实现价值发现的金融市场。其不仅是有价证券发行和交易的主要场所，更是经济社会发展的"晴雨表"。根据国务院关于促进我国资本市场健康稳定发展的 3 个（2004 年、2014 年、

---

* 汪政希，四川省社会科学院，主要研究方向为绿色金融、资本市场；杜坤伦，四川省社会科学院金融财贸研究所研究员、硕士生导师，主要研究方向为资本市场与区域经济发展。

2024 年）"国九条"① 的主要内容，资本市场主要是指证券市场。上市公司是证券市场的基石，截至 2023 年末，我国境内上市公司共 5346 家，总市值超 77 万亿元。② 如此规模的上市公司数量与市值（经济）体量，对生态环境改善和可持续发展的影响十分重要。当前，我国正处于经济结构优化调整和发展模式转型的关键时期，作为"五篇金融大文章"之一的绿色金融高质量发展，能显著赋能我国经济社会发展的提质增效。资本市场作为金融市场的重要组成部分，绿色证券的高质量发展也十分重要。

2016 年 8 月，中国人民银行等七部门印发《关于构建绿色金融体系的指导意见》，为我国绿色证券市场的建设和发展确定了基本方向。伴随着"双碳"目标的确立、中央金融工作会议的召开、新质生产力发展要求的提出，绿色证券发展的方向更加科学、目标更加明晰、道路选择更加科学、实施策略更加具体。相关部门顺应绿色证券发展的时代呼唤和实践需求，适时出台了《绿色债券发行指引》《绿色债券支持项目目录》《关于加强产融合作推动工业绿色发展的指导意见》等，发展绿色证券的顶层设计更加科学，规制不断完善，服务实体经济发展的效果凸显。当前，我国绿色金融市场、绿色资本市场加快发展，其中，以绿色债券和绿色股票为代表的绿色证券市场个性鲜明、贡献突出、表现优异。2023 年，我国境内绿色债券市场平稳发展，发行数量为 702 只，发行规模达 8583.23 亿元，占全国债券发行规模的 1.21%。截至 2023 年末，据不完全统计，我国沪深两地已累计公开发行涵盖环保、生态、低碳、ESG③ 等主题的绿色股票指数百余条，成为股票市场指数的重要分支。④

---

① 《国务院关于推进资本市场改革开放和稳定发展的若干意见》《国务院关于进一步促进资本市场健康发展的若干意见》《国务院关于加强监管防范风险推动资本市场高质量发展的若干意见》。

② 资料来源：RESSET 金融研究数据库。

③ 2017 年 6 月，证监会与环境保护部共同签署《关于共同开展上市公司环境信息披露工作的合作协议》，强调推动建立和完善上市公司强制性环境信息披露制度，督促上市公司履行环境保护社会责任。可见，上市公司 ESG 信息披露对于构建生态文明体系以及发展绿色资本市场来说不可或缺。

④ 资料来源：RESSET 金融研究数据库、CSMAR 经济金融研究数据库。

四川在探索绿色证券与低碳发展等方面，一直充分发挥"敢为天下先"的改革创新精神，不断探索，努力奋进，为我国绿色证券发展，特别是在全面贯彻落实国家关于绿色金融发展战略部署、全面落实习近平总书记来川视察重要讲话精神方面，不断贡献四川智慧和四川方案。2018年1月，四川省人民政府印发《四川省绿色金融发展规划》，强调"以金融支持支柱产业绿色改造升级为主线，引导投资结构调整，推动经济转型升级"。2021年11月，四川省人民政府印发《四川省"十四五"金融业发展和改革规划》，指出要"推动产业绿色低碳发展，加大对绿色产业的融资支持力度，支持绿色资产证券化"。此外，《中共四川省委　四川省人民政府关于完整准确全面贯彻新发展理念做好碳达峰碳中和工作的实施意见》《四川省绿色金融产品指南（2023）》等政策的发布，以及四川省绿色金融创新试点地区的选取与拓展，有效形成了多层次、多元化的四川绿色金融市场，为四川省在发挥绿色金融作用、强化绿色证券支持、推动实体经济绿色化转型、助力经济高质量发展方面提供了强大动力。

当前，四川省绿色证券市场已进入高质量发展新阶段。自2016年我国提出并推行绿色债券以来，截至2023年末，四川省共发行了333只绿色债券，绿色债券市场发展趋于成熟。其中，2023年，四川省共发行了29只绿色债券，发行规模为124.64亿元。而在上市公司层面，截至2023年末，四川省共有173家上市公司，其中涉及水务、新能源、电力行业的公司20余家，绿色股票市场发展取得一定的成效；主动在2023年年报中进行ESG信息披露的有62家公司，占上市公司总数的35.84%，略低于A股市场39.26%的披露率，其重视程度和参与程度还有待进一步提升。①

绿色经济、绿色金融、绿色证券发展如火如荼，研究全国性绿色金融发展情况的成果较多，而针对某区域的成果较少。本报告数据来自Wind数据库、RESSET金融研究数据库与CSMAR经济金融研究数据库，结合数据的可得性，数据更新至2023年12月31日，坚持问题导向，从绿色债券、绿

---

① 资料来源：Wind数据库。

色股票与上市公司 ESG 信息披露三个子维度研究四川省绿色资本市场的发展基础、发展现状及创新经验，分析四川省绿色证券发展过程中存在的问题，为更好服务四川经济社会高质量发展提供决策支撑。

二 关于绿色证券的理论研究

（一）绿色证券范畴界定

2008 年 2 月，国家环保总局印发《关于加强上市公司环境保护监督管理工作的指导意见》，正式推出继绿色信贷、绿色保险之后的又一项环境保护经济政策——绿色证券。绿色证券作为绿色金融的重要组成部分，至今还没有统一明确的定义，其原因在于较为宽泛的主体领域与支持范畴，即涉及绿色债券、绿色股票、绿色指数、绿色金融工具、上市公司环保责任履行等多个方面。

本报告依据我国证券市场在绿色可持续发展方面的实践，参考蒋洪强等对绿色证券的理论探索，[①] 将绿色证券定义为：上市公司在 IPO、再融资以及日常经营中，须达到证监会与环保部门的审核标准和监督管理要求，以确保将募集的资金主要用于绿色发展项目，并引导市场投资者投资绿色企业，最终构建涵盖绿色准入、上市公司环保核查、环境绩效会计披露等内容的绿色证券市场。

（二）绿色证券经济理论

1. 经济外部性理论

经济外部性理论是阐释环境治理问题和企业实施环境绩效评估的重要基础理论，具体是指经济行为主体所做出的经济行为将对其他主体产生一定的外部影响，但这些影响并没有在市场交易中得到恰当的补偿或支付。外部性

---

① 蒋洪强、刘正广、曹国志：《绿色证券》，中国环境科学出版社，2011。

分为正外部性和负外部性，具体表现为私人成本和社会成本、社会利益和社会利益、私人供给和社会需求的不一致，从而导致市场资源配置功能失效。例如，绿色项目带来了有益于社会大众和生态系统的环境改善，但这些受益并没有直接转化为项目的直接经济收益，从而形成了正外部性；而典型的负外部性则包括对公众健康和生态环境有害的污染排放，但这些成本往往并没有由污染者承担。绿色证券市场的发展，旨在通过金融工具和绿色政策来纠正外部性，通过促进正外部性的内部化和减少负外部性的产生，引导资本流向绿色环保产业，并将生态效益转化为经济效益，同时限制对环境造成负面影响的经济活动。

2. 内生经济增长理论

内生经济增长理论以内生技术为核心，认为经济长期增长是得益于内生技术进步而非外部推力，即将技术进步变量内生化，将产业政策、资源配置、市场环境等因素联系起来探究经济绩效和经济增长问题。绿色证券市场的发展，主要是通过金融手段促进环境友好型技术的研发和绿色环保产业的发展，在促进绿色技术创新、优化资源配置、提升产业竞争力、增强企业环保责任、增强经济抵御风险能力等方面积极发挥作用，进而推动经济的可持续内生增长。

3. 绿色发展理论

2011年经济合作与发展组织（OECD）发布的《迈向绿色增长》中对绿色发展概念下了定义，绿色发展是致力于实现长期的可持续发展，强调在经济增长、生态保护和社会公平之间寻求平衡，优化生产方式以追求公平与效率、发展与环境的内在一致性，从而实现经济、社会、生态三大系统高质量发展。绿色证券市场的发展重点是通过金融工具和市场机制来促进环境保护、绿色转型和可持续发展，以环境友好型投资、绿色证券产品创新、信息披露透明、政策激励和风险管理、绿色评级和项目认证等，推动实现经济增长与环境保护的双赢。

4. 企业绿色责任理论

企业绿色责任是指企业在经营活动过程中追求经济利益的同时，应充分考虑其对生态环境和自然资源产生的影响，主动承担环境保护的社会责任，使环境保护和企业发展融为一体，并主动进行环境绩效评估和环境信息披露，实现经济效益与环境效益的协同推进。企业绿色责任理论亦是绿色证券市场发展的内在经济理论，企业在环境保护责任、可持续战略规划、绿色价值创造、社会责任披露、环境风险管理等方面的实践，不仅有助于推动企业传统经济增长模式的转型升级，同时也为投资者提供了评估企业经营表现的"绿色依据"，从而引导资本的"绿色流动"，加速经济绿色转型。

三　四川省绿色证券市场的发展基础

（一）资源禀赋优势

在实施"双碳"战略、推进经济社会绿色低碳高质量发展的进程中，四川省有着天然的资源禀赋和地域优势。地处西南地区，受地势起伏和气候因素的影响，四川省清洁能源资源丰富，拥有水能、风能、太阳能等清洁能源资源，进而水电、风电、光伏等绿色产业加快发展，为绿色证券市场的发展奠定了坚实的基础。四川省拥有丰富的钒、钛、锂等矿产资源，储备量均位于全国前列，为发展绿色低碳产业提供了原材料基础。此外，四川省地处战略规划交会地带，具有承南接北、通东达西的区位优势，并随着"四向八廊"战略性交通走廊的建设，四川省对外合作能力与日俱增，对应绿色低碳发展合作交流得以加强，绿色证券市场发展尽享区位红利。

（二）规制配套完善

随着2018年《四川省绿色金融发展规划》的出台，四川省绿色金融发展的目标、原则和重点任务得以明确，并为绿色证券市场的发展提供了战略指导。而后，《中共中央　国务院关于全面加强生态环境保护坚决打好污染防治攻坚战的实施意见》《四川省人民政府关于推进"5+1"产业金融体系建设的意见》《中共四川省委　四川省人民政府关于深入打好污染防治攻坚战的实施意见》《四川省高级人民法院关于践行新发展理念服务保障碳达峰碳中和工作的实施意见》《四川省绿色金融产品指南（2023）》等政策相继出台，进一步支持绿色低碳产业发展，激励绿色债券、绿色投资产品、碳中和债、资产支持证券等绿色证券产品创新，并鼓励绿色企业融资与再融资，引导金融资源流向绿色产业，绿色证券的顶层设计不断优化。另外，四川省环境信息披露和评价机制也不断完善，《四川企业社会责任指南》《四川企业履行社会责任评价指标体系》等政策相继出台，《四川省民营企业社会责任报告（2023）》等报告相继发布，增强了上市公司ESG信息披露能力，建立健全了绿色证券评价机制，提高了绿色证券市场的透明性和规范性。

（三）区域战略协同

四川省作为西部经济大省，是国家发展的战略腹地，是西部大开发的战略枢纽，是开放合作的战略要地。在新时代中国式现代化的发展大局中，四川省在国家新发展格局中扮演着关键角色，在推动区域协调发展、维护国家生态安全、加快新质生产力形成、促进绿色低碳转型等方面具有不可替代的作用。随着国家新时代西部大开发战略的实施、"一带一路"合作交流的深化、成渝地区双城经济圈的协同发展、生态文明建设污染防治的推进，四川省的战略地位得到不断的巩固和提升，为实现可持续发展和经济高质量发展奠定了坚实的基础，有力促进了绿色证券市场的进一步繁荣发展。

四　四川省绿色证券市场的现状分析

（一）绿色债券发展现状

自 2016 年以来我国绿色债券市场快速增长，在国家绿色债券相关政策的引导下，四川省形成了支持绿色债券市场有序发展的局面。在四川省政府补贴认可、财政激励等相关机制支持下，绿色债券市场发展趋于成熟，对绿色低碳产业以及绿色经济的资金支持力度稳步加大。

在国家"双碳"目标与四川省绿色金融发展规划的引导下,四川省绿色债券市场发展呈现良好态势。2016~2023年,四川省共发行333只绿色债券,发行总规模达3241.58亿元。绿色债券发行数量由2016~2018年的均不足20只增长至2020年的92只,发行规模由不足100亿元迅速上升至2020年的847.93亿元,绿色债券发展成效显著,整体规模呈现扩大趋势。其中,2020~2022年发展成效显著的主要原因是四川省政府增发地方政府债,以加大乡村振兴、生态环保、水务建设、社会事业等方面的资金投入,充分发挥政府宏观调控职能作用,引导资金流向污染防治和高效节能的环保产业,支持四川省绿色低碳转型发展。而2023年四川省绿色债券发行数量为29只,发行规模为124.64亿元,相对于2022年有较大降幅,发行数量减少了39只,发行规模缩小了767.92亿元(见图1)。① 四川省绿色债券市场在2023年发生较大波动,说明四川省绿色债券市场发展仍不够完善,市场潜力和投资热度有待进一步激活。

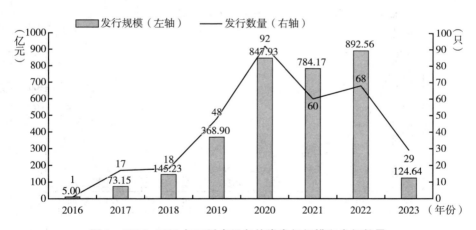

图1 2016~2023年四川省绿色债券发行规模和发行数量

资料来源:Wind数据库。

---

① 除特别注明外,本报告数据均来源于Wind数据库。

就四川省绿色债券发行种类来看，2016~2023 年，四川省绿色债券以地方政府债、公司债和中期票据三类为主，其中地方政府债共发行 139 只，发行规模为 1867.19 亿元；公司债共发行 56 只，发行规模为 456.65 亿元；中期票据共发行 44 只，发行规模为 443.46 亿元；金融债、企业债、短期融资券、资产支持证券、定向工具、同业存单的发行总数量为 94 只，发行总额度为 474.19 亿元（见图 2）。就 2023 年的种类数据而言，发行种类包括中期票据、公司债、资产支持证券、短期融资券、金融债，并以中期票据、公司债、资产支持证券三类为主，发行数量分别为 9 只、6 只、10 只，发行规模分别为 67 亿元、28.23 亿元、16.41 亿元。相比 2022 年的种类数据，2023 年四川省绿色债券发行种类减少了地方政府债等，新增短期融资券一类，发行数量和发行规模整体上有较大降幅（见图 3）。四川省绿色债券融资工具种类有待进一步丰富，多维度增加绿色债券产品供给，以充分发挥市场对资源配置的决定作用；激发市场活力，培育投资热点，以刺激绿色债券市场需求，提升绿色债券发展质量，发挥绿色债券融资作用。

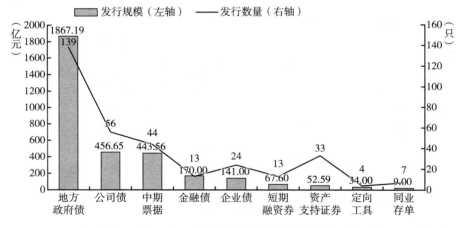

图 2　2016~2023 年四川省绿色债券发行种类对比

在发行债券评级方面，2016~2023 年四川省绿色债券发行评级以 AAA 级为主，发行只数为 215 只，占比较大，整体评级较高；其次是 AA+评级，发行只数为 27 只；最后是 AA 评级，发行只数为 22 只。另外，存在一定比例的

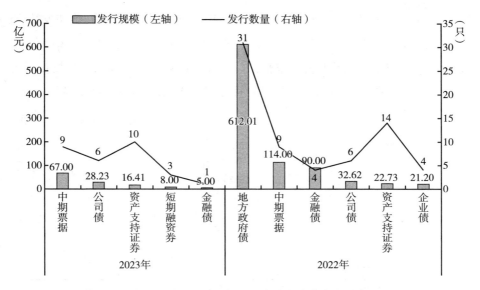

图3　2022年和2023年四川省绿色债券发行种类

绿色债券未披露发行评级（见图4）。整体来说，四川省绿色债券发行评级较高、债券风险较小、主体信用较高、投资标的优质，但也需加强相关信息披露，加强监督管理，提升市场的透明度与公平性，推动绿色债券市场规范化发展。

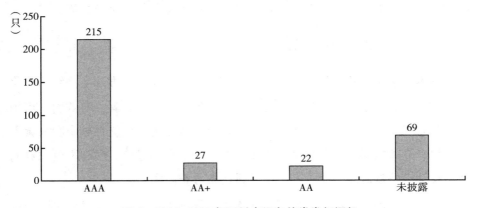

图4　2016~2023年四川省绿色债券发行评级

从债券发行期限来看，2016~2023年四川省绿色债券发行期限以1至10年期的中期债券为主，共发行256只，占发行总数量的76.88%，发行规模为

2357.67亿元，占发行总规模的72.73%；10年期以上的长期债券共发行55只，占比为16.52%；1年期以下的短期债券共发行22只，占比为6.61%（见图5）。四川省绿色债券发行期限整体以中长期债券为主，表明市场投资可为绿色可持续低碳发展提供长期稳定的支持，有效推动四川省绿色发展。

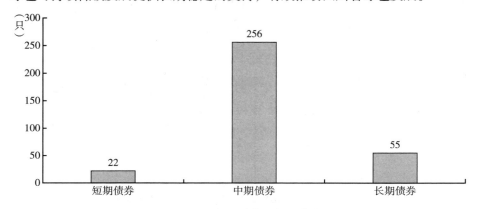

图5 2016~2023年四川省绿色债券发行期限

除以上指标以外，2016~2023年四川省绿色债券平均发行利率为4.12%，显著高于全国债券市场平均利率和其他地区绿色债券发行利率，更有利于吸引资金支持绿色项目建设，进一步扩大绿色债券市场规模。

（二）绿色股票发展现状

资本市场绿色化发展，是构建和完善绿色金融体系、推动经济结构优化转型的核心，而股票市场作为证券流通交易的关键场所，其能有效引导市场高效配置资源，绿色股权对于绿色经济发展而言尤为重要。在碳中和大背景下，绿色低碳投融资将是未来资本市场的发展重点，绿色股票与绿色债券同样是推动经济低碳转型发展和节能减排的核心金融资产。

当前，国内关于绿色股票的定义还未形成统一，而针对绿色股票的贴标认证机制框架还未构建完整。本报告依据2016年央行发布的《关于构建绿色金融体系的指导意见》（银发〔2016〕228号）中"推动证券市场支持绿色投资""完善环境权益交易市场、丰富融资工具"等相关规定，将绿色股票研究范畴锁定为，主营业务属于绿色低碳产业，以及进行绿色相关融资和再融资的上市公司发行的股票。而有关低碳环保产业的范畴，本报告依据2023 年中国环境保护产业协会发布的《中国环保产业发展状况报告（2022）》，界定为经营各类污染防治、清洁能源生产、环境监测与检测以及其他综合服务相关业务的产业，以此来探讨四川省绿色股票发展现状。

就四川省上市公司整体情况而言，截至 2023 年末，四川省共有 173 家上市公司，门类行业分类共 16 个类别，其中以制造业，信息传输、软件和信息技术服务业，电力、热力、燃气及水生产和供应业三个类别为主，上市公司数量分别为 115 家、16 家、11 家（见图 6）。综观全貌，四川省绿色企业数量不多，以消费企业、工业制造企业、信息技术企业为主，但也已在水利环境、清洁电力、污染防治等方面开始探索，绿色市场初具规模，绿色公司数量有望进一步增加，扩大绿色股票规模，以资本赋能企业绿色发展。

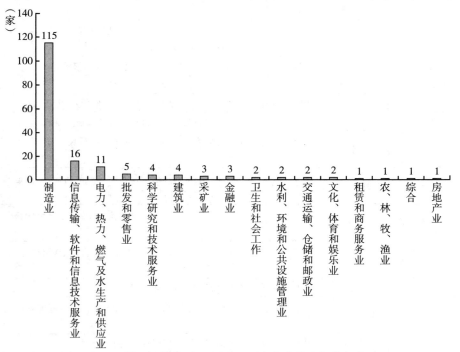

图 6　截至 2023 年末四川省 173 家上市公司门类行业

资料来源：CSMAR 经济金融研究数据库。

截至 2023 年底，四川省共有 24 家上市公司主营绿色低碳相关业务，占总上市公司数量的 13.87%。整体而言，绿色公司主营业务多是环境治理与清洁能源，产业基础牢固，发展路径清晰。其中，环境治理业务涵盖污水净化处理、大气污染防治、固废回收利用、环境调查监测等领域，绿色业务齐全，有利于促进"绿水青山"建设和维护；而清洁能源业务充分借助四川省区位优势和资源禀赋，大力发展水电、锂电、氢能等，因地制宜推动绿色低碳产业发展。

四川省绿色股票市场历史悠久，从 20 世纪 90 年代起便有多家上市公司主营业务属于绿色低碳的环保产业，为绿色经济发展奠定了坚实的基础。但四川省绿色企业 IPO 数量较少，近十年仅在 2015 年和 2021 年各有 3 家绿色公司上市，对绿色股权的重视程度和市场建设水平仍有待提高（见表 1）。

表 1   截至 2023 年末四川省有关绿色产业的上市公司

证券代码	证券简称	上市日期	绿色业务
688737. SH	中自科技	2021 年 10 月	燃料发动机排放后处理催化剂（器）以及氢燃料电池催化剂的研发、生产、销售、咨询
603759. SH	海天股份	2021 年 3 月	供排水、固废处理、清洁能源、水环境治理
836239. BJ	长虹能源	2021 年 2 月	锂电池设计、开发、生产、营销
300471. SZ	厚普股份	2015 年 6 月	清洁能源（天然气、氢能）设备的研发、生产、集成
300432. SZ	富临精工	2015 年 3 月	新能源锂电池正极材料的研发、制造和销售
300425. SZ	中建环能	2015 年 2 月	水环境治理、工业水处理及回用、固废处置与资源化利用
002630. SZ	华西能源	2011 年 11 月	新能源综合利用锅炉及其配套产品的设计、制造和销售，以及其他新能源综合服务
300249. SZ	依米康	2011 年 8 月	大气污染防治设备的研发、设计、制造、安装、销售及服务
002466. SZ	天齐锂业	2010 年 8 月	锂矿资源的开发、锂精矿加工销售以及锂化工产品的生产、销售
002386. SZ	天原股份	2010 年 4 月	新材料、新能源、环保产业等综合服务
002272. SZ	川润股份	2008 年 9 月	新能源、储能、清洁电力、水电、电站改造等产品与服务
002259. SZ	ST 升达	2008 年 7 月	清洁能源（天然气）生产、销售、运营
002240. SZ	盛新锂能	2008 年 5 月	新能源锂电材料的生产与销售

证券代码	证券简称	上市日期	绿色业务
600979.SH	广安爱众	2004 年 9 月	水力发电、供电、天然气供应、新能源开发
600438.SH	通威股份	2004 年 3 月	高纯晶硅、太阳能电池等产品的研发、生产、销售
600505.SH	西昌电力	2002 年 5 月	水力发电、太阳能光伏发电
000155.SZ	川能动力	2000 年 9 月	风力发电、光伏发电项目开发、建设和运营，以及垃圾焚烧发电项目的投资、运营
000803.SZ	山高环能	1998 年 3 月	有机废弃物处置与资源利用、绿色能源产业
600101.SH	明星电力	1997 年 6 月	水力发电、电力销售和自来水生产、销售及综合能源服务业务
000598.SZ	兴蓉环境	1996 年 5 月	污水处理、垃圾渗滤液处理、污泥处置、垃圾焚烧发电及中水处理
000593.SZ	德龙汇能	1996 年 3 月	清洁能源（天然气、氢能、光伏）的生产、供应
600875.SH	东方电气	1995 年 10 月	风电、太阳能发电、水电、核电、气电、节能环保、氢能等高端装备的开发、设计、制造、销售
600674.SH	川投能源	1993 年 9 月	投资开发、经营管理清洁能源
600644.SH	乐山电力	1993 年 4 月	绿色发电供电、城市供水供气以及其他综合能源

资料来源：CSMAR 经济金融研究数据库。

在上市再融资方面，绿色上市公司主要通过定向增发的方式进行再融资。根据 RESSET 金融研究数据库，2023 年，四川省绿色上市公司共完成 2 起定向增发，发行主体为厚普股份和天原股份，募集资金总额为 22.20 亿元。相比 2022 年，增发数量减少，募集资金规模缩小。四川省绿色股票再融资的积极性有待提高，相关激励措施、配套机制有待完善。

总的来说，四川省在绿色股权融资和再融资市场积极探索，在"双碳"目标下，绿色金融愈发受到重视，绿色股票市场有望进一步发展。

（三）上市公司 ESG 信息披露实践现状

上市公司 ESG 信息披露指的是上市公司对环境治理（Environmental）、社会责任（Social）和公司治理（Governance）三方面信息的披露，以衡量企业除财务信息以外的经营绩效，反映企业经营的可持续性。目前，我国尚未针对 ESG 信息披露作强制要求，仍以企业自愿主动披露为主。

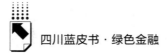

当前，中国进入新发展阶段，高质量发展、"双碳"目标实现、新质生产力形成成为战略主导方向，加强 ESG 信息披露能助力我国经济结构绿色低碳优化转型。具体来说，ESG 信息披露有助于增强企业的社会责任感，督促企业注重生态环境保护，提高公司整体治理水平，赋能企业绿色低碳高质量发展，最终推动全要素生产率提高。此外，ESG 信息披露有助于提升证券市场的公开度和透明度，提高企业信息披露质量，减少信息不对称，将成为市场参与者作出投资决策的重要参考指标，并促进利益相关方相互沟通，实现双赢。

鉴于 ESG 信息披露对于证券市场的重要影响，分析四川省上市公司 ESG 信息披露情况是了解四川省绿色证券市场发展现状的重要维度以及研判其发展趋势的有效路径。

就四川省 ESG 信息披露发展状况而言，在顶层设计上，四川省先后发布了《四川企业社会责任指南》《四川企业履行社会责任评价指标体系》等，为企业社会责任体系的建立和完善以及企业履行社会责任的指标参考提供了制度指引。在企业实践上，四川省上市公司对 ESG 信息披露的重视程度逐渐增加，近十年主动披露的公司数量逐年增加，发布社会责任报告的上市公司数量从 2013 年的 17 家上升到 2023 年的 62 家，ESG 信息披露实践取得明显成效（见图 7）。其中，2023 年，在四川省上市公司中，发布 ESG 独立报告的占比达 35.84%。此外，在学术研究层面，越来越多的学者关注到 ESG 信息披露对于企业经营效益的影响，相关学术论文日益增多；四川省社会科学院参与编撰的《四川企业社会责任研究报告》，对未来四川省企业 ESG 信息披露水平的提升起到了重要的促进作用。总的来说，在政府相关政策推动以及证监会披露要求趋严的背景下，四川省上市公司 ESG 信息披露进程将逐渐加快，其披露质量也不断提高。

根据 Wind 数据库，就 2023 年四川省上市公司的 Wind ESG 评级情况而言，以 A、BBB、BB 为主，所占比例分别为 12.72%、29.48%、50.29%，公司数量分别为 22 家、51 家、87 家。与全 A 股上市公司对比，四川省上市公司 Wind ESG 评级略优于全 A 股上市公司水平，其 A、BBB、BB 的主要

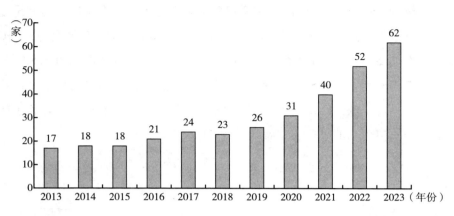

图7　2013~2023年四川省发布社会责任报告的上市公司数量

评级占比均高于全 A 股上市公司水平，但在 AAA 的评级占比上还略有不足（见图8）。由此可见，四川省上市公司开始注重 ESG 相关问题，主动采取措施加强环境治理、履行社会责任、提升治理水平，并积极披露 ESG 信息，践行 ESG 理念，以增强企业透明度、吸引绿色投资者。由此，四川省上市公司获得较为良好的 ESG 评级，探索出较为优秀的 ESG 实践，向资本市场和证券投资者传递出良好的信号，有利于企业长期可持续健康发展。

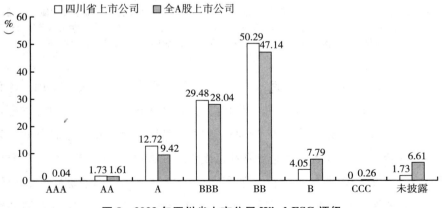

图8　2023年四川省上市公司 Wind ESG 评级

注：Wind ESG 评价体系共分为七档评级，能综合反映公司 ESG 管理实践水平以及重大突发风险情况。

具体的 ESG 得分分为 ESG 综合得分及环境维度、社会维度、治理维度三个子维度得分。2023 年，四川省 173 家上市公司的平均得分情况为，ESG 综合得分为 6.10 分，环境维度得分为 2.60 分，社会维度得分为 3.80 分，治理维度得分为 6.39 分，四者均略高于全 A 股上市公司对应指标水平，从量化指标角度反映出四川省 ESG 建设成效和上市公司发展水平，有利于四川省绿色资本市场的可持续发展（见图 9）。

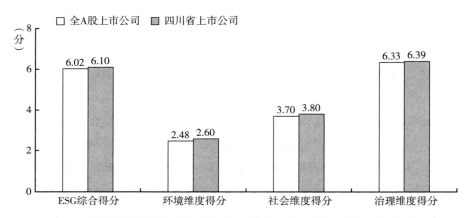

图 9　2023 年四川省上市公司与全 A 股上市公司 Wind ESG 表现对比

注：Wind ESG 综合得分由管理实践得分（总分 7 分）和争议事件得分（总分 3 分）组成，分别反映公司长期 ESG 管理实践水平与公司短期突发事件风险（涵盖新闻舆情、监管处罚、法律诉讼）情况。环境维度得分（总分 10 分）由该公司所在行业环境维度实质性议题得分加权而得。社会维度得分（总分 10 分）由该公司所在行业社会维度实质性议题得分加权而得。治理维度得分（总分 10 分）由该公司所在行业治理维度实质性议题得分加权而得。

而从各门类行业的异质性来看，对于 ESG 整体表现来说，文化、体育和娱乐业，金融业，农、林、牧、渔业三类行业表现突出，平均得分均超过了 6.20 分；而整体表现欠佳的行业包括房地产业、租赁和商务服务业、采矿业、综合，其平均得分水平与前者相比差距较大（见图 10）。行业异质性反映出各行业 ESG 理念的践行水平存在较大差异，这应当引起重视，以缩小行业间差距，提升上市公司整体 ESG 发展水平，走出一条协调发展的绿色转型道路。

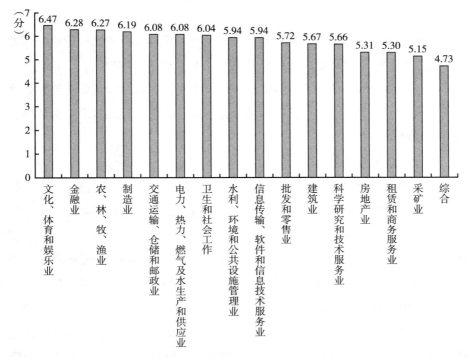

图 10　2023 年四川省证监会门类各行业 Wind ESG 综合平均得分

五　四川省绿色证券市场的问题与挑战

（一）绿色债券

1. 信息披露尚不全面

鉴于各个数据库的统计口径不一，本报告所分析的四川省绿色债券数据口径并不唯一。当前，四川省需建设一个公正权威的绿色债券信息披露官方平台，定期发布四川省绿色债券市场运行数据，统一绿色债券披露标准，整合绿色债券披露数据。并且，考虑到数据的全面性，权威、统一的绿债资料应当涵盖各类绿色债券发行资料、资金用途、效益评估、后续跟进等信息，以完善信息披露内容，维护投资者和市场参与者的合法利益。

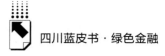

2.效益评估需要规范

四川省绿色债券市场还处在激励债券发行、统计发行数据的阶段，而针对债券发行后的相关环境效益核算评估，以及管理约束体制建立，还缺乏统一标准，从而导致绿色债券效益的不可信、不可比，以及绿色债券监督管理的难度大、不透明。因此，针对绿色债券的效益评估认证和管理约束机制有待进一步健全。

3.发行结构有待优化

发行种类方面，四川省绿色债券以地方政府债为主，且远高于公司债，发行主体结构失衡，对于发挥市场对资源配置的决定作用构成挑战。发行期限方面，四川省绿色债券中长期债券占比不低，但仍以中期债券为主，且多是短于5年时间的，这可能会导致绿色债券发行期限和绿色产业投资项目期限错配问题，从而在有效支持实体经济绿色低碳转型发展方面形成阻力。

4.市场活力亟待释放

相比2022年，2023年四川省绿色债券市场发生较大波动，绿色债券发行数量和发行规模均出现较大降幅，但这并不意味着市场风向的转变与投资热度的锐减，反而驱动着四川省绿色债券市场进一步释放活力、培育投资热点。此外，四川省绿色债券市场的对外开放程度不高，相关数据难以反映出境外投资者大力投资四川省绿色债券的情况，有待进一步拓宽对外融资渠道。

（二）绿色股票

1.统一标准暂未确定

四川省各项政策暂未对绿色股票进行明确界定和分类，存在绿色股票认定不统一问题，这不仅导致各研究机构采用不同的衡量标准和理论体系，更是导致绿色产业发展缺乏清晰的逻辑引领，从而影响金融支持实体经济低碳转型的作用发挥。

2.激励措施较为有限

从政策层面来看，支持绿色金融发展的相关政策更偏向于支持绿色信贷、绿色债券等，而支持绿色企业上市融资并激励再融资的政策较少，有效激励措施和配套管理机制尚缺，这不利于提高绿色企业上市融资的积极性，以及四川省绿色股票市场的发展。

3.市场规模有待开拓

四川省上市公司中，主营环境治理和清洁能源相关业务的企业数量较少，绿色股票市场发展还处于初步阶段。并且，近几年四川省绿色企业上市融资和再融资状况不佳，市场规模有待进一步扩大，市场生态有待进一步完善。

4.股市波动较为剧烈

随着"双碳"战略的实施，"碳中和""新能源"等成为股市投资热点，不少投资者跟风进行盲目投资。近年来，四川省部分绿色股票的价格出现大幅波动，投资收益与企业价值相脱钩，金融未能有效发挥出支持实体经济发展的作用，在一定程度上影响了绿色企业的正常运营和创新研发。

（三）ESG 信息披露

1.统一标准仍待建立

近几年，国家监管层面对企业披露 ESG 信息的相关政策要求愈发严格，而四川省尚未针对区域特点规范辖内企业 ESG 信息披露行为，统一的披露机制和披露标准尚未建立。这一方面不利于企业因地制宜地履行社会责任，另一方面可能影响 ESG 信息披露的真实性、完整性、规范性、准确性，导致 ESG 信息披露报告质量不高，影响数据的客观性和有效性。

2.披露理念需要深化

针对上市公司缺乏强制性披露要求，2023 年四川省自愿披露 ESG 独立报告的上市公司有 62 家，为此，上市公司的披露理念有待进一步强化，以增强企业社会责任感，主动谋取绿色转型发展。同时，市场投资者针对 ESG 信息披露的投资理念较为缺乏，未对企业形成有效的监督和督促作用，企业主动披露 ESG 信息的市场外在动力不足。

3. 监管鉴证存在不足

ESG 信息披露存在数据采集困难、信息壁垒较高、计量标准不一等难题，针对其的监管和验证也自然而然存在不足。目前，四川省针对 ESG 信息披露尚未制定强有力的配套监管制度，监督与惩戒机制不够健全，不利于市场有序发展。此外，缺乏独立第三方验证，影响信息的透明度和可信度，不利于四川省绿色证券市场建设。

六 四川省绿色证券市场发展的对策建议

四川省绿色证券市场的高质量发展，有助于实体企业的绿色低碳转型和经济社会的高质量发展，为此，需要加强政策引导，科学构建绿色证券生态环境；提高各类标准制定的靶向性，促进市场有序发展；增强绿色产品供给的有效性，充分释放市场活力；增强监管机制的协同性，有效防范金融风险；加强绿色金融的区际合作，提升四川绿色证券市场的影响力。

（一）加强政策引导的精准性，科学构建绿色证券生态环境

当前四川省关于绿色证券的顶层设计不断完善，但方针政策的侧重点和方向性，特别是相关政策的系统性和持续性等内容仍有待进一步优化，绿色股票和 ESG 信息披露相关政策的执行效果有待进一步提升。为进一步加强对绿色证券市场发展的政策支持，如税收优惠、财政补贴、上市融资绿色通道等，需要保证相关政策宣讲到位，可以采取服务上门、关心到家等方式，持续改进和完善四川绿色证券发展生态，科学构建适应经济发展形势的绿色生态产业链，以科技创新为先导，围绕产业链部署创新链，围绕创新链完善资金链，以绿色金融助力实体企业的科技创新，以科技创新引领未来产业的发展。

（二）提高各类标准制定的靶向性，规范市场有序发展

四川省绿色证券市场的机制建设取得了一定进展，但其统一标准体系的

构建以及标准制定的靶向性仍存在问题。首先，认定标准不够统一，对绿色股票标准、ESG 信息披露标准等未予以明确界定。其次，评价体系不够全面，绿色证券市场发展尚处于起步阶段，与之相关的项目评级、绩效评估、风险评估等评价体系还有待构建。为提高各类标准制定的靶向性，四川省可进一步推动地方立法，明确标准界定，细化评价体系，制定风控指引向市场投资者和相关企业传递出准确的信号，进一步规范市场秩序；还可搭建绿色证券智库，构建多部门协调合作的标准制定机制，提供决策咨询和智力支持，充分吸收市场利益主体的建议，以提升标准制定的针对性，切实服务于绿色证券市场标准化建设。

（三）增强绿色产品供给的有效性，充分释放市场活力

四川省绿色证券市场尚处于探索阶段，存在债券市场出现较大波动、绿色股票市场潜力有待挖掘、ESG 信息披露企业数量有待增加等问题，其市场活力和发展潜力有待充分释放。为此，四川省可扩大各类产品供给，如碳中和债券、蓝色债券、可持续发展类债券、绿色熊猫债券等，大力发展新兴产业、成长型绿色企业。在加大市场创新力度的同时，还可培育绿色投资文化，通过宣传教育和市场引导，提高投资者对绿色金融产品的认知度，以引导资金配置，增强绿色产品供给的有效性，充分发挥市场的资源配置作用，充分释放市场活力。

（四）强化监管机制的协同性，有效防范金融风险

协同高效的监管机制与金融风险有效防范机制对四川省绿色债券市场的健康稳定发展而言至关重要。当前，在绿色债券、绿色股票、ESG 信息披露等维度均存在监管与奖惩机制不健全、风险管理机制不完善、监管协同性不足等问题，在大力推动其发展的同时，监管措施仍需同步跟上。为有效防范金融风险，完善绿色证券市场监管机制，需要政府部门、上市公司和投资主体三方协同参与。一是政府部门搭建有效的监管平台，建立涵盖监管部门、环保部门、财政部门等的跨部门协调机制，形成标准框架和惩戒体系，

并利用大数据、区块链等现代信息技术，提高监管效率和透明度，实现对绿色证券活动的实时监控，促进各个市场的有序发展。此外，还可定期对绿色证券市场进行风险评估和压力测试，建立绿色证券市场风险预警系统，识别潜在风险点，制定相应的风险防控措施。二是上市公司自愿披露，可鼓励建立行业自律机制，企业加强自我监管，主动提升企业透明度和发展水平，提高行业整体的风险管理水平。并且，还可加强第三方评级和认证机构培育，形成有效同级监管，防止项目"漂绿""洗绿"等行为，确保发行人符合相关要求，提升信息披露质量。三是投资主体参与市场，四川省可加大宣传培育力度，提升投资者的专业能力和对绿色证券风险的识别能力，在保护投资主体利益的同时，提升市场监督水平，提升企业绿色发展潜能。

（五）加强绿色金融区际合作，提升四川绿色证券市场的影响力

全球经济一体化的当下，任何投资项目的开展和产业的发展，都离不开资金的支持，也离不开区域合作与交流。为进一步提升四川绿色证券市场的影响力，四川省可利用好区位优势，建立区域绿色金融合作平台，促进绿色证券政策、技术和资金等方面的交流与合作，支持开展跨区域绿色项目，推动清洁能源、绿色交通、生态保护等方面的共同绿色投资。此外，面对四川省绿色证券市场仍以国内资本市场为主，与境外投资机构的合作交流不够充分的现状，可借助"一带一路"、G20、RCEP等国际合作机制或平台，加强国际绿色对话、扩大对外开放，吸引国际绿色资本和金融机构参与绿色证券活动，拓宽企业融资渠道，实现国际化发展，提升四川绿色证券市场的国际影响力。

参考文献

蒋洪强、刘正广、曹国志：《绿色证券》，中国环境科学出版社，2011。
王遥主编《中国绿色金融研究报告（2022）》，中国金融出版社，2023。

张东刚：《中国绿色金融发展研究报告（2023）》，中国金融出版社，2023。

王遥、毛倩：《全球绿色金融发展报告（2022）》，社会科学文献出版社，2023。

王遥等：《中国地方绿色金融发展报告（2022）》，社会科学文献出版社，2023。

杜坤伦：《上市公司：现代经济最富活力的微观基础》，四川人民出版社，2008。

李扬、王芳主编《中国债券市场（2022）》，社会科学文献出版社，2023。

孙晓华、谢玉红主编《中国企业环境、社会与治理报告（2023）》，社会科学文献出版社，2023。

王晓光、肖红军等：《中国上市公司 ESG 研究报告（2023）》，社会科学文献出版社，2023。

徐京平：《探索与构建：新时代中国绿色金融体系》，社会科学文献出版社，2021。

杨波、高金山主编《中国风电行业绿色金融发展报告（2022~2023）》，社会科学文献出版社，2023。

张伟伟、高锦杰：《绿色金融对中国经济增长的影响机理》，社会科学文献出版社，2021。

贾晓薇：《绿色金融发展与经济可持续增长》，社会科学文献出版社，2021。

张敏：《绿色发展理念与生态价值观》，社会科学文献出版社，2022。

中国建银投资有限责任公司投资研究院主编《中国投资发展报告（2024）》，社会科学文献出版社，2024。

肖黎明、李秀清：《绿色证券对企业绿色投资效率的影响——基于六大高耗能行业上市企业的检验》，《金融监管研究》2020 年第 12 期。

邹小芃、胡嘉炜、姚楠：《绿色证券投资基金财务绩效、环境绩效与投资者选择》，《上海经济研究》2019 年第 12 期。

马险峰、王骏娴：《加快建立绿色证券制度》，《中国金融》2016 年第 6 期。

季立刚、张天行：《"双碳"背景下我国绿色证券市场 ESG 责任投资原则构建论》，《财经法学》2022 年第 4 期。

高扬、李杨洋、王耀君：《中国绿色证券与传统金融市场风险传染机制研究》，《管理工程学报》2023 年第 6 期。

田雪、葛察忠、林爱军、杨晓进、李晓亮：《我国市场主导绿色证券制度建设与路径探析》，《环境保护》2018 年第 22 期。

操群、许骞：《金融"环境、社会和治理"（ESG）体系构建研究》，《金融监管研究》2019 年第 4 期。

陈国进、丁赛杰、赵向琴、蒋晓宇：《中国绿色金融政策、融资成本与企业绿色转型——基于央行担保品政策视角》，《金融研究》2021 年第 12 期。

Wang Jiazhen, Chen Xin, Li Xiaoxia, Yu Jing, Zhong Rui, "The Market Reaction to Green Bond Issuance: Evidence from China," *Pacific-Basin Finance Journal*, 2020（5）.

Yu Chin-Hsien, Wu Xiuqin, Zhang Dayong, Chen Shi, Zhao Jinsong, "Demand for

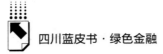
Green Finance: Resolving Financing Constraints on Green Innovation in China," *Energy Policy*, 2021 (20).

Yin Xiuling, Xu Zhaoran, "An Empirical Analysis of the Coupling and Coordinative Development of China's Green Finance and Economic Growth," *Resources Policy*, 2022 (3).

Lee Chi-Chuan, Lee Chien-Chiang, "How Does Green Finance Affect Green Total Factor Productivity? Evidence from China," *Energy Economics*, 2022 (3).

Chi Yi, Hu Ning, Lu Dong, Yang Yang, "Green Investment Funds and Corporate Green Innovation: From the Logic of Social Value," *Energy Economics*, 2023 (2).

Zheng Jinlin, Jiang Yaohui, Cui Yadong, Shen Yue, "Green Bond Issuance and Corporate ESG Performance: Steps Toward Green and Low-carbon Development," *Research in International Business and Finance*, 2023 (14).

B.5
四川省绿色信贷发展报告*

李　晶　郑煜炫**

摘　要： 政府工作报告提出要加快发展新质生产力，推动现代化产业体系建设和绿色转型。绿色信贷是绿色金融"大文章"的重要组成部分，对于促进我国产业的低碳可持续发展、提升绿色新质生产力有着难以替代的作用。本报告分析了四川省发展绿色信贷的自然基础、经济基础和政策基础，并对中央和地方的政策纲领、产业规划和金融政策进行梳理，从中发掘四川省绿色信贷的发展需求。此外，本报告还从绿色信贷的资源、市场和产品潜力等维度，就数据获取、理论和实务结合、平台建设等情况进行了分析，指出四川省绿色信贷发展面临的困境，并提出完善绿色信贷数据披露制度、贯通绿色信贷产学研、建设绿色信贷综合服务平台、完善绿色信贷相关政策法规等政策建议。

关键词： 绿色信贷　新质生产力　可持续发展　四川

2024 年政府工作报告提出，要"大力推进现代化产业体系建设，加快发展新质生产力"，"推动传统产业高端化、智能化、绿色化转型"。新质生产力是加快推动产业绿色低碳转型的绿色生产力。作为国民经济的血脉，金融要优化资金供给结构，把更多的资源用于促进绿色生产力发展，做好建设

---
* 本研究系 2023 年度四川省哲学社会科学基金项目"成渝地区双城经济圈绿色金融体系构建与路径优化研究"（项目批准号：SCJJ23ND145）的阶段性成果。
** 李晶，管理学博士，四川省社会科学院金融财贸研究所副研究员、硕士生导师，主要研究方向为绿色金融、产业经济；郑煜炫，四川省社会科学院金融财贸研究所，主要研究方向为绿色金融。

社会主义现代化强国的"绿色金融"大文章。目前，我国主要的融资渠道为银行信贷，而作为推进绿色金融发展的主力军，绿色信贷在绿色金融体系中具有重要地位。2024年中国人民银行等部门发布的《关于进一步强化金融支持绿色低碳发展的指导意见》指出，要进一步完善绿色信贷标准体系，加大对产业绿色低碳转型和可持续发展的信贷支持力度，优化绿色信贷流程、产品和服务。四川省地处西南，是我国内陆的战略发展腹地。通过发展绿色信贷，建设全省绿色金融体系，对实现产业绿色低碳化转型和新质生产力形成具有重大意义。本报告将立足于四川省现实基础，从宏观视角阐述绿色信贷的发展需求和发展潜力，分析四川省绿色信贷发展中存在的问题，提出具备可行性的政策建议，以期推动经济高质量发展。

一　发展基础

截至2023年第三季度末，四川省绿色贷款余额为1.3万亿元，同比增长41.6%，高于各项贷款增速27.3个百分点，连续五个季度高于全国平均水平，是西部地区绿色信贷余额最高的省份，其中，生态环境产业贷款同比上升63.3%，清洁能源产业贷款同比上升28.3%。① 四川省在绿色信贷发展方面取得积极成效，主要得益于其良好的自然基础、经济基础和政策基础。

（一）自然基础

四川省位于中国西南部、长江流域的上游地带，拥有良好的自然环境资源禀赋。四川省地处我国大陆三级阶梯地势中一级阶梯与二级阶梯之间，地势高低悬殊。从能源开发的角度，四川省日照时长最高的地区可达2600小时，西部年均风速大于6米/秒，高于全国平均水平，可开发风能资源超过18000兆瓦、太阳能资源达85000兆瓦，可再生能源资源富集，是全国重要

---

① 资料来源：中国人民银行四川省分行。

的优质清洁能源基地。^① 推动可再生能源与传统化石能源互补发电项目，多能互补的绿色综合能源系统拥有巨大的绿色降碳潜力，但是前期需要投入大量的资金，急需绿色信贷的大力支持。从矿产开采的角度，四川省矿产资源种类齐全，天然气、页岩气、钒、钛、锂等矿产资源储量居全国第一。^② 矿产资源开发带来巨大的经济效益，但在其开发过程中可能会造成生态环境破坏。因此，应向采矿行业提供具有优惠利率的绿色贷款来刺激企业进行绿色创新、减少开采过程中的污染现象。上述可再生清洁能源和矿产资源开发区域与生态脆弱区、珍稀生物栖息地存在空间重叠的现象，重要资源开发利用与自然生态保护在原有绿色信贷投入力度下难以兼顾。这一问题仅靠行政手段难以解决，从宏观层面，要通过绿色信贷在资本市场进行宏观调控，更有效率地激励企业在能源开发和矿产开采中兼顾经济效益和生态环境保护，从而实现经济发展过程中环境影响程度最小化。从灾后重建的角度，四川省地震、洪涝和干旱等自然灾害频发，是全国受灾最严重的省份之一。绿色贷款可以为灾后的生态环境修复提供资金支持，从而加速区域内生态系统和经济的恢复。

（二）经济基础

2023 年四川省 GDP 为 60132.9 亿元，按可比价格计算，同比增长 6.0%。^③ 四川省是全国第六个、西部第一个 GDP 迈上 6 万亿元台阶的省份，具备支持绿色信贷发展的经济基础。第一，四川省高耗能产业规模较大且增长速度较快，六大高耗能行业增加值占规上工业增加值的比重约为 30%，能耗占比高达 77% 左右，碳排放占全省碳排放总量的 40% 以上。六大高耗能行业增加值增长 9.8%，其中化学原料和化学制品制造业增长 13.4%，黑色金属冶炼和压延加工业增长 10.0%，石油和天然气开采业增长 7.9%，电

---

① 资料来源：《四川统计年鉴 2022》。
② 资料来源：四川日报。
③ 资料来源：四川省统计局。

力、热力、燃气及水生产和供应业增长 5.2%。① 实现高耗能产业绿色低碳化转型，需要绿色信贷在资金供给端持续发力，通过利率调控刺激企业进行绿色创新。第二，2023 年四川省绿色低碳优势产业快速发展，同比增长11.9%，占规模以上工业的比重超过 33%。绿色低碳优势产业的高速发展需要资金支持，绿色信贷作为项目对口的融资渠道是绿色低碳优势企业的首选。第三，2023 年四川省社会融资规模增量为 18391 亿元，在全国排名第五，仅次于浙江、江苏、广东和山东，本外币各项贷款增加 13410 亿元，同比多增 1491 亿元，连续 8 年保持同比多增，增量居中西部第一。② 这说明四川省拥有数额较为庞大的流动资金，有利于绿色信贷规模扩张。第四，2023 年末四川省金融机构的各项人民币存款余额为 121921 亿元，同比增长10.6%，其中，住户存款余额 71745.1 亿元，增长 13.3%。可以看出，金融机构主要的存款资金来源是普通民众。在碳达峰碳中和、ESG 等绿色投资理念广泛普及的今天，储户对绿色项目的偏好会影响银行的经营决策。出于吸收储户存款、减小经营风险、提升银行的社会信誉度和企业形象等目的，银行会倾向于将资金投向具有环保低碳效应的绿色项目。

（三）政策基础

四川省相关部门和金融机构深入学习贯彻《四川省绿色金融发展规划》和《四川省"十四五"金融业发展和改革规划》等文件精神，推动绿色信贷高质量发展。

第一，四川省人民政府启动绿色金融创新试点工作，将成都市新都区、广元市、南充市、雅安市和阿坝州设立为省级绿色金融创新试点地区，之后又将宜宾市、攀枝花市设为第二批省级绿色金融创新试点地区。绿色信贷创新是绿色金融创新的重要组成部分，试点地区的选定和试点范围的扩大有利于绿色信贷产品和服务的创新，为绿色信贷创新试点提供稳定的社会环境。

---

① 资料来源：四川省统计局。
② 资料来源：中国人民银行调查统计司。

第二，中国人民银行四川省分行在全省组织开展了绿色金融专项行动，聚焦绿色贷款、绿色工具、绿色债券三大领域，明确绿色金融工具"三项目标"，扎实推动了四川省绿色金融工作加快发展。在"三项目标"中，"绿色贷款同比增速高于全国平均水平""碳减排支持工具实现21家全国性金融机构全覆盖"这两项目标都与绿色贷款直接相关。第三，四川省地方金融监督管理局联合人行四川分行、中国证监会四川监管局，牵头组织有关行业协会、银行机构、保险机构、证券机构编制了《四川省金融机构绿色金融产品和服务手册（2023）》（以下简称《手册》）。《手册》涵盖了全省具有代表性的37家银行机构、43家保险机构、3家证券机构所推出的204个绿色金融类产品，其中的贷款类产品占比最高，超81种。① 《手册》有利于畅通绿色信贷和企业生产之间的信息渠道，强化绿色金融的产融对接。

二 发展需求

早在2005年习近平同志在浙江省湖州市安吉县余村考察时便阐释了"绿水青山就是金山银山"这一科学理念，深刻阐明了在富强、民主、文明、和谐、美丽的社会主义现代化强国建设进程中，经济增长与生态环保之间的辩证关系。2022年中国共产党第二十次全国代表大会明确指出，中国式现代化是人与自然和谐共生的现代化，推动经济社会发展绿色化、低碳化是实现人与自然和谐共生的中国式现代化和高质量发展的关键。在2024年全国两会上，李强总理提出，要深入践行"绿水青山就是金山银山"的理念，加快形成绿色低碳供应链，大力发展绿色低碳经济，协同推进降碳、减污、扩绿、增长，打造绿色低碳发展高地，建设人与自然和谐共生的美丽中国。因此，要完善支撑绿色发展的金融政策和标准体系，大力发展绿色低碳产业，促进人与自然和谐共生。

金融作为国民经济的血脉，在推动生产生活向绿色化低碳化转型并实现

---

① 资料来源：四川省地方金融监管局。

经济高质量发展方面起到了关键作用。早在 2007 年国家环保总局等发布的《关于落实环保政策法规防范信贷风险的意见》中就强调了利用信贷手段保护环境的突出作用，要求各级环保与金融部门密切配合，根据新建项目的环境风险和绿色程度控制信贷额度和信贷利率，并严格管理原有项目因环保要求发生变化而产生的信贷风险。2012 年，中国银行业监督管理委员会（以下简称"银监会"）出台了《绿色信贷指引》，对绿色信贷的组织管理、流程建设和监管检查等环节进行了战略指导。随后，银监会发布了《绿色信贷统计制度》《绿色信贷实施情况关键评价指标》《中国银行业绿色银行评价实施方案（试行）》等一系列政策，推进了银行业绿色信贷实施情况和效果的评价体系完善。在 2016 年，中国人民银行、财政部、国家发展和改革委员会、环境保护部等七部门出台了《关于构建绿色金融体系的指导意见》，在建设规范完整的绿色金融基础设施和制度上先行一步。同时提出要大力发展绿色信贷，构建支持绿色信贷的政策体系，通过再贷款和建立专业化担保机制等措施支持绿色信贷发展。并将绿色信贷纳入宏观审慎评估框架，在有效防范绿色信贷违约风险的基础上，形成对信贷支持绿色项目与业务的激励和对高污染、高能耗行业授信进行约束的"双机制"。2021 年，中国人民银行发布《银行业金融机构绿色金融评价方案》，将银行推动绿色金融发展效果分为定性和定量两套指标体系。其中，在定量评价体系中，绿色信贷和绿色债券业务所占权重最高。2023 年底中央金融工作会议则将绿色金融列为建设现代化金融强国、实现高质量发展的"五篇大文章"之一，提出要把更多金融资源用于绿色发展，盘活被高能耗高排放产业所占用的金融资源，提高社会资金促进经济可持续发展的效率，这对金融服务实体经济绿色化低碳化转型提出了更高的要求。2024 年的《关于进一步强化金融支持绿色低碳发展的指导意见》则提出要进一步完善绿色信贷标准体系，加大绿色信贷对能源、工业、交通、建筑等领域的支持力度，优化绿色信贷流程、产品和服务，并将高排放行业和高排放项目碳减排信息与项目信贷评价、信用体系建设相挂钩。

四川省结合自然资源禀赋、经济发展状况及自身环境特征等，对绿色信贷发展提供了政策支持。在《四川省国民经济和社会发展第十四个五年规划和二〇三五年远景目标纲要》中，四川省将现代化产业体系加快构建、数字化智能化绿色化转型全面提速、生态环境持续改善、绿色低碳生产生活方式基本形成作为未来五年的主要目标。中国共产党四川省委员会也积极践行"绿水青山就是金山银山"的理念，在第十二届二中全会提到要把"生态优先、绿色发展"作为鲜明导向，加快促进人与自然和谐共生。在三中全会提出要推进产业智能化、绿色化、融合化发展，构建以实体经济为支撑的现代化产业体系，推进产业绿色化发展。四中全会则聚焦城乡布局、要素配置、产业发展、基础设施、公共服务、生态保护等多目标的相互融合与协同发展。五中全会提出要加快推动发展方式绿色低碳转型，打造美丽中国先行区。2024年四川省政府的《政府工作报告》则在肯定了国家级绿色工厂、绿色工业园区、绿色供应链管理企业等方面的绿色产业低碳转型成绩的基础上，对加快发展方式绿色低碳转型、筑牢长江黄河上游生态屏障、拓宽绿水青山转化为金山银山的路径等经济社会高质量发展方面提出了更加细致和严格的要求。

2018年，基于《关于构建绿色金融体系的指导意见》，四川省政府印发《四川省绿色金融发展规划》，提出要完善绿色信贷治理体系、绿色信贷管理机制，实行差异化信贷政策，推动绿色信贷融资产品和服务创新。四川省"十四五"规划特别提出在金融层面大力发展绿色特色金融，打造绿色金融科技发展高地。《四川省"十四五"金融业发展和改革规划》则提出了绿色金融发展水平位居全国前列的要求，并要求推动银行成立绿色金融事业部、绿色支行等专营机构，扩大绿色贷款规模，引导金融机构优化自身信贷结构，加大对传统制造业、能源、水利、交通运输、建筑等行业绿色转型的中长期信贷支持力度，助推产业绿色转型，创新环境权益质押融资、生态补偿质押融资等产品。

2021年中共中央、国务院印发的《成渝地区双城经济圈建设规划纲要》指出，要开展绿色金融创新试点，在长江经济带绿色发展中发挥示范作用。中国人民银行等部门出台的《成渝共建西部金融中心规划》则提出，要完善绿色金融等特色金融体系，支持探索开展跨境绿色项目贷款，鼓励银行设立绿色金融专营机构，建立符合绿色企业和项目特点的信贷管理制度，向绿色领域配置更多的信贷资源。

从中央和地方经济绿色发展、绿色金融和绿色信贷的相关政策文件可以看出，大力发展绿色信贷，完善绿色信贷授信、风控和管理体系已经成为一项长期且重要的课题。四川省在产业体系转型、生态保护和区域金融中心建设等方面对绿色信贷有着巨大需求，应进一步推动绿色信贷快速发展，让绿色信贷赋能新质生产力，助推"双碳"目标的实现和经济高质量发展。

表1　绿色信贷相关政策梳理

年份	部门	文件名
2007	国家环保总局等	《关于落实环保政策法规防范信贷风险的意见》
2012	中国银监会	《绿色信贷指引》
2013	中国银监会	《绿色信贷统计制度》
2014	中国银监会	《绿色信贷实施情况关键评价指标》
2016	中国人民银行、财政部、国家发改委、环境保护部等	《关于构建绿色金融体系的指导意见》
2017	中国银行业协会	《中国银行业绿色银行评价实施方案（试行）》
2018	四川省政府	《四川省绿色金融发展规划》
2021	中国人民银行	《银行业金融机构绿色金融评价方案》
2021	四川省政府	《四川省"十四五"金融业发展和改革规划》
2021	中共中央、国务院	《成渝地区双城经济圈建设规划纲要》
2021	中国人民银行等	《成渝共建西部金融中心规划》
2024	中国人民银行等	《关于进一步强化金融支持绿色低碳发展的指导意见》

三　发展潜力

（一）资源潜力

除了得天独厚的发展基础之外，四川省还有许多资源有待进一步开发，这些资源有助力绿色信贷发展的潜力。第一，四川省银行业积极披露信息并建设绿色分（支）行，用实际行动响应发展绿色信贷号召。根据中央财经大学绿色金融国际研究院的《中国地方绿色金融发展报告（2023）》，2022年四川省有 8 家城市商业银行完成绿色信贷信息披露工作，是全国数量最多的省份；在绿色信贷信息披露银行数量上，四川省以 27 家的数量位居第二，仅次于浙江省；四川省绵阳市商业银行是全国 9 家声明采纳"赤道原则"的商业银行之一，而四川天府银行则是全国 22 家签署"负责任银行原则"（RPB）的商业银行之一。银行在绿色信贷信息披露和金融基础设施建设方面取得的成果，有利于其在绿色信贷产品推广和创新中取得更大的成效。第二，四川省拥有丰富的高校资源，许多知名高校在绿色金融领域具有较为深厚的研究基础。西南财经大学金融学院、中国金融研究院联合恒丰银行、中诚信指数共同成立绿色金融指数研发中心；西南交通大学经济管理学院主办的"2023 年气候风险与金融市场前沿论坛"在成都召开；西南石油大学设立我国能源、地矿类高校中第一个碳中和研究院。各大高校在绿色金融指数、气候金融和碳中和等领域的学术建设取得积极进展，而绿色信贷理论的研究需要多学科交叉综合，可以依托高校原有绿色金融科研平台开展理论研究和业务实践。第三，四川省拥有丰富的林业资源，可以引入绿色信贷对维护和发展林业项目提供支持。四川省属于全国第二大林区，林草资源面积占全省的 70% 以上，森林覆盖率达 35.72%。而截至 2023 年 8 月，金融机构为四川省89 个储备林项目（含产业项目）授信 769 亿元，远低于同期绿色信贷总额度。[①] 这说明绿色信贷可以在生态领域中寻找新增长点并获得新增量。

（二）市场潜力

根据中国人民银行四川省分行统计，截至 2023 年第三季度末，四川省金融机构本外币贷款余额为 10.3 万亿元，而绿色贷款余额为 1.3 万亿元，绿色信贷在信贷市场仍有广阔的发展空间。第一，四川省深入建设绿色项目

---

① 资料来源：四川省林业和草原局。

库，在保持入库项目的绿色效应的基础上，积极扩大绿色项目的入库范围。根据四川联合交易所制定的《四川省绿色项目入库认定评分表》，绿色项目入库除了依据国家发改委颁布的《绿色低碳转型产业指导目录》之外，还要参考《产业结构调整指导目录》《四川省绿色金融发展规划》《四川省生活垃圾焚烧发电中长期专项规划》等，对项目的绿色减排效应、技术绿色创新和专利等进行综合打分后决定。绿色信贷可以对通过标准认定的绿色项目提供授信服务，增加绿色信贷在信贷市场的份额。第二，绿色信贷可以和其他绿色金融工具搭配形成新的绿色贷款产品。银行认可绿色债券、绿色股票或者绿色基金份额作为抵押物并发放抵押贷款，或者对绿色票据进行贴现，也可以对现有绿色贷款进行创新，扩大绿色信贷的适用范围。第三，四川省绿色信贷的使用范围不仅仅局限于省内项目，作为成渝地区双城经济圈和共建西部金融中心的重要组成部分，四川的绿色信贷资源可以用于跨省域的经济圈绿色项目建设。

（三）产品潜力

四川省对绿色信贷的适用项目、利率和抵押物等内容进行调整，设计出具有创新性的绿色信贷金融产品。四川省拥有积极发展绿色信贷的银行业金融机构和支撑绿色金融研究的科研组织，在绿色信贷金融产品创新方面潜力巨大。《四川省绿色金融发展规划》提出，要大力推广绿色信贷资产证券化、合同能源管理未来收益权质押贷款、特许经营权质押、排污权抵押贷款、碳排放权融资、节能减排融资等金融工具和服务。以绿色信贷在碳排放市场的创新为例，2021年，乐山市商业银行发放四川首笔碳排放权质押贷款；2022年，成都农商银行发放四川省首单国家核证自愿减排量（CCER）质押贷款；2023年10月，兴业银行成都分行向金堂县某林地企业发放CCER开发挂钩贷款，是全国首个CCER市场重启后贷款利率与开发成果相挂钩的金融产品。不难看出，绿色贷款与碳金融产品的结合从仅使用碳排放权作为质押物到将CCER项目情况与融资利率相挂钩，实现了对碳汇项目绿色减碳效应的较好补偿。

四 现实困境

基于本省特有的自然基础、经济基础和政策基础，结合中央、地方以及区域经济圈的发展需求，四川省在发展绿色信贷方面拥有较大的资源潜力、市场潜力和产品潜力，但同时面临以下困境。

（一）绿色信贷数据信息获取难度大

商业银行的绿色信贷数据可通过其披露的社会责任报告获得，而区域层面的绿色信贷数据大多来源于相关媒体的简要报道，缺乏连续性、结构化、体系化的信息披露程序和渠道支撑。目前获得中国人民银行省级层面的绿色信贷数据，需要根据《中华人民共和国政府信息公开条例》和《中国人民银行政务依申请公开制度》提出申请，申请手续较为繁杂、信息和数据获取具有较大不确定性。透明度是推动绿色信贷高质量发展的关键，政府层面的绿色信贷数据获取难可能导致公众无法对银行社会责任报告中的绿色信贷相关数据进行比对，从而削弱公众对银行业金融机构在环境保护、社会责任等方面表现的监督力度。同时，绿色金融政策的实施效果在一定程度上受到绿色金融数据变动的影响，绿色信贷缺乏连续性的数据将导致绿色信贷政策评价指标不完全、不可靠，降低了政策对于引导公众预期的效果。此外，由于缺乏绿色信贷投向项目的具体种类数据，金融机构将难以研判绿色信贷市场走向，这种信息不对称将降低绿色信贷市场运行的效率。

（二）绿色信贷理论和实务存在脱节现象

四川省银行业积极参与绿色信贷发展，对绿色信贷金融产品进行创新，各大高校和科研机构持续集中力量对绿色金融进行研究，促成了一定的资源潜力。但要将潜力转化为实际优势，不仅要在产研两端加强绿色信贷研究创新，还要贯通产学研环节，推进理论研究向实际应用转化。当前，四川省绿色信贷的理论发展和实践应用依然存在一定程度的脱节问题。从高校和科研机构的角度看，相关的人才和研究项目较少，与银行等绿色信贷实务机构的交流较少；从银行等金融机构的角度看，绿色信贷相关的金融产品创新和风险控制缺乏理论支撑，高校学生难以通过到岗实习掌握绿色信贷实务知识，在绿色信贷授信、审核和产品设计等环节缺乏实践经验。

（三）缺乏专门的绿色信贷信息和交易平台

目前，四川省绿色金融数据平台主要有"绿蓉融"和"成都绿蓉通"等，它们针对绿色信贷开通了专门的栏目以撮合交易、开展绿色金融综合服务。现阶段的困境主要表现为：一方面，现有平台数量少、数据互通和信息共享程度不高、平台的绿色信贷产品种类单一；另一方面，部分平台在呈现方式上，存在绿色信贷特殊性不凸显、绿色项目与非绿色项目混杂显示、各银行的绿色贷款与非绿色贷款混合展示等现象，绿色信贷融资方的信息搜寻成本高，一定程度上导致绿色信贷投资方的交易效率降低。

五　对策建议

（一）完善绿色信贷数据披露制度、流程和渠道

第一，要构建连续性、结构化和专门化的绿色信贷数据披露制度、流程和渠道，消除绿色信贷投融资双方的信息不对称，提高资金配置效率并降低信用风险，减少"漂绿"等危害绿色信贷体系稳定、降低绿色金融正外部性的现象发生。第二，要加强绿色信贷数据的信息披露，降低相关信息获取成本，更好地支持绿色信贷相关理论研究和实践创新，促进绿色信贷的规模进一步增加。第三，要提高民众对绿色信贷的关注度，自发地对绿色企业、项目和发放绿色信贷的金融机构进行监督，从而有效维护绿色信贷市场的公平。

（二）贯通绿色信贷的产学研三端

从教学角度，大力支持各高校相关经济金融专业对原有的商业银行经营

管理课程内容进行拓展，开设绿色信贷课程，邀请国内外相关学者围绕绿色信贷主题开展相关学术交流。从研究角度，各科研院所应加强对绿色信贷相关选题的研究，加大对相关研究的资金支持力度，并培养相关研究领域的科研人才。从实务角度，应该加强绿色信贷产品实务研讨，加大对绿色信贷产品和服务的支持力度。从各环节的衔接角度，各高校应积极邀请金融机构相关业务负责人进行绿色信贷业务流程讲座，各科研机构应将绿色信贷研究成果的应用方向与相关机构的实际业务相挂钩，金融机构应加强对实务人才的培养，构建实地案例教学和实习体系，并合理运用前沿的绿色信贷研究成果，将其转化为符合社会需要的绿色信贷金融产品和服务。

（三）建设符合投融资双方实际需求的绿色信贷综合服务平台

建设符合投融资双方实际需求的交易平台，在资金需求方，基于大数据和人工智能等技术建立自动撮合资金供需双方的交易系统，并通过应用区块链等信息数字技术保障交易过程的稳定性和安全性；在资金提供方，通过自动分析项目和企业的经营状况、信用等级和环境风险，对绿色贷款的风险进行全面管理。此外，绿色信贷平台还应承担以下职责。第一，强化绿色信贷项目的信息披露要求，在平台上交易的项目应提供详尽的环境和社会效益信息，提高交易透明度并接受政府的监管和公众的监督。第二，为金融机构和投资者提供绿色信贷相关的专业培训，提高其对绿色信贷项目的评估能力。第三，建立绿色评价体系，对金融机构的绿色信贷业务进行评级，引导资金流向真正的绿色项目。

（四）完善绿色信贷相关的政策法律法规体系

要强化四川省绿色信贷政策规划指导，完善相关交易、审批环节的规章制度，降低绿色信贷发展过程中的法律风险。政府需要根据当前的四川省绿色信贷发展趋势和数字金融技术的进步，借鉴国内外绿色信贷的政策制度和法规，对省内外相关具有代表性的案例进行分析，在组织架构、交易合同条款、利率设置、资金结算和转移、风险控制和政府监管等环节提出详细的指

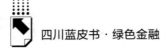

导意见，并出台与绿色信贷相关的地方性法规，以法律形式保障资金供需双
方的合法权益，实现社会效益最大化。

参考文献

刘金科、刘霁萱、晁颖：《绿色信贷与低碳转型：资本整合还是技术创新？——来
自准自然实验的证据》，《数量经济技术经济研究》2024 年第 1 期。

郭俊杰、方颖、郭晔：《环境规制、短期失败容忍与企业绿色创新——来自绿色信
贷政策实践的证据》，《经济研究》2024 年第 3 期。

唐凯、谭伟杰、陈前博、张浩：《金融供给地理结构、信贷资源可得性与企业绿色
创新》，《金融论坛》2024 年第 3 期。

万秋旭、吴倩茜、金子曦、傅奕蕾：《地方绿色金融市场效果评价报告（2023）》
载王遥、任玉洁等《中国地方绿色金融发展报告（2023）》，社会科学文献出版
社，2023。

郭俊杰、方颖：《绿色信贷政策、信贷歧视与企业债务融资》，《经济学（季刊）》
2023 年第 6 期。

洪祥骏、林娴、陈丽芳：《地方绿色信贷贴息政策效果研究——基于财政与金融政
策协调视角》，《中国工业经济》2023 年第 9 期。

喻旭兰、周颖：《绿色信贷政策与高污染企业绿色转型：基于减排和发展的视角》，
《数量经济技术经济研究》2023 年第 7 期。

李俊成、彭俞超、王文蔚：《绿色信贷政策能否促进绿色企业发展？——基于风险
承担的视角》，《金融研究》2023 年第 3 期。

张芳、于海婷：《绿色信贷政策驱动重污染企业绿色创新了吗？——基于企业生命
周期理论的实证检验》，《南开管理评论》2023 年第 5 期。

顾海峰、朱慧萍：《履行社会责任是否会影响商业银行风险承担？——基于关联交
易、贷款集聚及绿色信贷渠道》，《中国软科学》2023 年第 2 期。

斯丽娟、曹昊煜：《绿色信贷政策能够改善企业环境社会责任吗——基于外部约束
和内部关注的视角》，《中国工业经济》2022 年第 4 期。

四川省绿色基金发展报告

李贤彬　剑联尔拉*

摘　要：　本报告首先对绿色基金的基本概念进行了阐述并总结其显著特征，同时说明了绿色基金在推动产业发展方面的作用及相关的约束因素。其次，对四川省发展绿色基金的经济、制度和科技基础进行探讨，提出四川省绿色基金发展的需求、潜力以及存在的问题。最后，从发展路径、重点任务与工程、关键领域、落地实施四个方面提出了加强标准制定和激励约束机制建设、充分发挥绿色金融创新试点示范作用等推动绿色基金发展的对策建议。

关键词：　绿色产业　绿色金融　绿色产业投资基金　绿色基金

四川省作为中国西南地区的重要省份，拥有坚实的经济基础，其农业、工业和服务业均衡发展。近年来，四川省依托丰富的自然资源和优良的生态环境，积极推进绿色经济发展。为支持绿色产业发展，四川省内多家投资机构相继设立了绿色产业投资基金，通过金融手段助力绿色项目的实施。这些基金涵盖清洁能源、生态环保、绿色农业等领域，积极参与绿色项目的投资和管理，并通过与政府、企业和金融机构的合作，推动多个绿色项目落地，为四川省的绿色经济发展提供了强有力的支持。

目前，四川省的绿色产业投资基金已取得显著成效。一方面，这些基金的投资有效促进了绿色项目的实施，推动了产业转型升级。例如，依托于绿

---

* 李贤彬，四川省社会科学院金融财贸研究所副教授，硕士生导师，主要研究方向为金融科技、资本市场；剑联尔拉，四川省社会科学院金融财贸研究所，主要研究方向为金融科技。

色产业投资基金，四川省大力发展新能源产业，提升了光伏、风电等清洁能源的装机容量，减少了传统化石能源的使用。另一方面，绿色产业投资基金的运作也增强了社会资本对绿色产业的关注度，吸引了更多的社会资源流向绿色领域，形成了良好的示范效应。

然而，四川省绿色产业投资基金在运行过程中也面临一些挑战。首先，绿色项目的投资风险较大，资金回报周期较长，导致部分社会资本对绿色产业投资基金的投资持谨慎态度。其次，绿色产业投资基金的管理机制仍需进一步完善，以提高资金使用效率。最后，绿色产业投资基金的发展还需要更多的政策支持，从而构建更加有利的发展环境。

总之，四川省在绿色经济和绿色产业投资基金方面的探索取得了显著的成效，需要不断总结经验，优化机制，以实现更高质量的发展。本报告将详细探讨绿色基金的定义及特征，四川省绿色基金的发展基础、需求和潜力，并提出相应的对策建议，以期为四川省绿色基金的进一步发展提供理论支撑。

一 绿色基金基本概念及其特征

（一）绿色基金的定义

不同学者针对绿色基金的表述有所差异，但其对绿色基金的核心内涵理解是一致的，即绿色基金在绿色产业发展中发挥着重要作用，既追求经济效益，也致力于产生社会效益。有学者将绿色基金定义为投向绿色产业或项目，同时获取经济和社会效益的基金，明确了其产业属性和投资目的，将产业项目基金与公益环保基金区分开来。

绿色基金是指通过非公开募集方式，从特定合格投资者处筹集资金，投向绿色产业的股权投资基金。其投资范围涵盖环保、循环利用、低碳等领域。绿色基金对能降低环境成本和产生环境效益的企业和项目进行系统性投资，并在之后通过股东回购、独立上市或被并购等方式实现资金退出。其中，可以按发起者的性质对绿色基金进行分类，即政府发起和设立的绿色产业引导基金以及由企业、养老基金、私募机构等募集和运作的私募股权基金。

（二）绿色基金的特征

绿色基金不仅追求经济效益，还致力于推动绿色产业发展。当前，绿色基金的主要特征体现在以下几个方面。

1. 环保导向

绿色基金主要投资于环保和可持续发展领域，具体包括可再生能源、节能环保、清洁技术等。这些投资不仅有助于减少环境污染和资源浪费，还推动了经济向更加可持续发展的方向迈进。比如通过支持太阳能、风能等可再生能源项目，绿色基金促进了传统能源结构转型，减少了对化石燃料的依赖，进而降低了温室气体排放。绿色基金的环保导向确保了其在选择投资项目时，会优先考虑对环境有积极影响的企业和技术，推动其不断创新和发展，以实现生态效益和经济效益的双赢。通过采取这样的投资策略，绿色基金不仅实现了自身的财务目标，还在全球可持续发展和环境保护方面发挥了重要作用。

2. 创新驱动

绿色基金会偏好于投资在技术、产品或商业模式上具有创新性的企业和项目。绿色基金创新驱动的特性不仅能有效支持在环保和可持续发展领域做出突破性贡献的企业和项目，还有助于推动绿色产业升级转型。通过选择具有前瞻性的项目，绿色基金能够在早期阶段识别并扶持未来有潜力改变市场格局的创新企业和技术，从而在竞争激烈的市场中占据有利位置。通过投资这些具有创新性和前瞻性的项目，绿色基金不仅能够实现自身的财务回报，还能为社会创造巨大的环境效益和经济效益。

3. 政策支持

环保和可持续发展已成为国家政策的重要内容，因此绿色基金通常会得到政府的支持。政府会通过提供税收优惠、财政补贴或其他政策激励措施来鼓励更多社会资本投向绿色产业。这些支持政策不仅增强了绿色基金的可操作性，同时也提升了其在市场中的竞争力和吸引力。

二 四川发展绿色基金的基础

（一）经济基础

四川省位于中国西南部，作为中国经济的重要组成部分，拥有坚实的经济基础，2023年四川省地区生产总值突破6万亿元。同时四川省经济结构多元化，涵盖了农业、工业和服务业等主要领域。农业方面，四川省是中国的主要农业大省之一。得天独厚的地理和气候条件使得四川成为全国重要的粮食、油料和生猪生产基地。成都平原是中国四大平原之一，土壤肥沃，水资源丰富，农业生产条件得天独厚。特别是在粮食生产方面，四川省粮食总产量长期位居全国前列。除了粮食，四川的蔬菜、水果、茶叶和中药材等特色农产品也具有较强的市场竞争力。

工业方面，四川省的工业体系相对完善，涵盖电子信息、装备制造、食品饮料、化工等领域。成都市作为四川省的省会城市，是中国西部地区的重要经济中心，拥有较强的工业实力和创新能力。四川省的电子信息产业发展尤为突出，成都市被誉为"中国的硅谷"，聚集了大量的电子信息企业和科研机构。此外，四川的装备制造业也在全国占据重要地位，特别是在航空航天、机械制造和能源装备等领域具有较强的竞争力。食品饮料产业也是四川的优势产业之一，四川的白酒、调味品等产品在国内外享有盛誉。

服务业方面，随着经济不断发展，四川省服务业在经济中所占比重逐渐增加。成都作为国家中心城市，其服务业发展尤为迅速，特别是在金融、物流、文化创意和旅游等领域。成都市作为中国西南地区的金融中心，聚集了大量的银行、证券、保险等金融机构。此外，四川省的旅游资源丰富，拥有世界自然遗产和文化遗产等多个景点，如九寨沟、峨眉山和都江堰，每年吸引来大量的国内外游客，旅游业成为四川省服务业的重要组成部分。

（二）制度基础

四川省在绿色经济发展方面奠定了坚实的制度基础，致力于将生态环境保护与经济高质量发展有机结合起来。

首先，省政府高度重视生态环境保护，发布《四川省加快推进生态文明建设实施方案》，明确生态文明建设的目标和任务。政府加强了对自然保护区、森林、湿地等生态资源的保护，并积极推进生态修复工程，以改善生态环境。

其次，四川省积极推动绿色产业发展，出台了一系列政策措施，支持清洁能源、新能源汽车、节能环保等绿色产业发展。四川省丰富的水电资源和太阳能资源为发展清洁能源提供了良好的条件，政府通过政策引导和财政支持，促进了水电、风电、光伏等清洁能源项目建设。

再次，四川省着力推动绿色金融发展，设立了绿色发展基金，引导社会资本投向绿色产业。四川绿色基金管理公司作为关键的金融工具，支持了多个绿色项目的实施，促进了绿色产业的快速发展。

最后，四川省加强了绿色技术创新，鼓励科研机构和企业开展绿色技术研发，推动绿色技术成果转化和应用。政府通过政策激励和创新平台建设，提升了绿色技术创新能力，为绿色经济发展提供了技术支撑。

（三）科技基础

四川省在发展绿色经济方面拥有扎实的科技基础，为实现经济可持续发展和生态环境保护提供了坚实的支撑。其绿色科技基础主要体现在以下几个方面。

首先，科研院所和高校提供了强有力的支持。四川省拥有众多的知名高校和科研机构，如四川大学、电子科技大学和西南交通大学等，在环境科学、能源技术和生物技术领域具有突出的科研实力。这些高校和科研机构不仅培养了大量高素质科技人才，还为绿色经济的发展提供了重要的智力支持。

其次，四川省建设了多样的科技创新平台。国家级和省级科技创新平台，如国家绿色化工技术研究中心和四川省新能源技术重点实验室，在绿色技术的研发、转化和推广方面发挥着关键作用，推动了绿色技术的不断创新和进步。

再次，四川省在清洁能源技术方面取得了显著成就。作为中国重要的水电大省，四川省拥有丰富的水电资源和领先的水电技术。通过自主研发和技术引进，提升了水电站设计和建设水平，有效提高了水电资源的利用效率。此外，在风电、太阳能等新能源技术方面也取得了重要进展，多个大型项目已建成并投入使用。

最后，四川省在节能环保技术、绿色农业技术和绿色建筑与节能技术等方面也取得了显著进展。企业和科研机构合作攻关，开发了一系列先进的技术和设备，有效提升了资源利用效率、环境保护水平和建筑能效。

三 四川发展绿色基金的需求

（一）文件与制度

近年来，国家和四川省围绕绿色发展出台了系列文件，针对绿色产业发展提出了具体且有操作性的要求，如表1所示。

表1 国家和四川省关于绿色产业发展的主要文件和会议

文件/会议	主要内容
《成渝地区双城经济圈建设规划纲要》	开展绿色金融、金融科技等创新试点，在成都建设基于区块链技术的知识产权融资服务平台
《成渝共建西部金融中心规划》	科创金融、普惠金融、绿色金融、消费金融、供应链金融等特色金融服务体系更加完善，基本建成中国（西部）金融科技发展高地
党的二十大报告	完善支持绿色发展的财税、金融、投资、价格政策和标准体系，发展绿色低碳产业，健全资源环境要素市场化配置体系，加快推动节能降碳先进技术研发和应用，倡导绿色消费，推动形成绿色低碳的生产方式和生活方式

文件/会议	主要内容
《国务院关于推进普惠金融高质量发展的实施意见》	发挥普惠金融支持绿色低碳发展的作用。在普惠金融重点领域融入绿色低碳发展目标
中央金融工作会议	做好科技金融、绿色金融、普惠金融、养老金融、数字金融五篇大文章
《四川省国民经济和社会发展第十四个五年规划和二〇三五年远景目标纲要》	加快建设西部金融中心,促进区域性金融功能总部集聚发展,支持开展私募股权投资基金和创业投资基金创新试点,大力发展科技、绿色、供应链等特色金融,打造金融科技发展高地
《中共四川省委关于以实现碳达峰碳中和目标为引领推动绿色低碳优势产业高质量发展的决定》	大力发展绿色信贷、绿色债券、绿色基金、绿色保险和绿色信托。整合优化省级产业发展投资引导基金体系,设立绿色低碳产业发展引导基金,引导撬动社会资本加大绿色低碳优势产业投入
《四川省"十四五"工业绿色发展规划》	充分发挥市场的导向作用、企业的主体作用、第三方机构的平台作用,加大财税金融支持力度,培育一批龙头骨干企业,深化产业绿色发展底色,以高质量的绿色产品、服务供给,激发绿色新需求,引导绿色投资
四川省人民政府工作报告	做好科技金融、绿色金融、数字金融等几篇文章。整合设立省级产业引导母基金,更好发挥财政资金的引导和放大效应

（二）绿色发展基金设立行动

2015 年，中共中央、国务院印发的《生态文明体制改革总体方案》提出支持各类绿色发展基金的设立，并倡导其实行市场化运作。随后，2016 年中国人民银行、财政部等七部门联合印发了《关于构建绿色金融体系的指导意见》，提出了设立绿色发展基金的方案，旨在通过政府与社会资本合作（PPP）模式来动员社会资本。近年来，国家也相继出台了相关政策，鼓励有条件的地方政府与社会资本共同发起设立区域性绿色发展基金，以支持地方绿色产业发展。在这一大背景下，各级政府发起设立绿色发展基金成为一种趋势。表 2 列举了全国部分绿色发展基金。

表2 绿色发展基金列举

发起时间	主要发起机构	基金
2020 年 4 月	光大集团	"一带一路"绿色投资基金
2020 年 7 月	财政部、生态环境部和上海市政府	国家绿色发展基金
2020 年 12 月	财金资本公司联合中化资本等机构	山东省新动能中化绿色基金
2021 年 1 月	国家能源集团等机构	国能新能源产业投资基金
2020 年 4 月	湖州市	湖州绿色产业基金
2021 年 3 月	协鑫能科、中金资本	中金协鑫碳中和产业投资基金
2021 年 11 月	福田引导基金、柏纳基金	深圳柏纳碳中和基金
2021 年 7 月	中国宝武钢铁集团、国家绿色发展基金、太平洋保险、建信金融资产投资	宝武碳中和股权投资基金
2024 年 1 月	国务院	绿色基金

同时对四川绿色发展基金进行列举，如表 3 所示。

表3 四川省绿色发展基金列举

发起时间	主要发起机构	基金
2022 年 10 月	宜宾发展创投有限公司	宜宾和谐绿色产业发展股权投资合伙企业（有限合伙）
2022 年 12 月	四川省财政厅	四川省绿色低碳产业发展基金
2023 年 1 月	四川省投资集团有限责任公司、中国建设银行四川省分行	四川省绿色低碳优势产业基金
2023 年 4 月	攀枝花市绿色低碳产业发展股权投资基金中心（有限合伙）	攀枝花市绿色低碳产业基金
2023 年 7 月	兴业银行成都分行	四川省绿色低碳产业发展基金
2024 年 3 月	中电建水电开发集团有限公司	嘉实中国电建清洁能源封闭式基础设施证券投资基金

四 四川发展绿色基金的潜力

（一）资源潜力

四川省发展绿色基金的资源潜力巨大。首先，四川省拥有丰富的水资源、森林资源和矿产资源，其中水电资源尤为突出，具有巨大的开发潜力。在近期的发展中，四川省实施了多能互补电源项目和互联互济电网工程，推动了水电、光伏和风电等清洁能源项目的快速建设。其中，柯拉光伏电站等一系列重大项目的成功并网发电，不仅提升了能源供应的可靠性，也为绿色基金的投资提供了丰富的可行项目。其次，四川省还拥有丰富的太阳能和风能资源，为清洁能源产业的发展提供了有利条件。这些清洁能源项目的建设不仅能够有效减少对化石能源的依赖，还能够降低碳排放，为环境保护和气候变化应对作出贡献。因此，四川省的绿色基金发展具有广阔的前景和巨大的投资价值。

（二）市场潜力

四川省作为中国西南地区的重要经济大省，具有发展绿色基金的巨大潜力。首先，四川省拥有庞大的需求市场。随着中国经济的持续发展和人民生活水平的提高，社会对清洁能源、节能环保、绿色农业等绿色产品和服务的需求不断增加。作为人口大省，四川省市场需求旺盛，特别是在大气污染治理、污水处理、固体废弃物处理等环保领域，市场需求日益增长。

其次，四川省拥有良好的产业基础。电子信息、装备制造、食品饮料、化工等产业通过转型升级，可以与绿色经济有机结合，形成新的经济增长点，为发展绿色基金提供坚实的产业基础。

最后，四川省积极参与共建"一带一路"，加强与国内外的经济合作和技术交流，推动绿色产业的国际化发展。通过加强与其他省份在清洁能源、节能环保、绿色农业等领域的合作，吸引更多的投资和技术资源，促进绿色

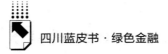

经济快速发展。这种区域合作与开放的态势为四川省发展绿色基金提供了良好的外部环境，为推动绿色经济发展注入了新的活力。

（三）产品（服务）潜力

四川省的绿色基金涵盖了清洁能源产品、节能环保产品、绿色农业产品、绿色建筑与建材产品等，展现出了较大的发展潜力。

1. 清洁能源产品

四川省拥有丰富的水电、风电和太阳能资源，已建成多座大型水电站，如二滩水电站、白鹤滩水电站等，成为中国的清洁能源基地之一。同时，四川积极发展风电和光伏发电，利用丰富的风能和太阳能资源，建设了一批风电场和光伏电站，形成了清洁能源产业链。

2. 节能环保产品

四川省企业积极研发和推广高效节能设备和技术，如节能照明设备、高效电机、节能空调等；同时，在环保产品方面，取得了显著进展，如污水处理设备、空气净化设备、垃圾分类和处理设备等。这些产品和服务在大气污染治理、污水处理、固体废弃物处理等领域有着广阔的市场前景。

3. 绿色农业产品

四川省积极推广有机种植、生态养殖等技术，产出了一大批高品质的绿色农产品，如有机蔬菜、有机水果、有机茶叶和生态猪肉等。这些产品不仅满足了消费者对健康食品的需求，还提升了农业的附加值，促进了农民增收。

4. 绿色建筑与建材产品

四川省在绿色建筑和绿色建材方面具有很大的发展潜力。绿色建筑产品包括节能环保的建筑设计、建筑材料和建筑技术，如被动式节能建筑设计、高效保温材料、可再生能源利用技术等。绿色建材产品方面，企业积极研发和推广新型绿色建材，如环保墙体材料、低碳混凝土、可再生木材等。

综上所述，四川省在清洁能源、节能环保、绿色农业、绿色建筑与建材等领域具有较大的发展潜力。绿色基金通过不断推进技术创新、提升产品质量和扩大市场应用范围，为经济高质量发展和生态环境保护作出贡献。

五 四川发展绿色基金的潜在问题

（一）业务运营

四川省绿色基金发展取得了一定成效，但在业务运营方面仍存在不足。

首先，资金来源受到明显的限制。绿色基金的资金来源主要依赖政府拨款，这导致其资金规模相对有限，难以满足大规模绿色项目的融资需求。社会资本对绿色产业的投资热情不高，主要原因是项目投资周期长、回报率不确定性高、风险较大。

其次，项目筛选与评估方面存在诸多困难。绿色产业涉及的领域广泛，技术复杂性和市场前景不一，而基金管理公司缺乏专业评估体系和人才队伍，导致项目的执行效果欠佳。

再次，政策和制度支持方面还存在一些不足。政府出台了一些支持绿色产业发展的政策，但在实际操作中，政策执行效果欠佳。一些地方政府对绿色项目不够重视，法律法规和监管机制也不完善，这影响了基金的运作和发展。此外，基金的市场化程度较低、运作模式较为单一、缺乏创新和灵活性，会影响基金的整体效益和吸引力。

最后，信息不对称问题凸显。绿色项目的信息透明度较低，项目方和投资方之间存在信息不对称问题。投资者难以获得全面、准确的项目信息，增加了投资决策的难度。

这些业务运营上的不足不仅影响了绿色基金的运作效率和项目选择能力，也制约了基金的吸引力和市场竞争力进一步提升。因此，需要通过推动资金来源多样化、建立专业评估体系、完善政策支持和监管机制、提升市场化运作水平以及加强信息披露等来解决这些问题，以推动四川省绿色产业投资基金的健康发展。

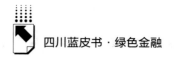

四川蓝皮书·绿色金融

（二）机构培育

四川发展绿色产业投资基金在机构层面存在的不足主要涉及以下几个方面。

首先，管理机制不完善。一些绿色产业投资基金的管理机制尚未建立健全，缺乏科学的项目评估和风险管理机制，导致资金使用效率不高。管理机制的不完善可能会导致项目选择和资金分配不合理，从而影响基金的整体绩效。

其次，合作与协调方面存在不足。绿色产业投资基金的发展需要跨部门、跨行业的协调与合作，然而，在实际操作中，不同部门和机构之间的协调机制尚不完善，信息共享和资源整合不充分，影响了绿色产业投资基金的有效运作和项目实施。

因此，为了进一步推动绿色产业投资基金发展，需要加强机构培育，建立健全管理机制，加强各部门间的合作与协调，以促进基金的可持续发展。

（三）专业人士

四川发展绿色产业投资基金在专业人士方面存在以下不足。

首先，专业人才储备不足。绿色产业投资基金需要具备跨学科知识的专业人才，既懂金融又懂环保和新能源等技术。然而，目前四川省在这类复合型人才的储备上仍显不足，无法完全满足绿色产业投资基金对专业人才的需求。这使得在项目评估、风险控制和投资管理等方面存在一定的局限性。

其次，专业经验缺乏。绿色产业投资涉及许多新兴领域，如新能源、节能环保和绿色建筑等。这些领域的技术发展迅速，专业人才需要具备丰富的实践经验和前瞻性的行业洞察力。然而，四川省缺乏这些新兴领域的专业投资人才，难以有效指导和管理绿色产业投资基金。

再次，培训体系不完善。四川拥有多所高校和科研机构，但针对绿色金融和绿色产业投资的专业培训体系尚不完善，无法系统地培养和提升现有从业人员的专业能力。缺乏系统的培训和继续教育，导致从业人员难以跟上行业最新技术发展。

最后，跨领域合作不足。绿色产业投资需要金融、环保、技术等多个领域的专家协同合作。然而，目前四川省在推动跨领域合作和交流方面还不够充分，影响了专业人才之间的知识共享和创新协作，从而限制了绿色产业投资基金的综合管理能力。

因此，为了解决这些问题，四川省需要加大对绿色产业投资领域人才的培养和引进力度，建立完善的培训机制和跨领域合作平台，以提升专业人才的整体水平，促进绿色基金可持续发展。

（四）制度建设

四川发展绿色产业投资基金在制度建设方面存在一些不足。

首先，缺乏统一的监管标准和制度规范。目前，绿色产业投资基金的监管标准和规范尚不完善，存在地方性政策和标准碎片化现象，导致监管工作难以统一，进而影响了基金的运作效率和透明度。

其次，融资机制不够完善。四川省绿色产业投资基金的融资机制还不够完善，主要依靠政府财政支持和社会资本投入，缺乏多元化的融资渠道和机制，这限制了基金规模和运作能力。

再次，风险管理机制有待加强。绿色产业投资基金的风险管理机制相对薄弱，缺乏完善的风险评估和管控机制，容易导致投资风险较高，进而影响基金的稳健运作。此外，缺乏专业化的投资团队和管理机构也是一个问题。目前，四川省绿色产业投资基金的投资团队和管理机构缺乏专业化，导致基金管理水平和投资决策的科学性和准确性不足。

最后，缺乏长期稳定的政策支持也是制约因素之一。绿色产业投资基金在发展过程中缺乏长期稳定的政策支持，政策环境不够稳定，容易受到政策调整的影响，进而影响基金的长期发展和投资决策。

因此，为了解决这些问题，四川省需要加强对绿色基金的监管，建立统一的监管标准和规范，完善融资机制，加强风险管理，提升投资团队和管理机构的专业水平，并确保长期稳定的政策支持，以推动绿色基金的健康发展。

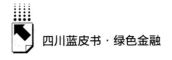

（五）政策支撑

四川发展绿色产业投资基金面临的政策支撑不足，主要体现在以下几个方面。

首先，政策体系不够完善。目前，四川省在绿色产业投资基金方面的政策支持主要集中在财政补贴、税收优惠和金融扶持等方面，政策体系仍然不够完善。缺乏全面、系统的政策支持，难以形成政策合力，制约了绿色产业投资基金的发展。

其次，缺乏长期稳定的政策承诺。由于政策的不确定性，投资者对绿色产业投资基金的发展前景缺乏信心。政府需要确保长期稳定的政策支持，为投资者提供可预期的政策环境，降低投资风险。

再次，金融支持政策不够精准。目前，四川省在绿色产业投资基金的金融支持政策方面存在一定的模糊性和笼统性，缺乏针对性和差异化。政府需要进一步细化金融支持政策，根据不同绿色产业的特点和发展阶段，制定针对性的金融支持政策，提高政策的实效性和有效性。另外，监管机制不够健全也是一个问题。四川省在绿色产业投资基金的监管机制方面存在一定的不足，监管手段和措施相对单一，缺乏有效的监管手段和机制。政府需要加强对绿色产业投资基金的监管，建立健全监管机制，加强对基金的风险评估和监测，保障基金的安全运行。

最后，缺乏完善的退出机制。绿色产业投资基金的退出机制不完善是制约其发展的重要原因之一。目前，四川省在绿色产业投资基金的退出机制方面存在一定的不足，缺乏灵活多样的退出方式，难以满足投资者的退出需求。政府需要加强对绿色产业投资基金退出机制的研究，提供更多的选择和保障。

因此，为了推动绿色产业投资基金的健康发展，四川省需要进一步完善相关制度，以创造更有利于绿色基金发展的政策环境。

（六）运作经验

四川在绿色产业投资基金运作方面存在一些不足之处。

首先，风险管理能力不足。绿色产业投资存在较大的市场和技术风险，但基金在风险管理机制方面不够完善，缺乏有效的风险评估和控制机制。这可能导致投资项目的失败风险增加，影响基金的投资效益。

其次，项目选择不当。基金在选择投资项目时可能存在一定的盲目性或跟风现象，缺乏科学的项目评估和选择机制。这可能导致投资项目的不合理性和风险增加，影响基金的投资收益。

再次，退出机制不畅。基金在投资项目退出方面可能面临一定的困难，缺乏有效的退出机制和策略。这可能导致投资项目资金无法及时回笼，影响基金的资金运作和绩效表现。此外，监管不到位。基金在运作过程中可能面临监管不到位的情况，缺乏有效的监督和管理机制。这可能导致基金管理人员出现行为不端或违规操作，损害投资者利益和基金声誉。

最后，信息披露不足。基金在信息披露方面可能存在不足，投资者对基金的运作情况和投资项目的进展情况了解不够。这可能影响投资者对基金的信心和投资意愿。

因此，为了提升绿色基金的运作质量和效益，需要加强风险管理、健全项目选择机制、完善退出机制、加强监管监督，以及提高信息披露的透明度，确保基金运作更加安全、高效和可持续。

六 对策建议

（一）发展路径

为推动绿色金融体系建设，提出以下对策建议。

首先，加强标准制定和激励约束机制建设。通过建立完善的绿色金融标准体系，包括绿色投资评价、项目管理、环境信息披露等方面的标准，规范市场行为。同时，建立激励约束机制，通过金融奖励、税收优惠等方式引导金融机构和投资者增加对绿色项目的投资。鼓励金融机构开发绿色金融产品，包括绿色债券、绿色贷款、碳排放权交易等，以满足不同投资者的需求。同时，促进绿色科技和绿色产业发展，为金融机构提供更多的投资标的。

其次，加强信息披露和金融监管。完善环境信息披露制度，提高企业和金融机构的透明度，帮助投资者更好地评估绿色投资的风险和收益。同时，加强金融监管，严格监督绿色金融市场运行，防范金融风险。

再次，建立绿色投资能力建设体系。加强绿色投资管理与影响力评估体系建设，培养专业人才队伍，提高投资项目的科学性和准确性。同时，建立政府和社会资本成本效益分担机制，减轻绿色投资项目的资金压力。

最后，培育多层次的绿色投资主体。积极引导政府引导基金、金融机构、社会公益基金等多元化投资主体参与绿色投资，拓宽融资渠道，降低绿色投资风险，为绿色低碳发展提供更大的支持。

（二）重点任务与工程

首先，贯彻落实中央金融工作会议精神至关重要。建议在完善标准体系的同时，加强财政和金融的密切互动，推进绿色金融与普惠金融有机融合，与乡村振兴相衔接，以及与生态价值相挂钩。这有助于构建更为完善的绿色金融体系，进一步引导资金流向环保和可持续发展领域，从而为生态文明建设提供支撑。

其次，要充分发挥绿色金融创新试点的示范作用。通过激发创新试点地区的活力，为推动生态文明建设和绿色低碳转型作出更大的贡献。这意味着需要加大对创新试点地区的政策支持力度，鼓励其在绿色金融领域进行更为深入的探索，成为全国绿色金融发展的引领者和示范者。

最后，要培育可持续发展理念。金融机构和签约企业应当践行可持续发展理念，探索绿色金融高质量发展的新路径。这需要金融机构和企业将可持续发展理念融入日常的经营决策中，通过创新思维，推动绿色金融行业向着更加健康、可持续的方向发展。

（三）关键领域

在推动绿色私募基金发展的关键领域，应加强产业政策引领，并强化与金融政策的协同配合。

首先，应制定明确的绿色私募基金支持碳达峰碳中和目标实现的行动路线，确保政策与"双碳"目标的契合度，引导资金流向支持环境改善和应对气候变化的领域。为此，基金业协会等监管机构应明确具体路径和重点任务，加强与财政、税收、交易等政策的协同，如参考绿色债券的优惠政策，地方政府或相关部门可对发起设立绿色私募基金的绿色产业企业实行一系列优惠政策。

其次，为规避风险，需要完善退出条款，明确退出的时间、方式和价格等，并与基金管理人制定详细的退出计划，以提前规避潜在风险。临近退出期时，应联合基金管理人制定详细的退出计划，包括具体的退出时间、方式、价格等，考虑到项目的实际情况和市场环境的变化，应确保退出计划的可行性和有效性。

在规避公司治理风险方面，可通过签署一致行动人附属协议的方式约定在重大决策事项上的表决权集中交由绿色产业企业统一行使，或者与绿色产业企业保持行动一致。这有助于避免股权被稀释或分散，保障企业的控制权和决策权，促进企业与基金管理人的合作。

最后，为了降低融资成本，应促进募资主体多样化，设立绿色私募基金违约专项基金、推出绿色基金项目违约保险、实行收益质押等。政府相关部门可与保险公司合作，为绿色基金投资提供担保，降低投资风险，进而降低资金成本，促进绿色私募基金健康发展。

（四）落地实施

首先，放宽市场准入是推动绿色基金发展的重要举措之一。降低项目投资门槛，吸引更多的资金和投资者参与绿色产业。同时，建立收益和成本风险共担机制是保障绿色基金项目可持续发展的关键，这有助于平衡各方利益，提高项目成功率，更好地支持绿色基金项目。

其次，加强绿色基金规范管理至关重要。设立基金管理公司和基金托管人，加强监督管理，有效规范绿色基金运作，防范违规行为和非法集资活动，保护投资者合法权益。这有利于提升绿色基金的透明度和可信度，在市

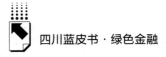

场中树立良好形象。

最后，各相关部门需加强协作，形成合力，共同推动四川省绿色发展基金的培育工作。通过紧密合作和有效协调，整合资源、优化政策、提高效率，为绿色产业发展提供更有力的保障。创造良好的市场氛围，支持政府部门和金融机构开展业务，构建健全的绿色金融体系，助力实现四川省的可持续发展目标，建成美丽四川。

参考文献

王新江：《绿色基金在推动中西部地区产业升级方面的作用初探》，《市场周刊》2024 年第 6 期。

王健：《能源央企利用绿色私募基金助力低碳转型的思考》，《能源》2023 年第 12 期。

安国俊：《绿色基金 ESG 投资策略探讨》，《中国金融》2023 年第 20 期。

安国俊、梅德文、李皓：《碳中和基金的方案设计和政策建议》，《中国金融》2022 年第 2 期。

苏东慧、李素梅、王晗：《"一带一路"视角下绿色基金风险研究》，《华北金融》2021 年第 9 期。

赵淑霞、肖成志：《国内外绿色基金宏观层面比较研究》，《西南金融》2021 年第 4 期。

岳娟丽、曾繁华、管鸿禧：《我国政府绿色发展基金的投融资模式研究》，《贵州社会科学》2019 年第 12 期。

姚聪德：《绿色基金：助美丽四川"一臂之力"》，《四川省情》2018 年第 7 期。

苏丹、姚林华、邹博清：《构建绿色基金体系支持绿色经济发展的思路及建议——以广西为例》，《区域金融研究》2018 年第 5 期。

常兆春：《国外推动绿色发展基金的经验及对内蒙古的借鉴和启示》，《北方经济》2017 年第 11 期。

区域篇 〉〉

B.7

成都市绿色金融发展报告

魏良益　马灿坤*

摘　要：　成都市绿色金融发展成效显著。本文以四川联合环境交易所"绿蓉融"、新都区绿色金融改革创新试验区"绿蓉通"、兴业银行成都分行绿色金融服务为典型案例，分析了成都市绿色金融创新发展的背景、主要做法、创新亮点、发展成效与启示；从绿色金融产品、绿色金融环境、绿色金融主体、绿色金融基础设施四个方面总结了成都市绿色金融发展经验；就成都市绿色金融下一步重点发展的气候投融资、金融机构资产绿色定价、环境权益交易等领域，提出了深入推进绿色金融创新试点、创建绿色金融教育基地、用好绿色金融智库、协调推进基础绿色数据库建立等创新路径。

关键词：　绿色金融　"绿蓉融"　"绿蓉通"　成都市

---

* **魏良益**，四川省社会科学院金融财贸研究所所长，硕士生导师，主要研究方向为金融财政、产业经济、区域经济、企业管理；**马灿坤**，四川省金融创新与风险管理学会特约研究员，经济学博士，主要研究方向为金融理论与政策。

一 发展成效

2016 年 8 月，中国人民银行等七部门发布了《关于构建绿色金融体系的指导意见》，指出绿色金融是为支持环境改善、资源节约高效利用和应对气候变化的经济活动，即为环保、节能、清洁能源、绿色交通、绿色建筑等领域的项目投融资、运营、风险管理等提供的金融服务。而绿色金融体系是指通过绿色信贷、绿色债券、绿色股票指数和相关产品、绿色发展基金、绿色保险、碳金融等金融工具和相关政策支持经济向绿色化转型的制度安排。据此，2018 年成都市人民政府办公厅印发《关于推动绿色金融发展的实施意见》，2022 年制定了《成都市绿色金融行动方案（2022—2025）》。在相关政策引导与支持下，成都市绿色金融发展取得了长足进步，新都区入选四川省绿色金融创新试点。2021 年，成都市开始申请建设全国绿色金融改革区，2023 年《四川省成都市建设国家绿色金融改革创新试验区总体方案（送审稿）》由四川省政府报国务院。

目前成都市有 2 个城商行①、3 个农商行②、1 个民营银行③、13 个村镇银行④等本地中小银行；有 3 个政策性银行的省级分行、6 个国有银行的省级分行、12 个股份制银行的省级分行；有 1 个国际性银行的分行、1 个外商独资银行的分行、13 个区域性股份制银行的分行，共计 55 家。截至 2023 年末，成都市绿色贷款余额 8835 亿元，同比增长 34.2%；金融机构运用碳减排支持工具 10.3 亿元；绿色债券余额 434 亿元。

---

① 四川银行（2020）、成都银行（2006）。
② 成都农商行（2010）、四川联合农商行（2005）、简阳农商行（2006）。
③ 新网银行（2016）。
④ 邛崃国民村镇银行（2007）、大邑交银兴民村镇银行（2008）、彭州民生村镇银行（2008）、都江堰金都村镇银行（2008）、成都双流诚民村镇银行（2009）、金堂汇金村镇银行（2010）、新津珠江村镇银行（2011）、四川新都农信村镇银行（2011）、成都郫都中银富登村镇银行（2011）、四川成都蒲江民富村镇银行（2011）、四川成都龙泉驿稠州村镇银行（2012）、崇州上银村镇银行（2012）、成都青白江融兴村镇银行（2017）。

　　成都市范围内具有代表性的 37 家银行业机构共推出 104 种绿色产品,为符合要求的融资主体提供贷款支持。不同种绿色产品按资金投向可划分为碳减排、SDG(可持续发展)、乡村项目、工程建设、日常经营、环境保护、生态修复、林草储备、光伏产品、固定资产投资等项目。具体而言,碳减排是指将资金投向减少碳排放量的企业或项目,SDG(可持续发展)是指为融资主体提供可持续活期存款或者投入符合可持续发展标准的项目,乡村项目是指资金流向与"三农"建设相关的项目(如改善乡村居民人居环境、高标准农田建设、农村土地流转等),工程建设是指资金投向以绿色环保、保护治理等为目的的重大工程设施建设,日常经营是指为符合绿色生产要求的企(事)业组织提供日常经营周转的资金支持,环境保护是指资金投向清洁排污、垃圾处理、废弃资源循环利用等业务,生态修复是指产品用于重点生态区域综合治理、山水林田湖草保护修复、河湖与湿地保护恢复、国家生态安全屏障保护修复等方面,林草储备是指专门为了储备林建设量身定做的专项贷款产品,光伏产品是指为利用太阳能发电或者建设、运营集中式光伏和分布式光伏的电站投资企业发放贷款,固定资产投资是指为借款人提供以支持基础设施绿色升级为主的新建、扩建、改造、购置、安装固定资产等资本性投资支出的贷款。各银行机构所推出的绿色产品种类如表 1 所示。

表 1　不同性质的银行业机构涵盖的绿色产品种类

机构类型	绿色产品分类
政策性银行	工程建设、生态修复、日常经营、乡村项目、固定资产投资
大型国有商业银行	乡村项目、工程建设、日常经营、环境保护、生态修复、林草储备、固定资产投资、光伏产品
全国性股份商业银行	碳减排、生态修复、光伏产品、工程建设、固定资产投资
地方中小银行	环境保护、日常经营、固定资产投资、碳减排
外资银行	SDG 项目、环境保护

资料来源:《四川省绿色金融产品和服务手册(2023 版)》。

　　除银行业之外,成都本地 3 家证券机构也推出了绿色金融产品,如表 2 所示。

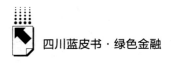
表2　证券机构绿色产品投向一览

机构名称	产品投向
华西证券股份有限公司	绿色产业、绿色项目或绿色经济活动
国金证券股份有限公司投资银行总部	节能减排技术改造、新能源开发利用、低碳产业、污染防治、生态农林业
川财证券有限责任公司	环境改善、碳减排、可持续型海洋经济领域、技术转型升级

资料来源：《四川省绿色金融产品和服务手册（2023版）》。

成都市保险机构也推出相应绿色金融产品，如表3所示。

表3　保险机构绿色产品投向一览

险种	产品投向
财产保险	新能源汽车、环境污染保护、充电桩安全保障、绿建项目保障、降碳减排、光伏发电
人身保险	意外伤害

资料来源：《四川省绿色金融产品和服务手册（2023版）》。

二　典型发展案例

（一）四川联合环境交易所"绿蓉融"

1. 创新背景

四川联合环境交易所成立于2011年9月，是省政府批准设立的全国非试点地区第一家经国家备案的碳交易机构。2020年初中共重庆市委、中共四川省委制定推动成渝地区双城经济圈建设工作方案，并提出共同争取建设西部环境交易中心。2021年12月《中共成都市委关于以实现碳达峰碳中和目标为引领优化空间产业交通能源结构促进城市绿色低碳发展的决定》提出，依托四川联合环境交易所，打造西部生态产品交易中心，探索用能权、碳排放权等权益的初始配额与生态产品价值核算挂钩机制，探索开发林草碳汇，高水平开展全国林业改革发展综合试点。2022 年 2 月，国家发展和改革委员会等三部门印发的《成都建设践行新发展理念的公园城市示范区总体方案》中明确"依托四川联合环境交易所研究设立西部生态产品交易中心"。

2. 主要做法

以碳排放权、用能权、排污权和水权交易为核心，以生态产品交易、绿色技术交易为配套主业，以绿色金融、能力建设为重要抓手的"4+2+2"业务体系。"绿蓉融"已经发展到 3.0 版。将"绿蓉融"纳入成都市信易贷展示平台，开展网站及融资数据展示；启动"绿色金融智能平台"建设工作；为 6 家金融机构编制环境信息披露报告；拓展了绿色信贷评价业务；协助恒丰银行等建设 7 个低碳网点，协助银行创新 CCER 及 CDCER 质押贷款产品并推动省内首单 CCER、CDCER 质押融资业务落地，为中国银行四川省分行等出具碳减排效应评估报告 11 份；协助四川银行设计基于碳账户的可持续发展挂钩贷款并提供第三方评估服务，开展四川银行成都市内 13 家网点 2021 年至 2022 年上半年的碳核算工作。

3. 创新亮点

四川联合环境交易所的主要工作亮点是，截至 2023 年底"绿蓉融"平台已入驻 83 家金融机构、3312 家企业，发布绿色金融产品 137 个，实现融资超过 92.98 亿元。深入推进以碳排放权交易为抓手的"环境四权"交易，有序推动碳中和服务进一步优化。

4. 实践效果

碳排放方面，自 2016 年 12 月开市以来，环交所累计成交国家核证自愿减排量（CCER）超 3600 万吨，成交额超 12 亿元，按可比口径居全国第 4 位；其中 2023 年累计成交 47.97 万吨，成交额 6978.8 万元，成交量居全国第一。上市交易的 96 个 CCER 项目来自 20 多个省（自治区、直辖市）。

用能权方面，2022 年为 185 家重点用能单位开立了交易账户和用能权注册登记账户，完成用能权指标分配工作。用能权模拟交易成交 102 笔，成交量 72.10 万吨，成交额 1.48 亿元，履约率达 100%。

碳中和方面，依托"点点"碳中和平台，优化碳中和相关服务，"点点"碳中和平台与"碳惠天府"完成了互联，平台累计用户达到39013家，完成各类碳中和发布活动3984场，实现碳中和18.96万吨。助力成都市机关事务管理局打造全省首个零碳会议室；助力成都市高新区法院打造全省首个零碳法庭；实现数字人民币在碳中和领域的首单线上支付，构建全国首个数字人民币碳中和应用场景；助力恒丰银行成为四川省银行业率先实现四川省内"零碳网点"全覆盖的首家银行；助力四川机场集团和四川航空公司打造两个绿色出行全流程碳中和航班。

5. 启示

一是发挥碳排放平台优势。在相关主管部门的支持下，做大碳交易规模，巩固和提升CCER交易的市场排位。积极拓展全国碳市场配额交易业务。积极推动西部地区的区域内合作，形成西部绿色要素大市场。

二是积极拓展"双碳"咨询服务内容。充分利用环交所的平台优势、人才优势和资源优势，开展"双碳"领域的咨询和研究。为各级政府、行业、园区和企业提供"双碳"中长期规划、行动纲要、工作方案及时间表路线图编制服务，推动碳信用开发与利用、碳排放核算等咨询服务及课题研究。

三是大力发展绿色金融服务。探索相关环境权益质押融资，做好气候投融资服务，"绿蓉融"平台发挥出绿色金融基础服务设施的作用，为各类绿色金融创新主体提供载体服务。遵循联合国负责任投资原则，通过能力建设、投融资咨询服务，帮助各类企业将ESG问题纳入投资分析、决策过程及实践中，更好地管理风险，取得长期、可持续的收益。开设省内非上市公司、发债企业及国有企业ESG信息披露专区。

（二）新都区绿色金融改革创新试验区"绿蓉通"

1. 创新背景

成都"绿蓉通"平台是新都区为推动金融支持中小微企业发展、优化营商环境打造的24小时线上金融超市。2019年底平台开始建设；2020年5

月底，平台进入试运行阶段；2020 年 11 月，平台正式上线。"绿蓉通"平台主要提供融资业务撮合、企业信用信息查询、绿色智能识别以及其他增值服务等，通过创新机制、创新服务为企业提供高效、更便捷的专业金融服务，既能拓宽企业融资渠道，实现环境资源优化配置，为推动产业经济发展与生态环境优化深度融合提供重要的途径，也是新都区作为四川绿色金融改革创新实验区探索出的丰硕成果。

2. 主要做法

"绿蓉通"平台依托大数据技术，整合工商、司法、税务、知识产权等近 30 项企业信用信息数据，在成都市各类融资服务平台中率先为金融机构提供高数据价值的"企业信用报告"，有效减少企业跑部门、打证明等情况，也让金融机构可在线提前了解企业真实情况，提高金融机构贷审效率和中小企业贷款成功率，有效缓解中小企业融资难、融资贵的问题。

"绿蓉通"平台实行银行抢单制。企业发布融资申请后，区内银行在同一时间进行抢单，只有抢单成功的前三家银行才能获得与企业对接的机会，同时查阅企业社会信用信息报告。在此基础上，银行客户经理主动前往企业对接信贷服务，实现了银企融资对接方式的重大改革。

"绿蓉通"平台创新设立"137"限时服务机制，制定"137"工作规则，积极推动银行在企业提出融资申请后，1 个工作日内接单响应、3 个工作日内主动服务、7 个工作日内完成评估，实现银企高效对接，极大降低了企业融资的时间成本。

"绿蓉通"平台提供便捷的环境效益测算服务，基于原银保监会的环境效益测算指引开发支持在线计算的模型引擎，帮助银行精准测算绿色贷款项目相应的环境效益。

"绿蓉通"平台开通了"蓉易贷"专区，重点解决中小微企业缺乏有效抵押物的困境。

3. 创新亮点

"绿蓉通"平台针对传统金融服务方式、银企融资模式进行重大创新，大幅提高了企业从银行融资的获得感和体验感。①实现企业融资新体验：让数据多跑路，企业少跑腿。②实现融资对接新变革：企业在家等，银行主动上门。③实现融资服务新效率：银行一日内接单、三日内服务。④实现绿色金融新举措：绿色识别智能化、环境效果可量化。⑤实现普惠金融新拓展：企业融资范围更广、融资门槛更低。

4. 实践效果

新都区有 25 家金融机构已入驻"绿蓉通"平台，并在平台发布 87 款金融产品；企业注册认证数已达到 2017 家，平台帮助 338 家企业获取贷款授信总额已突破 52.45 亿元，其中绿色授信达到 4.12 亿元。

5. 启示

"绿蓉通"平台以人工智能、大数据等科技手段助力融资精准对接，通过创新机制、创新服务为企业提供更高效、更便捷的专业金融服务，既能拓宽企业融资渠道、实现环境资源优化配置、为推动产业经济发展与生态环境优化深度融合提供重要渠道，也是新都区作为四川绿色金融改革创新实验区有力探索与实践结出的丰硕成果。

（三）兴业银行成都分行绿色金融服务

1. 创新背景

作为全国性股份商业银行，兴业银行是国内最早探索绿色金融的商业银行，从 2006 年首推能效融资产品，2008 年自愿采纳赤道原则成为国内首家赤道银行，已形成涵盖绿色融资、绿色租赁、绿色信托、绿色基金、绿色理财、绿色消费等多门类的集团化绿色金融产品与服务体系。兴业银行一直致力于打造为一流的绿色金融综合服务商和领先的绿色金融集团，通过发挥集团综合优势，结合绿色产业的发展特点及相应的融资需求，不断丰富绿色金融业务的内涵。

2. 主要做法

兴业银行成都分行秉承兴业银行的绿色发展理念和经营思路，辖内所有分支机构均已开办绿色金融业务，覆盖能源、建筑、交通、工业等众多行业，涉及污水处理、水域治理、能效提升、新能源和可再生能源开发利用等众多项目类型，提供了多种创新型绿色金融产品和服务，如适合多种生态环境修复项目的 EOD（生态环境导向的开发）贷款，期限长、利率低、担保方式灵活的光伏贷以及符合国家产业规定的绿色建筑贷款、绿色低碳园区贷款。在融资工具方面，除专项贷款、权力质押等外，兴业银行还提供了绿色票据和绿色债务融资工具等创新型工具，具有利率优惠、审批高效和资金用途灵活等特点。

3. 创新亮点

在融资渠道方面，兴业银行推出了碳排放权质押融资、特许经营权质押融资和合同能源管理融资等产品，允许企业凭借合法持有的碳排放权、特许经营权和合同能源管理项目未来收益权为质押物取得融资贷款，以此盘活企业资产，拓宽企业融资渠道。在项目贷款方面，兴业银行在传统项目贷款的基础上，积极在期限、利率、担保方式及项目范围等方面创新。

4. 实践效果

基于创新型产品和不断优化的服务，兴业银行不仅丰富了绿色金融业务的内涵，更是取得了优异成绩。兴业银行在四川省内创下多个"第一"、"首单"业务，如落地全国首单区县级碳中和绿色中期票据 6600 万元、落地全国首单民营企业绿色科创票据 3 亿元、落地四川省首笔持有绿色建筑性能责任险的绿色建筑项目贷款 2.59 亿元、落地四川省首笔 EOD（生态环境导向的开发）项目贷款 1.2 亿元、落地四川省首笔以贷款利息优惠促进工业企业碳减排的"碳足迹"挂钩贷款 2500 万元等。同时，兴业银行成都分行还积极认购成都市"碳惠天府"碳减排量实现分行办公大楼自身的碳中和，成为川内首个申报"碳中和"的银行。

5. 启示

从绿色金融业务实践及其成效来看，兴业银行成都分行结合四川省发展战略及产业政策，不断优化服务、增强绿色金融意识、加强金融产品创新，与省内市场主体需求相适应，为各行业企业提供丰富、多样的融资服务方案，促进绿色产业高质量发展。

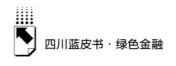

三 发展经验

（一）绿色金融产品建设

1. 建立信贷政策支持体系

结合宏观审慎评估、信贷政策导向效果评估，开展绿色金融评价，引导金融机构积极拓展绿色金融业务。强化绿色金融业务督导和检查，防范绿色金融项目"漂绿""洗绿"。充分运用再贷款、再贴现等货币政策工具、推广"川碳快贴"，建立碳排放支持工具白名单，推动煤炭清洁高效利用专项再贷款项目尽快落地，加强对绿色企业和绿色项目的信贷支持。探索建立差异化信贷管理政策，降低绿色资产风险权重，对绿色信贷规模达到一定比例的银行业金融机构，探索适当提高监管容忍度，引导金融机构加大对绿色产业的信贷投放力度。

2. 支持地方金融法人机构发行绿色金融债

支持符合条件的绿色企业开展直接融资，探索发行碳中和债券、气候债券、转型债券等创新品种，积极开拓海外绿色债券渠道，扩大绿色直接融资规模。推动发行绿色资产支持债券、绿色项目收益债券等资产证券化产品，盘活绿色信贷资源。

3. 积极发展绿色保险

支持保险机构创新绿色保险产品和服务，探索开展农业气象指数保险、环境污染责任保险、绿色车险、绿色建筑保险、可再生能源项目保险等业务。逐步扩大环境污染责任险试点覆盖面，将环境风险高、环境污染事件较为集中的领域或相关企业纳入环境污染责任保险范围。引导保险机构探索差别化保险费率机制，将保险费率与企业环境风险管理水平挂钩，发挥费率杠杆调节作用。

4. 支持绿色企业上市融资和再融资

进一步完善绿色企业上市挂牌后备资源库。支持符合条件的绿色企业在沪深北证券交易所、新三板、天府（四川）联合股权交易中心等上市（挂牌）融资、再融资。促进绿色企业加快发展。鼓励辖内上市公司开展 ESG 信息披露，推动上市公司 ESG 信息披露标准试点工作。

5. 制定碳排放权、用能权、排污权、水权等环境权益质押融资制度

推动金融机构创新金融产品，实现与本地环境资源交易平台有效对接，方便企业及个人高效开展环境权益质押融资。支持商业银行研发推出基于碳资产的信贷产品，探索推出环境权益远期、掉期等创新金融产品。推动金融支持基于自然的解决方案（NBS）及碳捕获、利用与封存（CCUS）等技术研发和实践应用，打造绿色技术创新高地。

（二）绿色金融环境建设

1. 建立绿色信贷风险补偿机制

将绿色企业和绿色项目信贷纳入"蓉易贷"体系，按照"银政保 442 模式""银政 73 模式"① 进行风险分担，为绿色企业和绿色项目信贷提供信用增进和风险补偿服务。

2. 建立财政税收支持机制

加强财政金融互动，对发行绿色债券、绿色上市企业及评估认证机构给予奖励。落实国家在节能节水、资源综合利用等领域的税收优惠政策。落实企业研发费用税前加计扣除政策，持续加大绿色低碳领域的基础研究支持力度。对符合条件的生态环保项目给予财政融资贴息支持。建立针对绿色企业、绿色项目认证、绿色保险等的财政补贴制度，推动形成支持绿色金融发展的政策合力，提高绿色投资的社会认可度。

3. 加强绿色金融法治保障机制建设

前瞻应对、大力推进成都法院设立包含绿色金融的环境资源专业化审批机构，争取设立绿色金融人民法庭、组建绿色金融专业化审判团队，加强绿色金融司法服务保障能力。"三审合一"审理绿色金融民事、刑事、行政案

---

① 源自《成都市绿色金融行动方案（2022—2025）》，"银政保 442 模式"指绿色企业信贷风险按银行承担 40%、政府补贴 40%、保险公司承担 20% 的风险分担模式；"银政 73 模式"指绿色项目信贷风险按银行承担 70%、政府补贴 30% 的风险分担模式。

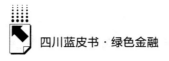

件，通过专业化审判探索研究绿色金融法律属性，制定绿色金融裁判规则，宣传绿色金融典型案例，引导绿色机构依法开展绿色金融服务，防范绿色金融发展风险，推动绿色金融法治化，保障绿色金融可持续发展。

（三）绿色金融主体建设

1. 培育引领型绿色金融机构

推动法人金融机构遵循赤道原则、负责任银行原则（PRB）、负责任投资原则（PRI）等，进一步完善绿色金融产品体系、环境与社会风险管理体系，开展全面绿色金融战略转型。推动银行业金融机构创新管理体制、整合内部资源，设立绿色支行或绿色金融事业部，着力提升金融支持绿色产业发展的专业性和精准度。建立绿色保险专营机构，在绿色保险研发、风控体系建设、人员培养培训等方面开展创新探索。

2. 发展绿色产业投资基金

设立成都绿色产业发展基金，加大绿色项目投资和培育力度。积极争取国家绿色发展基金加大在蓉投资。引导推动在蓉私募股权投资基金、证券投资基金等社会资本按照《绿色投资指引（试行）》开展绿色投资。

3. 培育第三方绿色评级认证机构

加快培育本地绿色评估认证机构，支持四川联合环境交易所开展绿色债券评估认证业务并争取相关资质，完善绿色认证评估体系。吸引国内外信誉良好、专业性强、影响力大的第三方评级机构、绿色认证机构来蓉发展，支持开展绿色企业和绿色项目资质审核、绿色信用评级等业务。

（四）绿色金融基础设施建设

1. 构建绿色产业认定及绿色金融评估体系

持续完善绿色项目、绿色企业认定评价办法，加强项目筛选及入库管理，探索制定绿色农业、绿色消费等重点发展领域的绿色界定标准。探索建立金融业绿色专营机构建设标准，明确评估组织流程，强化结果运用，引导金融机构积极开展绿色金融业务。支持金融机构加强绿色信贷能力建设，探索建立有效的绿色信贷考核评价体系和奖惩机制，为决策提供可靠数据基础。指导法人机构开展 ESG（环境、社会、治理）信息披露。

2. 推进绿色信息共享平台和机制建设

完善绿色金融服务平台功能，建成集绿色政策发布、绿色评定评级、绿色产业推广、绿色投融资服务、环境权益及绿色技术交易、碳核算及信息披露、碳账户及碳中和能力建设、环境风险监控于一体的绿色产业大数据及金融服务综合平台。加快推进绿色信用信息归集整合，探索将企业环境违法违规、污染排放记录、环境污染责任保险及生态环境保护行政表彰等纳入信用信息共享平台。鼓励第三方专业机构参与采集、研究企业环境信息工作。

四　发展展望

（一）下一步试点创新领域

1. 积极开展气候投融资

积极争取全国气候投融资试点，探索差异化、特色化的投融资模式、组织形式、服务方式和管理制度创新，加强与绿色金融体系的融合促进，研究出台气候投融资支持项目目录及认定规范，建立气候投融资项目库，引导和撬动更多社会资金进入应对气候变化领域。

2. 金融机构资产的绿色定价

对金融机构的资产进行绿色定价，尤其是对高碳资产的分布特征进行测算。关注金融资产对于气候风险的压力测试。在 G20 框架协议下，对传统行业、企业的降碳行为提供碳资产识别、计量以及定价服务。

3. 推进环境权益交易市场建设

支持四川环境交易所建设西部碳交易中心和全国碳市场能力建设（成都）中心，成为全国碳排放权注册登记机构和全国碳市场交易机构重要参与方。进一步突出四川碳市场特色，做优做大国家核证自愿减排量（CCER）交易。加快完善"碳惠天府"机制，制定碳中和公益行动方案，探索建立个人碳账

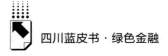

户，开展"碳惠村"交易。鼓励企业积极参与用能权有偿使用和交易试点，推动能源要素高效配置。探索开展再生资源交易和水权交易。争取四川联合环境交易所升级更名为"西部环境资源交易所"，打造成全国重要的环境资源权益交易市场。

（二）创新路径与重点

1. 深入推进绿色金融创新试点

进一步深入开展新都省级绿色金融创新试点，鼓励银行机构在新都设立绿色支行或绿色金融事业部，支持绿色股权投资基金、第三方绿色评级认证机构、绿色金融行业自律组织等落户试点区域。加快实施《成都市绿色金融行动方案（2022—2025）》，积极推动成都市国家绿色金融改革创新试验区申报工作。

2. 创建绿色金融教育基地，用好绿色金融智库

依托全国碳市场能力建设（成都）中心，面向全社会开展绿色金融教育，建立涵盖金融机构绿色能力培育、企业 ESG 教育、投资者 ESG 教育等在内的绿色金融教育体系。积极发挥成都绿色金融智库在招才引智、课题研究、产业孵化、特色创新等方面的积极作用，适时充实壮大成都市绿色金融智库。吸引专业机构、科研机构开展绿色金融理论研究。

3. 各部门协调推进建立基础绿色数据库

各部门共同推动微观经济主体个人、家庭、政府建立碳账户，采集碳信息，形成消费碳数据库。企业应加强可持续性的绿色信息披露，对终端产品进行碳核算和碳足迹追溯。各地政府应加强生态资产核算入表工作，加强生物多样性研究，加快各地区气候数据库建设。

B.8
广元市绿色金融发展报告

刘小添　谢 芬*

摘　要： 广元市作为四川省首批绿色金融创新试点地区，始终将绿色金融改革作为区域金融改革重点，不断完善绿色金融体系，大力发展绿色信贷、绿色保险等金融工具，探索推动绿色基金、绿色债券在广元落地，通过统筹谋划、突出创新、完善配套、多方发力以及立足实体等方式，取得了显著的成效，其中的改革创新案例具有较好地推广和借鉴价值。广元在绿色金融发展中取得成绩的同时，要充分认识到当前存在的问题，为此广元市绿色金融发展下一步的创新领域包括完善绿色金融服务体系、优化绿色金融服务供给结构、提升绿色金融服务效益等，创新探索欠发达地区绿色金融与绿色产业转型的有效衔接问题，对四川省深入发展绿色金融、实现碳达峰碳中和目标具有十分重要的意义。

关键词： 绿色金融　绿色信贷　绿色保险　绿色基金　绿色债券

广元市森林覆盖率高达 57.76%，生态环境优势突出，是长江上游重要的生态屏障，是国家卫生城市、中国历史文化名城、全国森林旅游示范市。作为四川省第一批五个绿色金融创新试点地区之一，同时也是四川省申报国家绿色金融改革创新试验区的市州，广元始终将绿色金融改革作为区域金融改革重点，不断完善绿色金融体系，大力发展绿色信贷、绿色保险等金融工

---

* 刘小添，四川省社会科学院金融财贸研究所，主要研究方向为资本市场；谢芬，四川省社会科学院金融财贸研究所副研究员，主要研究方向为金融财税制度与政策。感谢广元市绿色金融相关机构提供的资料。

具，探索推动绿色基金、绿色债券项目落地，通过绿色发展理念引导、立足资源禀赋精准定位发力、强化绿色金融工具支持、加强多部门多主体协作等举措，基于生态优势进行产业发展谋划，引导金融机构加大绿色金融投资服务力度，努力变"绿水青山"为"金山银山"。开展绿色金融创新试点是绿色金融"自上而下"的顶层设计和"自下而上"的区域探索相互推动、相辅相成的发展战略需要。碳达峰碳中和目标的提出，赋予了绿色金融更艰巨的任务和使命，作为经济欠发达地区，广元在绿色金融引领当地绿色产业转型升级的实践中破解了一系列原生性及次生性问题并取得了显著成绩，探索出一条欠发达地区绿色金融改革发展之路，其经验具有重要的参考和借鉴价值。

一 广元市绿色金融发展成效

（一）统筹谋划，建立绿色金融工作机制

1. 强化政策引领

2018 年，广元在四川省率先出台《广元市推进绿色金融发展实施意见》，明确了发展目标、工作任务、产业支持重点。为进一步分解改革任务，明确进度安排，印发了《广元市推进绿色金融发展实施意见责任清单》，确保改革有序开展。

2. 完善组织体系

广元成立绿色金融工作领导小组，建立绿色金融部门联席会议制度，设立绿色项目库、绿色银行组织体系等 5 个专项改革小组，推动绿色金融创新突破。

3. 健全激励机制

广元将绿色贷款纳入银行机构支持地方经济发展考核办法，并提高考核权重。组织开展金融机构绿色金融劳动竞赛和绿色金融评价，并将评价结果与央行金融机构评级挂钩，给予再贷款、再贴现等政策支持。

（二）突出创新，优化绿色金融服务

1. 创设绿色信贷指标交易制度

在全国首创绿色信贷指标模拟交易，指导 11 家银行机构开展区域性绿色信贷指标模拟交易，助推绿色信贷快速增长。

2. 创新开展企业碳账户建设

在全省率先启动法人银行企业碳账户试点工作。截至 2023 年 9 月末，已建立企业碳账户 98 个，发放贷款 7.58 亿元，①"碳表现"挂钩贷款 6.99 亿元。

3. 扎实推进环境信息披露

按照"分层分步"原则推动全市法人银行环境信息披露工作，多次举办金融机构环境信息披露培训会，提升机构信息披露水平。2022 年，广元成为全省首个实现法人银行环境信息披露全覆盖的地级市。

4. 创新绿色金融产品及服务

推出多个绿色金融创新产品，如发放全省首笔可再生能源补贴确权贷、推出全省首个法人银行碳足迹挂钩贷款"减碳贷"、落地全省首个森林遥感碳汇指数保险项目等。抓住有机产品认证示范市建设契机，创办"金田贷""订单贷""循环贷"等 20 余种绿色信贷产品，支持 28 家农业产业化龙头企业贷款 1.8 亿元用于发展有机农业，从而推进农业高质量发展。全市先后推出绿色金融专属产品 30 余个，精准支持有机农业、清洁能源、生态保护等领域。表 1 显示了金农商·金田贷以及金农商·减碳贷的具体贷款内容。

---

① 《人行广元市分行"三举措"着力优化金融营商环境》，https://www.cngy.gov.cn/govop/show/20231114102658-41860-00-000.html，2023 年 11 月 14 日。

表1　广元市重点绿色信贷具体内容

指标	金农商·金田贷	金农商·减碳贷
贷款方式	可采用信用、保证、抵押、质押及组合担保（可将厂房、土地使用权、土地承包经营权、林权、动产等资产纳入抵押）	担保等方式
贷款额度	借款人借款实际用途，根据合同、订单及结算方式或项目预算总投资，自有资金，贷款风险等情况合理测算贷款金额（信用贷款的授信额度最高不超过500万元）	根据借款人的资产负债、经营状况、借款用途、项目投资、自有资金、还款来源、担保等情况综合分析测算后合理确定
贷款对象	辖内从事绿色农业开发项目的企事业法人和其他经济组织、法人	有节能减碳意识并计划或者正在采取节能减碳措施且生产经营正常的企业。普惠型小微企业，贷款对象为其法定代表人、主要股东、实际控制人等企业主个人及配偶
贷款用途	用于生产基地建设，生产技术、设备购置或绿色升级改造或日常经营周转等。对参加环境污染责任险的企业或项目优先给予信贷支持	用于流动周转的，贷款期限原则上最长不超过3年（低风险信贷业务以及担保方式为商品住房、商业用房抵押的个人主体贷款，贷款期限最长不超过5年）。采取循环方式支用的，额度有效期内单笔支用期限不超过1年。用于项目建设或固定资产购置的，贷款期限原则上最长不超过8年
贷款期限	最长不超过5年	
贷款利率	按照农户小额信用贷款利率定价管理的相关规定执行	测算利率—"减碳"优惠利率，最终执行利率为不同档次LPR加减相应基点

资料来源：广元市昭化区人民政府办公室：《广元农商银行昭化支行主要贷款产品情况》，2022年8月24日。

（三）完善配套，夯实绿色金融发展基础

1.强化绿色认定

制定广元绿色项目（企业）认定标准，建立市级绿色项目及企业库。目前，绿色项目库包含1614个绿色项目、281家企业。

2.建立绿色信息共享机制

将环境信用评价、环保违法行为处罚等信息纳入企业信贷管理流程，并对等级为"不良"的企业实行一票否决，引导金融机构实施激励惩戒措施。

3. 运用金融科技赋能绿色发展

与四川环境交易所签署战略合作协议，建立"绿蓉融"平台广元专区，引导辖区全部法人银行入驻"绿蓉融"。依托"天府信用通""绿蓉融"平台，拓展广元绿色低碳融资应用场景，探索建立绿色信息共享机制，推动广元线上绿色低碳企业项目库建设，探索实行"线上+线下"金融服务模式。

4. 持续完善绿色金融组织体系

制定《广元市银行业绿色支行评价办法》，成功创建 4 家绿色支行,[①]包含全省首个政策性银行绿色支行，树立绿色金融发展银行机构标杆。成立广元市金融学会绿色金融专业委员会，组织推动金融机构开展学术交流和绿色金融创新。

（四）多方发力，提升绿色金融改革能力

1. 加强学习借鉴

邀请中国人民银行总行金融研究局、西南财经大学金融学院等单位学者专家来广元举办绿色金融讲座、专题培训等活动 10 余次。先后赴湖州、衢州、丽水学习，全力提升绿色金融改革的主动性和积极性。

2. 积极开展理论研究

5 年间共完成"基于供应链金融的林业碳汇发展研究"等 20 余项重点课题，有效推动广元绿色金融实践。

3. 强化宣传引导

开展绿色金融政策及产品宣传 21 次，通过报纸杂志等宣传绿色金融创新试点成效 30 余次，得到各方关注。

（五）立足实体，提升绿色金融服务质效

1. 绿色信贷实现高速增长

引导金融机构优化资源配置，加大对生态农业、清洁能源等领域的信贷投

---

① 广元农商行东坝支行、中行剑阁支行、农发行旺苍支行、农发行剑阁支行。

放力度。2022 年末，全市绿色信贷余额达 138.92 亿元，2018~2022 年平均增长率高达 28.12%（见图 1）。从机构看，国有商业银行是绿色信贷投放的绝对主力，法人银行机构绿色贷款占比偏低。从投向看，绿色贷款主要集中于可再生能源及清洁能源、绿色交通运输、绿色农业开发等领域，但对农林产业的支持力度还不够。

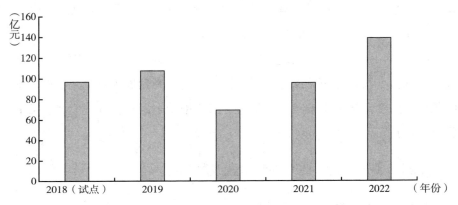

图 1　2018~2022 年广元市绿色信贷余额情况

资料来源：广元市人民政府。

2. 拓展绿色产业直接融资渠道

累计发放生态环保领域地方政府专项债 10.08 亿元，有力支持长江大保护、污水处理等绿色项目建设。截至 2023 年 9 月底，已对全市 7 个国储林项目完成授信 59.05 亿元，发放贷款 7.37 亿元，涉及林地 92.3 万亩。积极支持重点流域水资源保护和修复，通过 PPP 方式发放 2.74 亿元，支持嘉陵江流域河道污水治理。

3. 强化绿色保险风险保障

率先在四川省推出生猪价格指数保险、肉牛羊成本价格损失保险、非洲猪瘟疫病扑杀保险等产品；为 9.2 万户农户提供地震巨灾保险，风险保障 26.3 亿元，并成功支付全省首笔地震巨灾保险赔款 2.5 万元。

推广环境污染责任保险，累计为 47 家企业提供环境污染责任风险保障 9830 万元。累计实现绿色保险收入 5.79 亿元，为绿色农业和森林提供 403.38 亿元风险保障，绿色保险规模持续扩大。

4. 加大绿色货币工具应用力度

2022 年末，全市已发放碳减排支持工具贷款 3.14 亿元，发放量排全省第四名。累计发放"川碳快贴"3.01 亿元，居全省前列。此外，人行广元市中心支行引导金融机构积极运用货币政策工具，成功办理了全省第四笔碳减排票据再贴现，涉及资金 8004.1 万元，票据贴现加权平均利率 2.55%，有效支持了低碳企业和项目的资金需求。

二　广元市绿色金融创新发展典型案例

（一）案例1：农行广元分行通过"保证+林权质押"模式创新，支持国家储备林建设

1. 创新背景

木材是重要的战略资源，根据行业预测，"十四五"期间我国木材需求量约 10.5 亿立方米，国内自产量约 4 亿立方米，缺口约 6.5 亿立方米。国家储备林建设是推动林业产业升级转型、维护国家木材安全、保护森林资源的重要战略布局。农行广元分行积极开展绿色金融创新，通过"保证+林权质押"模式支持国家储备林建设。

2. 具体做法

一是优化抵押方式。农行广元分行充分利用政策，突破传统抵押担保方式，积极探索"双碳"目标的实现路径，采用"母公司担保+林权质押"的方式，成功实现该模式国家储备林贷款在广元市的"破冰"，开了市内银行支持国家储备林项目的先河。

二是优化金融服务。在项目申报过程中，面临储备林合法性认定和抵押方式的双重困难，以及对以往林业贷款不良率偏高、建设周期长、回款期较长、项目收益不高的考虑，量身定制综合金融服务方案，根据经济林的生长周期，适当延长还本期限和总贷款期限。同时，开辟金融服务绿色通道，单个项目自调查到审批仅需 20 个工作日左右。

3. 创新亮点

农行广元分行国家储备林贷款是第一款专门针对国家储备林建设及关联产业发展的贷款产品。针对国家储备林建设周期长、回款期长、项目收益不高的情况，农行广元分行针对国家储备林贷款在还款来源、贷款期限、抵押担保方式和贷款利率等方面进行了系列创新，破解了信贷支持的难点和堵点，体现了"长、宽、低"的政策优惠特点，即贷款期限最长可达50年，资本金率最低仅为20%。

目前，农行广元分行已对全市多笔国家储备林项目完成审批授信工作，共计21.4亿元，均已进入放款准备阶段。大力支持国家储备林建设，是农行广元分行践行"绿水青山就是金山银山"的重要措施，也是服务县域打造绿色经济、促进乡村振兴的生动实践。通过不断培育复层异龄混交林，形成稳定的森林群落，保护当地物种多样性，提升人民生活环境，增强森林保持水土和涵养水源的作用。同时，发展林下经济种植，加快推动林旅融合发展、促进林业增收，有效带动经济发展，增加就业岗位，提升周边群众收入水平。

（二）案例2：广元农商行发放四川首个法人银行碳足迹挂钩贷，助力经济低碳转型

1. 创新背景

为贯彻落实中共中央、国务院关于"双碳"战略的决策部署，推动经济绿色低碳转型，广元市以绿色金融创新试点为契机，积极探索通过金融激励措施推动企业开展碳减排，从而减少对环境的影响。为了激励企业主动开展节能低碳生产，广元农商行创新推出碳足迹挂钩贷——金农商·减碳贷，通过金融让利激励市场主体低碳转型。

2. 主要做法

一是建立企业碳账户。广元市持续优化营商环境，实现了"天府信用通—广融通"平台与广元市公共信用信息平台数据互联互通，广元农商行依托"天府信用通—广融通"平台，线上采集企业生产经营中的水、电、

煤、气等数据。同时，借助四川省联合环境交易所"绿蓉融"平台开展线上自动化碳核算，定期将企业综合能源消费量折合为二氧化碳当量，建设形成企业碳账户。

二是依托"碳账户"创新信贷服务。出台全省首个基于企业"碳账户"设计的信贷产品方案"广元农商行金农商·减碳贷款管理暂行办法"。"金农商·减碳贷"以企业碳排放强度挂钩信贷利率为主要方式，激励市场主体积极开展节能减排；以碳账户为基础，将碳排放强度作为利率挂钩指标的碳金融信贷产品；结合企业年度生产总值，对年度碳排放强度降幅超过1%的企业，最高给予减碳优惠利率0.3个百分点。

3. 创新亮点

"碳账户"优惠贷产品具有以下突出特征。一是服务对象广泛，具备大范围推广条件。该产品服务对象不局限于绿色和碳减排企业，而是扩展到有节能减排意愿或采取节能减排行动的所有企业。二是全国首个将碳排放强度作为利率挂钩指标的碳金融信贷产品。较碳排放总量而言，将单位产值碳排放当量作为贷款优惠的依据更加科学合理。三是"线上线下"双核算。一方面，人工收取电、气等相关生产资料的发票凭证，进行人工核实与碳核算；另一方面，依托"绿蓉融""天府信用通"双平台助力企业碳排放量核算，确保碳核算生产资料和计算结果的真实性和准确性。

2021年11月，广元农商行首次通过该产品向四川省三联药业有限公司发放贷款990万元。目前，全市已累计办理了4笔"减碳贷"贷款，共授信3630万元，已用信2130万元。

（三）案例3：广元市创新"电费收益权"质押支持风电项目建设

1. 创新背景

广元地处川北，毗邻陕、甘，位于秦岭南麓，拥有较大的风能蕴藏量。经测算，广元风能资源理论蕴藏量260万千瓦以上，位居全省第二。目前，已建成投产风电总装机81.92万千瓦，已核准拟开工风电总装机63.2万千瓦，并在"十四五"期间规划实现"百万风电基地"的建设目标。为充分发挥本地风力资源优势，积极支持广元风电产业发展，中行广元分行开辟风电项目绿色审批通道，制定风险项目优惠利率政策，创新"电费收益权"质押贷款支持风电项目建设。

2. 主要做法

一是开辟绿色通道，优化金融服务。中行广元分行按照上级行的工作要求，建立风电项目绿色审批通道，简化风电项目报送资料，优化审批流程，优先审批风电项目，同时，进一步优化利率政策；除了利率优惠，还在结算等方面给予企业费用优惠或减免支持，有力地支持了当地风电行业发展。

二是创新合格抵质押物，突破风电信贷发展瓶颈。风电项目贷款不同于其他固定资产项目贷款，项目方没有合格的抵押物，缺少风险缓释手段，为申请贷款带来了较大的困难。中行广元分行深入研究电费收益权质押的可行性，制定和完善了风电项目电费收益权质押贷款管理办法，成功解决了风电项目缺少抵质押物的问题。

3. 主要亮点

中行广元分行在风电项目信贷支持工作中，面对审批权限、审批时效、抵质押物、利率定价等问题，拓宽思路、积极探索，通过下放审批权限、构建审批绿色通道、开展电费收益权质押、制定利率浮动政策等，成功破解了银行风电项目信贷业务发展瓶颈。

一是解决了审批环节的权限和时效问题。审批权下放省分行后，流转环节大幅减少，省级分行与二级分行沟通较为高效，省分行审批人能够到项目现场实地调查，有利于构建绿色项目审批通道，进一步优化流程，提升审批效率。

二是解决了风电项目建设中无抵押物问题。风电项目建设初期，无抵押资产、无保证人，缺少有效的风险缓释手段，同时还存在建设周期长、总投入大，后期不确定因素多等情况，大部分金融机构对于风电项目持审慎态度，支持度不高。采取售电收费权质押的方式，锁定未来电费收费权，形成长期有效的资金回款来源，能够有效地化解信用风险，成功解决风电项目信贷资金风险缓释问题。

三是解决了利率浮动问题，减轻项目建设资金压力。风电项目建设周期较长，未建成之前，没有资金收入，资金压力较大。通过优惠利率，减免结算费用等方式，降低项目建设方融资成本，积极支持风电项目建设，支持当地经济发展。

截至 2023 年末，中行广元分行累计向风电项目授信 24 亿元，贷款余额 8.74 亿元。在中行广元分行支持下，中广核、中电建共建设风电场 7 个，有风电机组 98 台，装机容量达 315.1 兆瓦，累计已发电 28025.28 万千瓦时。

（四）实践效果

绿色金融创新试点开展以来，广元坚持政府主导，从制定实施意见、成立领导小组、印发工作责任清单等入手，明确改革目标任务，有计划、有步骤地推动绿色金融改革重点任务，建立了"政府牵头、部门参与、政策配套、责任明晰"的工作格局。在绿色金融改革创新性、政策措施有效性等方面积累了一些可复制推广的经验。目前，全市已推出金田贷、优居贷、畜旺贷、有机贷等绿色信贷产品 30 余个，对推动广元经济高质量发展、建设践行"绿水青山就是金山银山"典范城市发挥了积极作用。得益于当地政府和社会机构、企业的大力推广和深度合作，广元市绿色金融改革工作取得喜人成效。广元市作为四川省第一批省级绿色金融创新试点地区，其建设取得明显成效，对其他地区开展绿色金融工作起到了较好的示范作用。

（五）启示

1. 理念先行，强化绿色服务

牢固树立绿色发展理念，不断创新绿色金融服务，加大绿色信贷投放力度，紧跟绿色金融发展趋势，紧抓绿色发展核心，坚持绿色创新。将绿色发展理念融入乡村振兴工作，加快农村金融服务工作站建设，完善绿色金融服务网点，建立健全相关工作机制，全面推进绿色金融工作开展。

2. 深化改革，创新优化供给

持续深化改革，不断优化供给体系，全力保障绿色金融服务工作有序推进，将绿色金融发展同巩固拓展脱贫攻坚成果和支持乡村振兴、广元经济高质量发展有机结合，以金融支持绿色农业蓬勃发展、绿色产业转型升级、生态资源高效转化为发展方向，充分发挥金融对绿色经济的赋能作用。依托绿色发展政策大力扶持和鼓励当地金融机构开发和推出创新型绿色金融服务产品。

3. 人才培育，强化智力支撑

广元市委市政府、中国人民银行广元市中心支行积极倡导和大力推动广元绿色金融发展，积极创建全国绿色金融改革创新试验区。多个金融单位党委紧跟绿色金融发展趋势，成立以主要领导为组长的绿色金融工作领导小组，制定绿色金融发展战略方案。聘请高层次专业人才，成立绿色金融业务团队，培养既懂金融又懂资源环境知识的专职绿色金融客户经理队伍，为本地绿色金融发展提供智力支撑。

4. 科技赋能，提升保障水平

在绿色金融发展过程中，注重科技手段的应用，加强数据的精准处理，如大力支持大唐罗圈岩等区域发展风力发电，促进绿色能源高效利用；大力支持装配式建筑、建筑新材料等产业发展，促进建筑建材节能化；注重环境影响监测，建立及时、长效的环境监督系统；大力发展手机银行、网上银行，打造"掌上园区"，有效降低客户能源消耗和碳排放；大规模建成企业碳账户，覆盖全市大部分企业，初步构建全市碳排放统计核算系统，为量化全市碳排放打下坚实的数据基础。

5. 政策支持，增添激励动力

基于实际情况，推出相关政策，一方面支持和鼓励当地金融机构发挥专业能力、创新信贷产品；另一方面激励当地企业、工厂改进生产方式，加速实现绿色发展。同时，在金融行业发展过程中，制定绿色金融考核评价指标，将绿色金融业务实施情况纳入高管和各级绿色金融从业人员绩效考核范畴，依据考核结果实施奖惩措施，有效激励相关从业人员，为绿色金融发展增添动力。

三　广元市绿色金融发展经验与存在的问题

（一）广元市绿色金融发展经验

1. 坚持绿色发展是基础

广元市委市政府、中国人民银行广元市中心支行积极倡导并大力推动相关工作，广元市金融行业设置绿色专营支行，助力碳达峰碳中和目标实现。地方政府和金融部门的合理统筹谋划有利于优化绿色金融改革的顶层设计，同时通过大力宣传绿色发展理念，调动起民众及社会机构主动参与绿色金融活动的积极性，为广元市优化绿色金融服务打下了坚实的基础。

2. 创新绿色供给是关键

绿色金融服务品牌创建是金融工作推进过程中的重要环节，通过加快推动专属绿色金融产品和服务方式创新，打造绿色支付场景等，在创新的基础上促进绿色金融发展。广元农商银行根据自身发展经验提出设立绿色支行，金融机构应探索多种绿色金融业务模式，引导信贷资源向绿色支行倾斜，开辟独立的绿色信贷审批通道，为绿色金融发展提供支撑。

3. 强化政策扶持是动力

以"双碳"目标为引导，及时将绿色发展内容纳入相关规划，建立绿色金融管理体系和组织架构，注重绿色信贷产品研发，明确政策支持重点，逐步引导业务绿色转型。加强准入把关，尤其是加强项目环境风险识别，落实"贷款三查"，现场调查评估时认真核实项目是否符合环保要求、核心技术是否节能减排，对排污排放不达标、环境危害风险大的项目严防死守。注重环境影响监测，持续关注项目对环境的影响，发现可能会造成环境污染的项目，及时督促整改，确保项目对环境造成的影响控制在有限的范围之内。

4. 构建协同机制是保障

构建完善的协同机制并实现绿色低碳运营的循环畅通是广元市绿色金融服务业健康发展的必要保障。一是金融机构内部协同。在相关行业运营过程

161

中尽可能地节水、省电、省气，业务运行中尽可能地使用电子文档，减少纸张、耗材耗用，鼓励员工绿色出行、低碳出行，多措并举，以期在金融工作运行中将资源消耗降到最低。二是银政协同。金融机构保持与政府相关金融部门的步伐协调，及时落实地方金融政策，共同引领本地金融行业绿色发展。三是银企协同。金融机构履行绿色社会责任，提供便民服务，积极开展环境信息披露，认真收集基础数据；本地企业加强绿色自律，提升自身绿色发展水平，积极履行社会生态责任，进而在源头上提高绿色发展基点。

（二）广元市绿色金融发展存在的问题

1. 绿色金融规模仍比较有限

广元是经济欠发达地区，经济总量不大，可支配金融资源有限，绿色金融工作面临较大的挑战，存在一些制约绿色金融规模增加和绿色金融服务提升的问题，如政府和金融机构对绿色项目认定不一致、绿色项目识别对接困难；难以准确评估企业绿色转型、项目减碳减排的效益；政银企"绿色"相关信息不对称等。绿色金融相关业务量仍然有较大提升空间，缺少针对绿色金融相关项目的推广，相关标准尚未统一，亟待推动绿色金融政策落地落实。

2. 绿色金融产品供给不够丰富

地方信贷产品是支持当地金融助推绿色产业发展最具实效性的途径，创新程度直接决定信贷产品的市场供给，缺乏创新活力的信贷产品供给市场也就制约了绿色金融工作的开展。绿色金融是一个相对较新的领域，广元市一直在进行产品创新，但整体来看绿色金融产品还不够丰富，难以满足市场主体需求，目前主要包括绿色信贷、绿色债券等金融项目，而绿色基金、绿色保险、碳金融产品等与发达国家相比还存在较大差距，与当下的社会实际需求也存在不匹配问题。

3. 绿色金融环境建设还有待优化

绿色发展意识还有待强化，创新绿色金融发展思路还不够明晰。还有个别部门片面地认为绿色金融创新是金融部门的事，工作中可能出现推诿扯皮、敷衍塞责等问题。个别地方绿色金融改革进展比较缓慢，成效不显著。有的金融机构不够重视，绿色信贷管理制度不完善，绿色金融创新动力不足，产品较少，导致绿色贷款金额较小、占比较低。

4. 绿色金融主体建设还有待加强

绿色金融涉及多个管理部门和参与主体，既有发改、财政、经信、生态环境等部门，还包括大量的企业、第三方中介机构等。但目前，广元全市各部门协调不力和政策衔接不畅的问题仍然突出，尚未形成推动绿色金融发展的合力。另外，财力较为薄弱，影响了包括风险补偿在内的相关配套政策的落地落实。

5. 绿色金融基础设施建设还存在短板

基础设施建设还需要进一步加强。绿色产业指导目录涉及标准多，加之绿色金融平台搭建、地方绿色标准制定、绿色企业认定等工作滞后，导致金融机构难以有效识别绿色项目，无法精准锁定支持对象，同时，还存在贷款主体绿色信息披露欠缺、部门间绿色信息整合及共享难等问题，增加了金融机构及时全面获取绿色信息的成本和难度，进而会对绿色贷款产品定价以及相应的风险防控产生负面影响。

6. 配套机制还有待完善

在绿色金融工作开展过程中，地方政府、金融行业企业之间的联动存在阻碍，配套机制不全，影响了工作效能的发挥。绿色金融属于系统性工作，牵涉面广，专业要求度高，相关组织机制、实施机制、考核机制、联动推进机制等亟须完善。

四 广元市绿色金融发展展望

未来，广元市将立足实际，紧扣"双碳"目标创新绿色金融产品，建立健全绿色金融服务机制，引导地方绿色金融业发展，将本地绿色金融工作重点放在支持应对气候变化、环境改善、资源节约高效利用和生态系统保护等经济活动上，持续推进绿色金融创新，为广元经济高质量发展提供坚实的保障。

（一）广元市绿色金融下一步创新试点领域

1. 持续完善绿色金融服务体系

发展绿色金融，是实现绿色发展的重要措施，也是供给侧结构性改革的重要内容。要通过创新性金融制度安排，引导和激励更多的社会资本投向绿色产业。要利用绿色信贷、绿色债券、绿色股票指数和相关产品、绿色发展基金、绿色保险、碳金融等金融工具为绿色发展服务。要加强对绿色金融业务和产品的监管协调，完善有关监管规则和标准。深入学习贯彻中央及四川省对地方绿色金融工作体系建设的要求和指导意见，结合地方实情，一是依托本地金融机构建立金融服务网点，以减轻绿色金融工作压力；二是完善相关制度，推动绿色金融工作改革，明确各方责任和义务；三是充分发挥"天府信用通""绿蓉融"等平台的数据平台价值，为本地企业绿色改革、助力"绿色广元"发展提供坚实的金融保障。

2. 持续扩大绿色金融服务供给

服务于供给侧的健康发展是广元市绿色金融工作的关键一环。一是创新绿色信贷产品及服务。将"金田贷""排污贷"两个绿色信贷产品、绿色支行和碳账户建设纳入全市生态产品价值实现机制试点内容，下一步要在试点中不断积累经验，提升整体效益。二是推出优质保险产品。增强森林碳汇保障，助力培育绿色交易市场，积极争取碳汇市场交易资格，提升广元市森林碳汇资源的流通性。三是打造碳汇交易"王牌"产品。通过碳汇产品的开发和利用，解决过往绿色金融市场失灵问题，保护当地生态系统，提升碳汇产品的经济收益。

3. 不断提升绿色金融服务效益

以中国人民银行广元市中心支行为引领，全市金融机构积极探索，促进绿色金融改革取得显著成效，金融服务效益不断增加。一是不断提升经济效益。率先在全国探索绿色信贷指标交易，激励银行加大绿色信贷投放力度。引入政府增信机制，推出政银企互动产品"绿色家居贷"。二是强化生态效益保障。联合四川环交所制定广元绿色项目及企业认定标准，依托"天府信用通"等平台打造广元绿色金融服务专区,强化精准识别、精准对接。促进当地生态获得及时全面的保障,为后续生态系统价值核算打下坚实的基础。三是提升产业效益。加强当地金融行业相关工作部门和金融机构专业能力建设,充分发挥全市 11 家银行成立的绿色专营机构或工作小组的作用,积极探索实施绿色信贷差异化流程服务、内部资金转移定价优惠等措施。扎实推进绿色金融服务产品创新工作,搭建对接平台,为绿色金融发展提供数据支撑。

(二)广元市绿色金融创新路径与重点

1. 加强协同联动,强化平台支撑

一是完善政银企绿色项目联动合作机制,银行在绿色项目规划期就进行对接,并通过组建一支兼具绿色信贷知识与专业技术的人才队伍,及早参与绿色项目培育、包装等环节,全程提供绿色项目咨询和融资融智服务,帮助项目方深入了解绿色项目包装及农发行信贷支持产品,共促项目达到环保评级和信贷准入标准。二是依托相关平台推动多方协同。基于"天府信用通"平台和市发改委"信用广元"平台部分政务数据的良性协同机制已经取得了政务数据共享模式的阶段性成效。下一步,应当加大对政务数据的公开力度和统筹管理,做好策略部署和数据保障工作;金融机构应该更多地思考如何灵活地运用这些数据来衡量企业的经营状况和核算碳排放量,为企业评级授信提供更多维度的支撑,提升政务数据的运用价值。

2. 凝练特色优势,用好政策红利

一是不断强化特色优势。基于广元独特的资源禀赋,明确发展定位和思路举措,不断强化特色优势,积极探索绿色信贷业务支持路径和模式,大力支持生态修复、环境保护、污染防治、清洁能源等生态文明建设,有效促进经济社会与资源环境协调发展,擦亮"绿色银行"品牌。二是落地落实绿色金融差异化支持政策、长江大保护和黄河流域生态保护优惠信贷政策等,优化绿色信贷资源配置。三是完善激励机制。积极争取试点地区财政政策支持,整合上级财政支持绿色产业发展的各类资金,积极探索建立绿色产业发展基金,撬动绿色信贷投入。

3. 完善标准体系，打造应用场景

一是加快制定产业低碳转型标准。金融支持产业绿色转型，重点是工业领域低碳转型，其中"两高一剩"行业低碳转型的经济和环境效益最为突出。但受前期"两高一剩"行业信贷准入限制，金融机构对该行业信贷服务大多采取"一刀切"，无法全面满足工业领域绿色转型融资需求。要加快制定产业低碳转型标准，明确工业领域低碳转型支持重点，有效引导社会资本参与产业低碳转型。二是分层分类精准开展绿色认定。市发改委、市经信局、市住建局、市文广旅局、市林业局等部门要在全面摸排的基础上，定期向人行广元中心支行提供符合《绿色产业指导目录》要求的名单，由人行广元中心支行统一发布，并向金融机构推荐。对于其他绿色名录，市发改委、市经信局要组织相关部门及时予以梳理，并向人行广元中心支行推送。对于未列入名录的绿色项目和企业，市发改委、市经信局要积极动员项目业主和企业提供资料，由四川环交所按照省级绿色标准进行认定。三是积极打造广元绿色金融应用场景。鼓励各区县结合地方产业发展规划，探索开展绿色网点、绿色支行、绿色金融小镇、绿色产业园区等绿色金融示范区建设，积累可复制、可推广的经验。

4. 丰富绿色金融产品，推进绿色金融与普惠金融融合，与乡村振兴衔接，与生态价值挂钩

一是加大绿色金融产品开发力度。目前市面上多数的金融产品都集中在绿色生态农业、农村土地综合治理和人居环境改善等领域，而农业等本身的碳排量就较低，要真正实现碳排放量大幅减少，还是要着眼于碳排量较大的工业行业。要围绕本地工业行业创新绿色金融产品，此类绿色金融产品除了着眼于传统的农业、工业等领域，也应当加大对手工业、文创产业、服务业等领域的绿色金融产品的开发力度。二是以金融支持传统产业转型升级、绿色低碳优势产业高质量发展和新兴产业创新发展为主线，构建高效专业的绿色金融服务体系，并将绿色金融发展与普惠金融、乡村振兴和生态价值实现等统合推进，加大绿色发展理念的传导力度，增强同业竞争优势。

5. 完善绿色金融项目的市场定价方式，不断提升专业水平

一是着力完善绿色项目评价标准、核算体系，建立绿色相关信息互通机制，搭建绿色项目智能化识别平台。二是不断加强绿色金融基础设施建设，大力支持绿色技术创新，强化与碳排放相关的信息披露要求，合理分配碳排放额度，为碳市场建设打好基础。三是要与国际绿色金融标准体系接轨，探索绿色金融项目的市场定价方式，推动碳定价机制趋于完善。

6. 明确着力方向，切实加强信贷投放

各银行业金融机构要主动作为，相关县区和部门要抢抓机遇，分领域分批次推荐绿色产业和项目，共同努力增加绿色信贷投放量。一是以有机农产品示范市创建为突破口，大力支持有机农业发展，积极支持畜禽粪污资源化利用、林下种养殖及绿色畜牧业发展。二是积极支持国家级风景名胜区、自然保护区、生态功能区等的保护性运营，支持天曌山、唐家河、曾家山发展森林游憩和康养产业，支持旅游景区拓宽直接融资渠道。三是支持广元经开区铝产业链循环化改造和其他园区建立跨行业产业链，支持风力发电等清洁能源开发。四是支持绿色建筑和绿色交通建设，大力支持污水处理提质增效和农村人居环境整治。五是依法对重点污染领域实行强制保险，进一步扩大森林保险、巨灾保险等绿色保险覆盖面。

参考文献

安伟：《绿色金融的内涵、机理和实践初探》，《经济经纬》2008年第5期。

文书洋、张琳、刘锡良：《我们为什么需要绿色金融？——从全球经验事实到基于经济增长框架的理论解释》，《金融研究》2021年第12期。

马骏：《论构建中国绿色金融体系》，《金融论坛》2015年第5期。

尤志婷、彭志浩、黎鹏：《绿色金融发展对区域碳排放影响研究——以绿色信贷、绿色产业投资、绿色债券为例》，《金融理论与实践》2022年第2期。

俞岚：《绿色金融发展与创新研究》，《经济问题》2016年第1期。

翁智雄、葛察忠、段显明、龙凤：《国内外绿色金融产品对比研究》，《中国人口·资源与环境》2015年第6期。

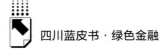

熊学萍：《传统金融向绿色金融转变的若干思考》，《生态经济》2004年第11期。

朱俊明、王佳丽、余中淇、杨姝影、文秋霞：《绿色金融政策有效性分析：中国绿色债券发行的市场反应》，《公共管理评论》2020年第2期。

安国俊：《碳中和目标下的绿色金融创新路径探讨》，《南方金融》2021年第2期。

牛海鹏、张夏羿、张平淡：《我国绿色金融政策的制度变迁与效果评价——以绿色信贷的实证研究为例》，《管理评论》2020年第8期。

安美琴、沈敏荣：《绿色金融改革创新试验区设立的绿色技术创新效应——以广州市为例》，《税务与经济》2024年第3期。

王文、刘锦涛：《金融强国背景下绿色金融理念新解》，《东南学术》2024年第3期。

李博阳、李廷瑞、沈悦：《绿色金融能否促进可再生能源发展：以绿色信贷和绿色风投为例》，《生态经济》2024年第5期。

张振华、陈曦、汪京、冯严超：《绿色金融改革创新试验区政策对碳排放的影响效应——基于282个城市面板数据的准实验研究》，《中国人口·资源与环境》2024年第2期。

刘平阔、慕雨坪：《绿色金融、碳交易与产业绩效：影响机理及中国7个试点的力证》，《中国软科学》2024年第4期。

《注入"绿色金融"守护"绿水青山"广元市深化绿色金融改革助力生态文明建设》，https：//www.cngy.gov.cn/govop/show/20230925152233-18490-00-000.html，2023年9月25日。

《5年试点，四川绿色金融试出了什么？》，https：//dfjrjgj.sc.gov.cn/scdfjrjgj/lvsejinrong/2023/11/16/4413cdb07cd8434daeab344c7b31d9b4.shtml，2023年11月16日。

经营管理者编辑部：《绿色金融创新试点行动》，《经营管理者》2022年第8期。

何志诚、马雯雯：《绿色金融发展现状、问题与对策思考——以广元市为例》，《金融科技时代》2020年第9期。

高寒：《化绿水青山"好颜值"为金山银山"好价值"》，《中国改革报》2023年9月15日。

B.9
南充市绿色金融发展报告

胡建中*

摘 要: 2018 年南充市被列为四川省首批五个绿色金融试点地区之一。南充市因地制宜不断探索绿色金融发展路径,支持重点行业领域发展,完善绿色金融体系。截至 2023 年末,南充市累计投放绿色信贷 260.57 亿元,绿色贷款余额同比增长 71.48%,列全省第 4 位。与此同时,南充市绿色金融发展过程中也存在参与金融机构较少、绿色金融产品单一、共享信息平台缺乏等问题。为此,本文提出绿色金融下沉、加大绿色金融产品和服务模式创新力度、建立信息共享平台和加大绿色金融对乡村振兴的支持力度等政策建议。

关键词: 绿色金融试点 绿色金融 绿色银行

一 发展成效

2018 年南充市被列为四川省首批五个绿色金融试点地区之一。南充市因地制宜不断探索绿色金融发展路径,支持重点行业领域发展,完善绿色金融体系,夯实绿色低碳发展基础。截至 2023 年末,南充市累计投放绿色信贷 260.57 亿元,绿色贷款余额同比增长 71.48%,列全省第 4 位。近年来,绿色信贷支持项目共 266 个,贡献绿色产值超 2600 亿元。南充市经济转型升级和绿色低碳发展取得了可喜的成绩。

---

* 胡建中,博士,四川省社会科学院金融财贸研究所助理研究员,主要研究方向为财政金融、公共经济学。

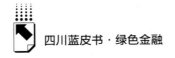

（一）逐步完善绿色金融政策

在被列为绿色金融试点地区后，南充市委市政府会同人行南充市中支推动成立由发改委、财政局、环保局等六部门参与的绿色金融试点领导小组，制定和出台了《南充市创建省级绿色金融示范区实施方案》，明确提出以打造绿色银行为重点，带动其他金融机构扩大绿色金融业务，发展重点领域和行业，有序推进绿色金融试点工作。随后，为进一步规范绿色金融试点工作，人行南充市中支指导金融机构明确绿色信贷认定范围和标准，制定了《绿色信贷指引》；为便于金融机构放贷过程中更加便捷、精准地识别各类客户，创新地针对法人客户实行四色分类贴标模式，出台《绿色客户四色分类管理办法》，对于绿色贴标法人客户的贷款实行"两优先、一倾斜"，即优先审批、优先放款、额度倾斜。

（二）大力创新绿色金融产品

在人行南充市中支的指导下，南充市各金融机构积极探索，推出节能环保项目特许经营权、绿色工程项目收费权等抵押贷款产品，以及废弃资源利用及新能源汽车改造信贷等绿色信贷产品，并推出"小微减碳贷"等产品30余个。支持天府银行使用再贴现资金5亿元，建立绿色票据池，为吉利四川商用车有限公司（南充）累计提供绿色票据贴现10亿元。推动绿色债券发行，组织南充市内绿色金融平台公司与相关证券公司合作，引导绿色项目采取"债贷组合"增信方式。积极发展绿色保险，发挥环境污染责任保险的融资增信作用，针对环境风险大、发生环境污染事件概率较高领域的企业推出环境污染责任保险。

（三）积极引进绿色金融机构

根据中共南充市委七届六次全会安排部署，围绕"建成区域金融中心"

总目标，稳妥开展金融业发展"六大行动"①，构建"一核两翼、连片发展"②的格局，奋力打造"三大功能区"③。截至 2023 年末，南充共引进和培养各类金融单位 157 家，居川东北首位、全省第 3 位。目前，已入驻川东北金融中心的银行、保险、担保等各类金融机构达到 90 多家。

（四）重点打造绿色示范银行

南充市以四川天府银行为重点，将其打造为绿色特色支行。将该行作为南充市绿色信贷业务的窗口展示和服务点。积极研发绿色贷款、绿色债券等绿色金融产品。建立绿色金融风险评估体系，加强政府部门、环保机构以及第三方咨询机构与四川天府银行的合作，在绿色信贷系统下建立绿色金融风险评估体系和风险预警平台。建立绿色评分模型，基于国际流行的 WBCSD（环境绩效评估标准）效能指标体系，对绿色信贷系统进行定量与定性相结合的可行性分析。

（五）绿色金融保障体系日臻完善

推广线上融资平台"绿蓉融"。以"绿蓉融"融资平台为基础，构建绿色信贷在线融资平台，推动绿色信贷供需双方信息互通。加强绿色金融绩效考核。将各金融机构绿色信贷评估结果纳入宏观审慎评估体系（MPA）考核范畴，并将此作为各金融机构开展再贷款和再贴现业务的重要参考依据。加大地方法人金融机构对当地环保节能、绿色交通、绿色建筑和绿色消费等项目的支持力度。加大对成功发行（绿色）债券的机构的奖励力度，按融资额度占比给予发行机构奖励。

---

① "六大行动"即核心集聚区金融承载力提升行动、金融改革创新行动、金融合作示范行动、多层次金融市场培育行动、金融生态环境优化行动、金融风险防控聚力行动。
② "一核两翼、连片发展"，"一核"即全力打造高坪核心集聚区；"两翼"即支持顺庆、嘉陵发展特色金融，"连片发展"即其他县（市、区）走差异化发展之路。
③ "三大功能区"即区域金融核心集聚区、区域金融创新示范区、区域金融合作样板区。

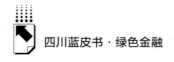

二 创新发展典型案例

（一）绿色金融主体培育

1. 创新背景

2018 年，南充入选四川省首批绿色金融创新试点地区。南充市委市政府会同人行南充市中支共同制定了以打造绿色银行为重点、因地制宜、分步骤、有重点地推进绿色金融试点工作的总体方针。2019 年，四川天府银行被遴选为四川省第一批绿色金融试点银行，成为开展绿色金融业务的窗口展示和服务点。2021 年，四川天府银行成为西部第一家加入负责任银行原则的城市商业银行。2023 年，四川天府银行荣获 2023 年金鼎奖"年度 ESG 金融先锋奖"。

2. 主要做法

一是制定和完善绿色金融管理考核制度。依据南充市委市政府和人行南充市中支的相关政策，为便于绿色企业认定、绿色金融业务开展、绿色金融管理考核，四川天府银行先后出台了《法人客户四色分类管理办法》《绿色信贷指引》《2023 年绿色金融发展规划》等文件，为规范开展绿色金融服务提供了制度支撑。

二是加强绿色金融数字基础设施建设。利用大数据及金融科技，研发智能化绿色贷款认定系统、绿色金融产品体系和数字化绿色金融风控系统三大体系。第一，建立"绿色企业库"，已有 600 余家入库。入库企业在获得绿色金融产品方面会更加便捷。第二，开发 6 个标准化线上绿色信贷产品。为了让小微企业更加便捷地获得绿色金融服务，专门针对小微企业推出"小微减碳贷"这一线上绿色信贷产品。第三，建设企业"农业碳账户"体系。充分运用大数据、人工智能等数字技术，结合天府信用通平台开设"农业碳账户"板块，为中小微绿色企业提供更具特色的金融产品及服务，支持绿色产业转型升级。四川天府银行 2022 年成为"四川省金融科技创新监管工具创新应用示范点"。第四，建立数字化绿色金融风控系统。通过与第三方绿色金融研究机构合作，综合利用人工智能、知识图谱、大数据等先进技术，建立贷前、贷中、贷后全生命周期的风险防控体系，打造智能化风险防控的一站式平台。

三是运用各类融资工具开展绿色金融业务。综合运用绿色信贷、非金融企业债务融资工具、票据贴现、再贷款和绿色债券等，为企业客户特别是绿色企业客户提供多元的金融服务，降低企业融资成本，促进当地实体经济转型升级和绿色高质量发展。

四是大力培育绿色金融市场主体。按照《法人客户四色分类管理办法》《绿色信贷指引》中对绿色企业的识别标准，有针对性地培育以天兆、俏主儿等为主体的绿色种植养殖龙头企业，以吉利商用车南充公司为主体的新能源汽车及零配件制造企业，以南部县污水处理厂为主体的城乡废弃资源循环利用企业。

3. 创新亮点

一是打造绿色银行，为地方企业提供绿色金融服务。按照南充市委、市政府和人行南充市中支的部署安排，四川天府银行加快推进绿色金融转型，依据国家相关政策，加大对新能源汽车及零配件制造业、城乡废弃资源循环利用业、可循环生态种植养殖业等重点绿色领域的绿色信贷支持力度。例如为以吉利商用车南充公司为主体的新能源汽车及零配件制造业提供 10 亿元绿色票据贴现，为南部县污水处理厂提供绿色信贷服务，为循环生态种植养殖业龙头企业天兆猪业和绿科禽业等提供绿色信贷服务。

二是打造"6+1"产品服务体系。近年来，四川天府银行加快绿色金融数字基础建设，开发出 6 个对公标准化授信产品，打造了"6+1"绿色金融产品服务体系。综合运用非金融企业债务融资工具承销等，多渠道开展绿色投融资业务，为绿色企业提供颇具特色的绿色金融服务。

三是科技赋能绿色金融。四川天府银行不断探索"基于大数据技术的绿色信贷服务"，构建起以绿色金融综合产品体系为基础、数字化绿色金融风控系统为保障的数字化金融体系。2021 年，当地一家新型装配式建筑部品部件墙体材料企业急需建设资金，四川天府银行运用针对法人客户的绿色信贷认定和环境效益测算模型，基于大数据研判结果，为该企业量身定制绿色金融专项服务方案，解决了企业的燃眉之急。同样基于大数据研判，在天府信用通平台上协助南充禾香生物科技有限公司注册了四川首个农业碳账户。

四是专注于服务中小微企业。四川天府银行始终坚守"服务中小"的市场定位，针对中小微企业的特点，结合区域资源禀赋和产业政策导向，不断探索创新，灵活运用大数据风控技术，开发了多款针对中小微企业的贷款产品，大大提升了普惠贷款的可得性。其中"小微科创贷"系列授信产品，打破了原来银行对科技企业贷款必须有抵押物的陈规。四川天府银行荣获2022年"十佳普惠金融服务创新奖"。此外，针对专精特新"小巨人"企业等，四川天府银行构建了"科创贷+极客贷+小微科创贷+盼达产业贷"等产品与服务体系，为解决南充半导体高端装备制造产业园区二期建设资金问题，向中科九微公司授信10亿元。到2023年底，已经累计为国家级专精特新"小巨人"企业和省级"专精特新"中小企业发放各类贷款18.56亿元。

4. 实践效果

四川天府银行资产规模2216亿元，列省内法人金融机构第3位。2021年2月正式加入联合国环境规划署的金融倡议《负责任银行原则》，为该项目在中国西部签署的首家银行。2022年，四川天府银行率先发布了《2021年环境、社会和治理（ESG）报告》，同年被评选为"四川省金融科技监管创新工具应用示范点"。2023年，四川天府银行荣获金鼎奖"年度ESG金融先锋奖"。截至2023年第3季度末，四川天府银行绿色贷款余额较年初新增5.6亿元，绿色贷款余额达到22.33亿元。同时，四川天府银行2022年绿色贷款支持碳减排达120.39万吨。

5. 启示

通过上述四川天府银行绿色金融服务案例，可以发现金融机构一是要明确定位，并提供与之相匹配的绿色金融产品和金融服务。二是要使现代科技与金融结合，精准识别各类顾客群、甄别风险，提高金融服务的可靠性，降低风险。三是绿色金融产品创新必不可少。绿色金融有别于传统金融，金融机构必须根据绿色、低碳等要求，开发适应新时代要求的绿色金融产品。

（二）双基共建发展绿色金融助力乡村振兴

1. 创新背景

根据《西充县关于推动绿色金融发展的实施意见》，西充县坚持"绿色打底、生态优先"发展理念，推动县域有机农业、农产品加工业和农旅融合发展。2021 年，西充县与四川农信南充办事签订了《乡村振兴战略合作协议》，助力西充优势特色产业及有机农业高质量发展。

2. 主要做法

（1）推进地方党组织与西充农商银行基层党组织结对共建

推进乡镇（街道）、村（社区）党组织与西充农商银行基层党组织深入融合、结对共建（简称"双基共建"）。为将"双基共建"工作走深走实，西充县委组织部与西充农商银行联合开展"双基共建发展绿色金融助力乡村振兴"活动。西充县委组织部从西充农商银行挑选出 24 名中层干部，下派到各乡镇（街道）担任金融专干；同时挑选出 77 名党员骨干，下派到共建村党组织担任金融副书记。此外，西充农商银行还在当地聘请 295 名金融服务联络员，分布到各乡镇（街道）、临江新区西充片区以及村（社区）开展"双基共建"活动。

为更好地开展"双基共建"，西充农商银行专门成立了"金融服务工作室"，并将"双基共建"制度和工作职责悬挂墙上，便于大家对"双基共建"制度和自身工作内容了然于胸。为了最大限度激发选派人员的工作动力，从定性考核、定量考核和专项考核三个方面，建立双基共建活动双线考核机制。西充县委组织部与西充农商银行建立联席会议制度，定期分析研究解决共建过程中遇到的问题，同时对下一步工作给予及时指导，形成"西充县上下一盘棋"的工作格局。

（2）依托重点项目，为实体经济解困

为了更好地服务地方经济，农商银行加大与地方政府职能部门的对接力度，持续加强对重点行业、重要产业和重大项目的支持。近年来，累计向西充县"海绵城市"PPP项目、顺蓬营公路、将军路嘉陵江大桥、中法农业科技园等重点项目投放贷款约45亿元。其中，向西充县"海绵城市"PPP项目发放绿色贷款10亿元，为解决该项目无抵押物问题，农商银行以该项目运营维护服务费和可用性服务费收益提供质押担保。

（3）创新绿色金融产品

农商银行工作人员通过走访全县重点农业企业，发现农业企业普遍缺乏抵押品。为此，农商银行灵活运用应收账款质押、活体抵押等方式来降低农业企业绿色信贷准入门槛，创新推出"猪宝贷""香桃贷""助农振兴贷"等绿色金融产品。同时，农商银行充分利用人行支农再贷款政策，为西充县有机农业涉农企业提供再贷款。此外，通过差别化利率定价来解决现有贷款产品与农产品生长周期错配问题，破解了种植和养殖户的融资困境。农商银行被四川省信用联社纳入"经济作物种植贷试点行"。

3.创新亮点

（1）以党建为引领，强化"党建+金融"联动机制

西充农商银行响应县委、县政府号召，与西充县委组织部联合开展"双基共建发展绿色金融·助力乡村振兴"活动，以党建为引领，建立"党建+金融"联动机制。选派干部到各乡镇和街道任金融专干，选派骨干党员到共建村党组织担任金融副书记，同时在当地聘请金融服务联络员，将绿色金融服务延伸到村、户。金融专干通过定期拜访合作社、种植养殖大户，了解其发展规划，为其匹配最佳的融资计划，切实发挥了"党建+金融"的引领作用。

（2）创新融资模式，支持农业企业发展

创新"承包土地经营权+"融资模式。为解决农业企业普遍缺乏抵押品问题，西充农商银行创新提出"承包土地经营权+"融资模式，被中国人民银行金融市场司编入《农村"两权"抵押贷款试点政策解读和典型经验》。

2016 年，为解决跳蹬河村发展乡村旅游的资金缺乏问题，西充农商银行利用跳蹬河村集体承包土地经营权抵押贷款 60 万元，建起了跳蹬河山庄；后续又主动为该村集体提供一笔 40 万元的跳蹬河山庄室内装修贷款。此后，依托跳蹬河山庄，全村 286 户村民全部入股村集体旅游合作社。全村小农户摇身一变成为"小股民"。跳蹬河山庄年接待游客达 5 万人次。跳蹬河村先后被评为省级"四好村"、省级"文明村镇"和省级乡村振兴示范村。

创新"银、企、政担"三方合作融资模式。针对现代农业企业和新型农业经营主体贷款过程中无传统抵押品的情况，由四川省农业信贷担保公司提供担保，通过"银、企、政担"三方合作模式来解决农业企业贷款问题。四川蜀乡情农业科技开发有限公司主营业务为有机红薯种植。2020 年 10月，该公司流动资金严重短缺，经营一度陷入困境。西充农商银行在得知这一情况后，联系四川省农业信贷担保公司，主动上门为其提供融资服务，通过"银、企、政担"三方合作模式，为其发放绿色信贷资金 200 万元。

（3）开展"整村授信"，为乡村振兴提供金融保障。

根据修订后的《农户信用等级评定及授信实施细则》，以及《解决"整村授信"工作存在问题的十二条措施》，农商银行主动与各乡镇对接，完善网格区域信用信息库，对各村农户数量、住所、就业、产业发展、主要经济来源等重要信息进行登记和分析评估。重点关注专业合作社、个体工商户、种植养殖大户、涉农企业和创业务工人员等。对新型农业经营主体、个体工商户、种植养殖大户等进行 100%建档立卡、100%评级授信。依靠大数据分析，为符合条件的农户和经营主体测算贷款额度。同时对原来存在不良信用的农村经营主体、个体工商户等开展信用救助专项行动，积极帮扶那些非主观恶意失信经营主体、个体工商户消除失信信息，以重新获得信贷资金支持。

（4）开办"金融夜校"

西充农商银行通过开办"金融夜校"的形式，向农户、经营主体等宣讲"双基共建"政策、基本金融知识、防诈骗知识和征信制度知识。同时，派驻各村的金融副书记，每周都会定时到村金融服务工作室为农户提供政策咨询和金融答疑服务，以及手机银行激活或者社保卡发放（激活）等相关金融服务。通过此类活动，不断提高农户正确运用金融工具谋发展的能力，增强农户诚实守信的观念。

4. 实践效果

一是西充县双凤镇跳蹬河村通过"承包土地经营权+"的融资模式，建立起村旅游合作社，发展乡村旅游，探索出农旅融合发展的跳蹬河村乡村振兴之路。现村集体经济组织通过入股跳蹬河兴旺专业合作社，让小农户变小股东，村集体已连续3年实现入股分红。

二是建立"党建+金融"机制，通过金融专干扎根基层，切实解决当地农户和经营主体的融资难题，提高乡村金融服务的覆盖率。金融专干送服务到村、到户，解决农户和经营主体与金融机构之间的信息不对称问题，搭起了金融机构与金融需求方之间的信息桥梁，让金融产品和服务可以及时、高效地直达金融需求方。

三是西充县"海绵城市"PPP项目。西充县"海绵城市"项目的实施，解决了西充县城水安全、水生态、水污染、水短缺等问题，改变了小雨积水、大雨内涝状况，实现水在城市中自然循环的目标。该绿色贷款项目成功入选四川省金融学会绿色金融优秀案例。

5. 启示

通过上述西充农商银行一系列的金融服务案例，可以发现金融机构与资金需求方要加强沟通，才能有效对接供需信息。同时要创新金融产品和融资模式，解决农村地区贷款无抵押品问题。办法总比问题多，只有真心为农户和农村经营主体解决问题，绿色金融才能发展壮大。

三　经验与不足

（一）绿色金融产品和服务拓新缓慢

目前，南充市的绿色金融主导服务产品是绿色信贷，且银行绿色信贷产品主要针对绿色产业项目，没有考虑广大消费者的绿色金融需求。各金融机构现有的绿色金融产品，包括绿色债券、绿色投资、绿色保险和绿色票据等发展较慢，而绿色租赁、绿色基金、绿色消费、绿色权益（碳金融）几乎没有。绿色金融产品相对于传统金融产品种类偏少，各金融机构提供的绿色金融产品和服务还较单一，无法满足日益增长的绿色金融需求。

（二）绿色金融环境建设

绿色金融标准不统一，缺乏具有可操作性的指引。目前南充市根据自身发展现状和实际需求制定了绿色金融标准，但是全国性统一的绿色金融标准缺乏。例如，如何识别哪些或哪类项目能够产生何种环境效益，如何对其进行定量化评估等。绿色金融标准的不统一，评估、披露、监管要求的不详尽，与业绩考核的关联性不强，导致当前体系下正向激励措施效果较小，金融机构在实际业务操作中困难增加。

（三）绿色金融主体建设

绿色金融参与主体单一。目前南充市绿色金融市场参与主体是商业银行，非银行金融机构的参与度较低。在南充市 157 家各级各类金融机构中，开展绿色金融业务的主要是银行和保险公司，其他金融机构较少参与。

（四）绿色金融基础设施建设

缺乏支撑绿色金融发展的信息共享平台。目前南充市尚未建立统一的包括绿色企业名录、环境污染信息和绿色项目库等在内的信息共享平台，导致金融机构以及监管机构无法快速有效地与企业进行环境信息、信用信息、项目信息等对接。信息不对称增加了绿色金融市场的交易成本，也会阻碍绿色金融产品的推广，影响绿色金融发展创新。

四　发展展望

南充市积极实施绿色优市战略[①]，加快推进西部绿色发展样板区建设，为绿色金融发展提供了广阔的空间。南充市发展绿色金融首先要持续加强对绿色工业的支持，其次要加大绿色金融对绿色消费的支持力度，最后要加大绿色金融对乡村振兴的支持力度。

（一）推动绿色金融服务下沉，实现绿色金融与普惠金融的融合发展

绿色金融要寻找新业务增量，其服务对象和支持领域就必须多元化，持续下沉至中小微企业、个人，以及乡村振兴和普惠金融领域。2023 年国务院发布的《关于推进普惠金融高质量发展的实施意见》提出，要"推进普惠金融与绿色金融的融合发展"。一方面，在"双碳"目标与乡村振兴战略背景下，农业碳汇是绿色金融重要的领域，2022 年我国林草年碳汇量超过12 亿吨，居世界首位。另一方面，南充市金融机构对中小微企业、个人的绿色融资需求关注不足，绿色金融下沉空间还很大。针对中小微企业，金融机构可以提供更多的绿色融资配套服务，例如为绿色企业产业链上下游的商家提供绿色金融服务，鼓励产业链上下游的商家向绿色、环保企业采购商品与服务。针对个人，绿色金融服务可以提供更多的个人绿碳相关服务，建立个人碳账户，打造"金融+生活"的生态服务体系。

（二）深化绿色金融产品和服务模式创新

鼓励南充市金融机构持续在绿色消费、绿色基金、绿色资产证券化、绿色租赁、绿色基金、绿色权益等方面创新绿色金融产品和服务模式，扩大与

[①] 《中国共产党南充市第七届委员会第十次全体会议公报》，https：//www. 163. com/dy/article/J4GNTGP90514CJFV. html。

碳减排和煤炭清洁高效利用相关的信贷资金供给。

绿色资产证券化是南充市今后绿色产业项目发展的一个方向，2016年1月，兴业银行发行首单绿色信贷资产支持证券，成为中国首单绿色信贷ABS。2017年4月，北控水务（中国）投资有限公司发行了银行间市场第一单绿色资产支持票据（ABN），拟投资项目涵盖污水处理、河道治理、供水管网工程等。

目前国内碳交易市场由强制性配额市场和自愿性减排市场组成。2016年8月，中央首次提出了"绿色权益"概念，鼓励金融机构参与碳排放市场和开展碳金融产品创新。目前绿色权益包括碳债券、碳排放权的质押融资、碳配额回购融资、碳市场基金、碳市场远期等。南充市提出大力实施绿色优市战略，绿色权益市场有很大的发展空间。

绿色基金包括绿色产业投资基金、绿色产业并购基金、PPP环保产业基金等。各级地方政府发起绿色发展基金成为一种趋势，很多兄弟省市都建立了绿色发展基金或环保基金，以带动绿色投融资。南充市充分发挥财政资金的引导作用，规划设立采用PPP模式的产业基金，这是今后绿色金融发展的一个方向。

（三）加强绿色金融与科技融合，建设绿色智慧管理系统

绿色金融机构要与数字、技术要素紧密结合。将云端、大数据、人工智能等前沿技术手段运用到绿色项目识别与风险评价、绿色资产管理、碳核算及环境效益测算、环境数据信息服务、环境效益监测、环境信息披露等领域。这可以让金融机构实现对企业资源的优化配置及高效管理，减少风险损失。通过大数据等技术精准认证和识别符合绿色发展要求的项目和企业，为企业提供差异化、定制化绿色金融产品。采用大数据等技术手段，减少信息不对称，消除政府、市场和企业之间的信息障碍。信息畅通有利于吸引绿色金融市场的投融资参与方，同时对绿色金融的风险管理和有效监管也将发挥显著作用。大数据的应用可以提高各方信息披露和采集效率，降低各方人工费用和时间成本。

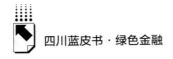

（四）尽快建立信息共享平台

目前，各金融机构都建立了绿色企业名录和绿色项目库，而全市统一的共建共享信息平台缺乏。下一步，应该在各金融机构信息平台的基础上，建立全市统一的信息平台，同时要确保信息平台上绿色企业、绿色项目、绿色产业实行实时入库、动态调整，加大信息披露力度。此外，以信息共享平台为基础，解决信息不对称问题，考虑建设南充市企业环境信用评价信息管理系统，将环境高风险企业全部纳入该系统，实现环境信息实时共享。

（五）加大乡村振兴的绿色金融服务力度

目前，农村绿色金融面临的主要问题是：个体规模普遍较小、项目规模小、农村经营主体分散、区位分散、融资主体信用信息和抵押品缺乏。针对上述问题，金融机构可以从以下几个方面探索绿色金融机制创新。

1.探索同类项目打包集成的方式，降低融资成本

探索同类项目打包集成方式，降低融资成本。针对标准化农业生产、乡村环境治理、乡村自来水供给、分布式可再生能源开发等项目，可考虑由地方政府牵头，面向项目开发企业、农业龙头企业或者设备供应商整体进行融资。以集合贷款、集合债券的形式进行融资。

2.探索第三方担保机制

目前，农村的现代农业项目和农村新型经营主体普遍缺乏抵押品，除了由地方农担公司提供担保外，还缺乏金融机构认可的第三方担保。金融机构可考虑以产品为依托，发展订单农业和产业链金融，解决农村贷款担保问题。农业龙头企业基于与农户、合作社之间的长期合作关系，对农业经营主体比较了解，有信息优势，能够有效降低融资风险。同时，创新农业险，探索农业保险保单质押贷款等方式。

参考文献

《南充农村商业银行：发挥农村金融主力军作用助力南充乡村振兴》，https：//baijiahao. baidu. com/s？id＝1735787756264313771&wfr＝spider&for＝pc。

《专访全国人大代表、四川天府银行董事长黄毅：坚守"服务中小"市场定位，为加快建设金融强国贡献力量》，https：//finance. sina. com. cn/roll/2024－03－06/doc－inamkuie8625298. shtml，2024 年 3 月 6 日。

《绿色金融助力绿色发展　人行南充市中支以发展绿色金融解决绿色企业融资需求》，https：//www. cdmfund. org/25660. html。

《南充：加快打造金融中心全力服务实体经济》，《南充日报》2022 年 10 月 26 日。

《凝聚金融"活水"浇灌南充投资热土》，《南充日报》2023 年 1 月 5 日。

《深化绿色金融改革创新　助力地方经济高质量发展：四川天府银行荣获 2023 年金鼎奖"年度 ESG 金融先锋奖"》，http：//sc. china. com. cn/2023/difang/1331/1212/519059. html。

《中国人民银行四川省分行金融赋能"绿"动四川　第一批省级绿色金融创新试点成效展播》，https：//mp. weixin. qq. com/s。

《南充打造绿色金融工作模式》，https：//www. financialnews. com. cn/qy/dfjr/202102/t20210210_ 211896. html，2021 年 2 月 10 日。

《金融"活水"精准滴灌西充乡村》，《南充日报》2021 年 6 月 18 日。

唐飞、陈辉：《西充农商银行："金融管家"为有机农业"贷"来好"钱"景》，http：//sc. china. com. cn/2022/difang/1331/0930/466619. html，2022 年 9 月 3 日。

李婷婷、唐飞：《西充农商银行：政企融合铸基石，"贷"动乡村振兴》，http：//nc. newssc. org/system/20220111/003250079. html，2022 年 1 月 11 日。

B.10
雅安市绿色金融发展报告

林　楠*

摘　要：　雅安市，地处我国西南四川盆地和西部青藏高原的过渡地带，素有"天府之肺""天然氧吧""熊猫故乡"之称，是四川省历史文化名城、四川省环境优美示范城市，拥有绿色金融市场发展的良好基础。在被确立为创新试点城市以后，雅安市绿色金融发展成效卓著，有效支持了地方经济的绿色高质量发展。此外，雅安市不断完善绿色金融服务，不断创新绿色金融产品，形成了"再贷款+产业基金+财政贴息""金融+生态+产业+扶贫""金融+龙头企业+专合社+贫困户"等特色绿色金融服务模式，推出了"低碳贷""绿易贷""椒香贷""节水贷"等创新绿色金融信贷产品，因地制宜地满足了市场主体的多元化融资需求，促进了绿色低碳实体产业发展提质增效。当前，雅安市绿色金融发展指数与金融生态环境评价得分均位居四川省前列，具有十分重要的研究分析价值。

关键词：　绿色金融　金融信贷产品　雅安市

一　引言

　　党的二十大报告指出，必须牢固树立和践行"绿水青山就是金山银山"的理念，站在人与自然和谐共生的高度谋划发展。[1]　绿色、可持续的高质量

---

　　*　林楠，四川省社会科学院金融财贸研究所副研究员，主要研究方向为金融市场。
　　[1]　《习近平：高举中国特色社会主义伟大旗帜　为全面建设社会主义现代化国家而团结奋斗——在中国共产党第二十次全国代表大会上的报告》，《人民日报》2022年10月16日。

发展已成为当前我国经济社会发展的主要目标。

雅安市，地处我国西南四川盆地和西部青藏高原的过渡地带，素有"天府之肺""天然氧吧""熊猫故乡"之称，是四川省历史文化名城、四川省环境优美示范城市，拥有绿色金融市场发展的良好基础。

（一）资源禀赋方面

雅安市地处川西地带，拥有丰富的水电、风电等清洁能源资源，以及钛矿、锂矿等绿色能源矿产资源，为绿色金融发展提供了良好的自然生态基础和广阔的发展空间。

（二）规制配套层面

2018 年 8 月，雅安市人民政府出台《雅安市推进绿色金融发展实施意见》（雅办发〔2018〕32 号），明确了绿色金融发展的总体要求、主要任务、政策措施与组织保障，开启了雅安市绿色金融发展的积极探索；随后《雅安市贯彻落实推进"5+1"绿色产业金融体系建设的实施方案》《金融支持雅安市建设绿色发展示范市工作实施方案》等相关政策陆续出台，雅安市不断增强绿色金融创新意识，提升绿色金融服务能力，为绿色高质量发展提供了坚实的保障。

（三）战略地位方面

2019 年 5 月，中国人民银行成都分行、四川省金融工作局等七部门联合发布《关于开展绿色金融创新试点的通知》（成银发〔2018〕138 号），确定将雅安市列为四川省五个绿色金融创新试点地区之一，为雅安市绿色高质量发展注入强劲动力。此外，雅安市位于川藏铁路和"一带一路"的沿线地区，处于成渝地区双城经济圈和国家西部大开发的规划范围内，具有重要的战略价值和发展地位，其可持续发展对于四川乃至全国而言都意义重大。

在被确立为创新试点城市以后，雅安市绿色金融发展成效卓著。根据雅安市人民政府官网数据，截至 2023 年第一季度，雅安市绿色信贷余额为185.8 亿元，同比增长 29.2%，[①] 有效支持了地方经济的绿色高质量发展。此外，雅安市不断完善绿色金融服务，创新绿色金融产品，形成了"再贷款+产业基金+财政贴息""金融+生态+产业+扶贫""金融+龙头企业+专合社+贫困户"等特色绿色金融服务模式，推出了"低碳贷""绿易贷""椒香贷""节水贷"等创新绿色金融信贷产品，因地制宜地满足了市场主体的多元化融资需求，促进了绿色低碳实体产业发展提质增效。当前，雅安市绿色金融发展指数与金融生态环境评价得分均位居四川省前列，具有十分重要的研究分析价值。

本报告基于四川省人民政府、雅安市人民政府、中国人民银行雅安市中心支行的官方资料和公开数据，理论探讨和案例分析相结合研究雅安市绿色金融发展成效，并梳理和总结雅安市绿色金融发展过程中的经验与不足，以期为地方政府及相关职能部门进一步推进雅安市绿色金融市场建设、更好服务雅安市经济社会绿色高质量发展提供决策参考。

二 雅安市绿色金融发展成效

（一）政策机制

雅安市作为四川省绿色金融试点城市之一，在绿色金融配套政策方面一直积极探索。2018 年 8 月，雅安市人民政府印发《雅安市推进绿色金融发展实施意见》（雅办发〔2018〕32 号，以下简称《实施意见》），提出构建雅安市创新绿色金融市场体系，支持绿色金融发展。随后，《雅安市生态环境保护"十三五"规划》《雅安市金融服务地方经济发展奖励办法》《雅安市贯彻落实推进"5+1"绿色产业金融体系建设的实施方案》（以下简称

---

① 《创新绿色金融服务模式 助力绿色高质量发展——我市金融系统持续提升金融服务能力》，https：//www.yaan.gov.cn/xinwen/show/36b697b6-c457-471c-95d4-f447cb2a04c3.html。

《"5+1"实施方案》）等相关配套政策落地，雅安市绿色金融发展路径更加细化、工作推进机制更加完善、支持政策更加健全。

此外，雅安市出台多项专项政策，如《雅安市"低碳贷"实施方案》《雅安市工业和信息化领域绿色企业（项目）认定管理办法》《雅安市留存电量价格政策支持绿色低碳产业高质量发展实施办法》《雅安市"节水贷"实施方案》《雅安市"节水贷"企业（项目）适用办法》等，支持具体产业和具体领域的绿色金融发展，制定了绿色金融发展产业协同措施，量体裁衣式地进行特色绿色金融产品创新，加强绿色金融对于环保实体产业的融资支持。

当前，雅安市已基本形成以《实施意见》《"5+1"实施方案》为纲领，各行业各领域配套政策持续细化与优化的顶层设计机制，并建立了"政府主导+人行主推+部门协同+机构协作+区县落实+合力推动"的绿色金融工作机制。

（二）业务模式

雅安市围绕绿色金融发展形成了多元化的业务模式与多层次的支撑体系，主要涵盖货币政策实施、金融产品创新、服务渠道拓展、风险防控强化四个方面。

1. 灵活使用货币政策工具

雅安市积极探索"再贷款+"模式推动产业绿色低碳转型，中国人民银行雅安市中心支行实行"再贷款+绿色产业+绿色企业""再贷款+产业基金+财政贴息"等货币政策工具使用新模式，打造"再贷款+窗口指导"的业务模式，构建绿色发展基准平台，强化银企融资对接，支持实施节能减排项目，优化绿色信贷资源配置。

2. 大力创新绿色金融产品

2018~2023年，雅安市持续推进产品创新，推出多项绿色信贷产品，如"茶香贷""低碳贷""税金贷""节水贷"等，并由多元化市场主体形成了"金融+生态+产业""产品创新+项目对接"等的支持模式，推出了绿色储蓄卡、绿色信用卡、绿色车贷等绿色金融零售类产品，助推资本市场支持绿色发展，推动绿色金融纵向深入发展。

3. 持续拓展绿色金融服务渠道

雅安市持续强化服务理念，主动作为，围绕四川省绿色金融创新试点建设，建立环保信息共享机制，搭建绿色项目和企业库，创新"金融+生态+产业+扶贫""金融+龙头企业+专合社+脱贫户"等服务模式，并依托"天府信用通""绿蓉通"等平台，创建基于大数据分析的绿色信贷服务新模式，提高了企业融资的便捷性，满足了多元化资金需求。

4. 不断强化金融监管与风险防控

雅安市通过建立绿色金融评价机制、绿色金融风险补偿机制，健全绿色金融风险防控机制，引导金融资源准确定向投入绿色环保产业，对不符合绿色环保要求的企业实行"一票否决"机制。此外，雅安市还建立了贷款风险补偿基金和农业产业发展基金，通过"基金+担保+银行"模式，分担贷款风险，确保绿色金融体系的良性循环与安全健康运行。

基于上述业务模式，雅安市以绿色驱动发展，以金融支持环保，构建了绿色金融发展长效机制，有效促进了当地传统产业绿色转型、新兴产业绿色发展，以及经济社会高质量发展。

（三）实践成效

自《实施意见》印发以来，雅安市绿色金融发展加快、成效显著。

1. 绿色信贷

根据雅安市人民政府官网数据，截至 2023 年第一季度，雅安市绿色信贷余额为 185.8 亿元，同比增长 29.2%，较上年同期加快 11 个百分点，雅安市绿色金融发展指数列全省第 2 位、金融生态环境评价得分列全省第 4 位。[①] 整体而言，雅安市积极推进绿色金融创新试点工作，绿色信贷业务呈现

[①] 《创新绿色金融服务模式 助力绿色高质量发展——我市金融系统持续提升金融服务能力》，https://www.yaan.gov.cn/xinwen/show/36b697b6-c457-471c-95d4-f447cb2a04c3.html。

快速发展态势，有效支持了雅安市经济社会绿色低碳转型，提升了绿色金融资源的配置效率，为雅安市乃至四川省经济社会高质量发展提供了可行的路径。

在具体信贷产品方面，雅安市人民政府和各大银行持续创新推出多种绿色信贷产品，满足各经济主体多元化的绿色融资需求，如"低碳贷""节水贷""椒香贷""茶叶贷""农家乐贷""绿色农业开发贷"等。截至 2023 年 4 月末，雅安市金融机构共发放"低碳贷"25 笔，贷款金额达 1.6 亿元，并通过产业基金和财政贴息，给予 1% 的利息补贴，有效支持了实体企业低成本节能减排。截至 2023 年上半年，雅安市"节水贷"累计发放贷款 2.01 亿元，相关金融机构创新并发放"椒香贷""绿易贷"14.52 亿元，[①] 绿色信贷产品创新成效明显，不仅有效推动了节水降耗项目实施与农业产业绿色转型，也进一步为雅安市经济社会高质量发展、打好雅安市蓝天碧水净土保卫战提供了坚实的金融保障。

2. 绿色保险

2018~2023 年，雅安市一直致力于提升绿色保险保障服务水平，绿色保险发展成效显著。

开办环境责任险，政府引导保险机构融入环境安全全流程管理，提供环境风险评估和管理服务，助推企业降低环境污染风险、减轻经济赔偿压力。

开发农牧业灾害保险，相关机构推出了针对雅茶、中药材、牦牛、猕猴桃、樱桃等的多个涉农保险，为农户、农业提供了风险保障。

创新新材料应用综合保险，推出企业保险补偿机制，推动重点企业对新材料的研发和绿色产业发展。

推进环境风险治理体系建设，保险机构不定期对投保养殖户的圈舍环境进行检查评估，积极配合政府开展养殖业的环保工作。

---

① 《以金融之力　拓宽绿色发展之路——创新绿色信贷产品》，https：//www. yaan. gov. cn/credit/staticPage/0df28e86-3ad8-48f0-89f5-29e7139294d9. html。

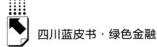

基于以上保险措施，雅安市环境保护、可持续发展相关的绿色工作得以行稳致远、屡创佳绩。

3.绿色项目

雅安市人民政府和金融机构积极支持绿色项目开展，如国家储备林、雅安大数据产业园、大熊猫国家公园、生活垃圾焚烧发电、生态农业贷款服务等项目。

（1）国家储备林项目

雅安市以"储备林+金融资本+社会资本"为项目机制，建立了社会资本参与项目的"EPC+O"投融资模式，重点推进集约人工林栽培、现有林改造、中幼林抚育、林业产业建设、基础设施建设等，旨在推动林业产业化、规模化、集约化发展。截至2023年6月，农发行雅安市分行已陆续上报国家储备林贷款项目6个，总投资40.68亿元，申请贷款32.06亿元，当前获批项目3个共计13.88亿元，已投放贷款4亿元。[①] 国家储备林项目夯实了林业生态安全底线，为雅安市生态文明建设和绿色可持续发展奠定了重要的基础。

（2）雅安大数据产业园项目

雅安大数据产业园被列为四川省重点打造的大数据产业集聚区之一，成为国内首个获得"碳中和"和"白金级绿色认证"双证书的国家绿色数据中心。截至2022年6月，大数据产业园累计签约大数据及关联项目169个，协议总投资超480亿元。[②] 当前，雅安大数据产业园已成为四川省单体规模最大、标准最高的数据中心，其产融结合的发展愿景，为"雅安数字科技城"与节能减排转型提供了新动力，体现了金融科技与绿色金融的高效结合和良性互动。

（3）大熊猫国家公园项目

雅安市大熊猫国家公园作为世界自然遗产核心区域与国家级公园建设项

---

① 《创新绿色金融服务模式　助力绿色高质量发展——我市金融系统持续提升金融服务能力》，https：//www.yaan.gov.cn/xinwen/show/36b697b6-c457-471c-95d4-f447cb2a04c3.html。

② 《产业园开园三年，雅安大数据产业发展加速》，https：//cbgc.scol.com.cn/news/3597958。

目，对雅安市绿色低碳发展而言具有重要意义。当前，雅安市通过植被恢复、生境再造等手段，实现了生态环境的修复与保护，为其绿色发展创造了优质的生态保障，实现了发展与绿色的和谐共生。此外，大熊猫国家公园聚焦绿色发展，总投资达 677 亿元,[①] 推进实施多个重点项目，打造"安逸走四川·熊猫看雅安"等文旅品牌，不断推进园旅融合发展，为当地绿色发展提供新的动力和方向。

三　雅安市绿色金融创新实践

本部分以雅安市城镇污水处理设施建设 PPP[②] 项目和雅安市首推"节水贷"为企业提供融资支持为案例，从案例背景、做法成效、创新亮点以及推广启示等方面进行分析，为绿色金融市场高质量发展提供"雅安模式"、贡献"雅安样本"。

（一）雅安市城镇污水处理设施建设 PPP 项目

1. 案例背景

在《实施意见》《"5+1"实施方案》的指引下，为加快推进雅安辖域城镇污水处理设施建设，进一步提升城乡环境质量，2019 年 3 月，雅安市城镇污水处理设施建设 PPP 项目正式签约。该 PPP 项目共计 118 个子项目，签约中标总投资约 14.95 亿元，包含雅安市本级与市域内的雨城区、天全县、宝兴县、芦山县、汉源县和石棉县的污水处理设施建设，对雅安市城乡

---

① 《高质量建设大熊猫国家公园雅安在行动》，https：//www. yaan. gov. cn/fangtan/a4a687a7de 75004ddb1ff3198d6128b2. html。

② PPP（Public-Private-Partnership）模式，即"公共私营合作制"，指政府与社会资本之间，为合作建设城市基础设施项目或提供某种公共物品和服务，以特许权协议为基础，彼此之间形成一种伙伴式的合作关系，并通过签署合同来明确双方的权利和义务，以确保合作的顺利完成，最终实现合作各方比预期单独行动更为有利的结果。

污水处理设施基本实现了全方位覆盖。①

2. 做法成效

（1）具体做法

一是项目前期规划。在项目前期决策阶段，雅安市人民政府针对城镇污水处理需求进行了详细的调研，以明确提高环境质量、拓宽融资渠道和引进先进设施的目标效果。随后，雅安市制定了全面的项目规划，涵盖技术方案、融资模式、实施机构等，并强调采用高效、节能、环保的处理技术和设施配套，确保环境的治理力度与设施的先进适用。在选择合作伙伴时，雅安市通过公开透明的竞标程序，确定由江苏天瑞仪器股份有限公司牵头组成的联合体作为合作伙伴，采用风险共担、利益共享的合作模式，并通过签约明确了雅安市污水处理厂新建工程、再生水厂建设、乡镇污水处理站、污水处理设施运行监管信息化平台等具体内容。

二是项目运营结构。该 PPP 项目采用 BOT 模式，② 由天瑞仪器出资组成 SPV 公司，即"雅安天瑞水务"，负责进行污水处理的设施设计、投资建设、运营服务，确保污水达到排放标准。项目公司股东包括江苏天瑞仪器股份有限公司和中国电建集团成都勘测设计研究院有限公司，社会资本方占股100%。其中，天瑞仪器占股99%，负责项目勘察、设计建设、设备采购及运营管理，并统筹完成项目融资；中国电建占股1%，主要负责项目的勘察、设计、施工。

三是项目技术特点。该 PPP 项目采用先进的处理技术，如次氯酸钠接触消毒法、活性污泥法（AAO 法）等，确保污水处理达标，并通过储料仓收集脱水污泥，避免臭气污染和污泥流失，实现零二次污染。此外，通过中控远程 PLC 控制，雅安市污水处理厂实现了高度自动化的污水处理信息实

---

① 《我市城镇污水处理设施建设 PPP 项目正式签约》，https：//www. yaan. gov. cn/mob/article. aspx？id＝3fe9a4fb－444c－4cc8－9ee5－796bcc03cdf4。
② PPP 模式运行流程包括选择项目合作公司、确定项目、成立项目公司、招投标、项目融资、项目建设、项目运行管理、项目移交等环节。BOT 模式运行流程包括确定项目、招投标、成立项目公司、项目融资、项目建设、项目经营管理、项目移交等环节。

时监控和精细化的内部管理。

（2）主要成效

雅安市城镇污水处理设施建设PPP项目不仅被财政部、省住房城乡建设厅评为PPP示范项目，更是在2021年入选国家发改委绿色政府和社会资本合作（PPP）典型案例名单，成为四川省唯一被列入的典型案例，充分体现了其良好的实施成效和推广价值。

一是污水处理能力显著提升，环境质量得到提高。通过项目的实施，雅安市新建和升级了多个污水处理设施，引进了先进的污水处理技术。污水处理被广泛应用于农业、交通、城市景象、医疗等各个场景，实现了水资源的可循环使用，在保护生态环境的同时，保障了人民的生活品质。

二是经济效益和社会效益实现双赢。PPP模式吸引了社会资本的参与，不仅缓解了政府的财政压力，而且为社会资本提供了投资机会、为当地居民提供了就业机会，实现了经济效益和社会效益的双重提升。

三是政府政策和管理模式创新。政府与私营部门合作的模式，提高了项目运营管理的公开度和效率，并增强了政府的公信力和市场的透明度。此外，长期监管和持续评估的机制模式，有利于确保污水处理项目的质量和效益。

3. 创新亮点

一是公私合作模式创新。通过PPP模式，雅安市人民政府与民营企业实现资源共享、风险共担、利益共享，促进了风险的合理管控，形成了互利共赢的良好局面。此外，在项目具体实施过程中，不乏以收费权作质押、行内银团贷款等业务创新，提高了资金使用效率，降低了政府的财政负担，同时激发了市场活力。

二是工程技术和项目管理创新。该PPP项目引进了国内外先进的污水处理技术和设备，确保了雅安域内污水排放达标，并为城市河湖环境、绿化等领域提供了高品质的再生水。此外，项目实施了严格的工程质量控制和监督管理标准，确保了污水处理设施的高效稳定运行。

三是政府政策和监督管理创新。雅安市政府建立了完善的监管体系，对项目的实施情况进行严格监管和持续评估，构建污水处理信息化监管平台，确保项目符合环保标准和质量要求。并且，通过绩效评估和信息公开，提高项目的透明度，增进公众对项目的信任。

4.推广启示

雅安市通过 PPP 项目模式，成功实现了政府与私营部门的有效合作，吸引了更多的社会资本参与污水处理公共服务项目，为项目提供了稳定的资金来源和高效的运营保障，并实现了政府由管理者向监管者的角色转变，在减轻财政负担的同时，促进了政府公共服务提质增效，推动形成互利共赢的局面，值得其他地区在类似项目中予以借鉴。此外，雅安市政府通过建立严格的监督管理体系和绩效评估机制，同时扮演好投资者和监管者的双重角色，确保了项目运行的质量和效益，在增进公众对项目的信任的同时，也强化了项目的风险防控与市场的透明公开，保障了项目在"阳光"下运营，确保城市基础设施建设进程，维护了良好的营商环境，其管理模式创新具有较好的示范作用，可供其他地区进行经验学习和模式参考。

（二）雅安市首推"节水贷"为企业提供融资支持

1.案例背景

继实施"低碳贷"之后，为全面贯彻落实国家节水行动方案，实现可持续绿色高质量发展，并充分发挥金融要素对于提高水资源利用效率的支持作用，2023 年 6 月，雅安市水利局、中国人民银行雅安市中心支行、雅安市金融工作局联合印发《雅安市"节水贷"实施方案》《雅安市"节水贷"企业（项目）适用办法》，推出"节水贷"业务。《雅安市"节水贷"实施方案》指出，雅安市相关金融机构将大力开展"独立审贷、专业运营、精准支持"的金融服务，强化供给侧资金保障，将资金资源投向节水、减排、绿色、降耗等环保产业，推进雅安市节水型社会建设，引导经济社会绿色转型发展。

2.做法成效

在《雅安市"节水贷"实施方案》和《雅安市"节水贷"企业（项目）

适用办法》的指导下，雅安市"节水贷"业务快速推进，截至2023年8月，"节水贷"累计发放贷款达到2.01亿元，[①]为节水减排等绿色实体产业的发展提供了实质性的融资支持，成为继"低碳贷"之后又一推动绿色可持续发展的有力引擎。此外，雅安市建立了"节水贷"企业名录库，包含超30家节水型企业，进一步推动了"节水贷"申请渠道的快速便捷化，有利于实体企业的融资发展。雅安市"节水贷"业务的具体做法和主要成效如下。

（1）具体做法

一是支持策略差异。"节水贷"业务分为项目类和非项目类两大适用范围，分别针对节水项目和获得节水型单位（企业）称号的企业或单位。重点支持第三方节水服务、农业节水增效、工业节水减排、城镇节水降损等节水项目。

二是政府市场联动。以政府引导、市场运作的模式，基于中国人民银行雅安市中心支行的再贷款资金与相关金融机构的自有资金，有效保障资金供给，单户企业（项目）最高可贷1000万元，充分发挥"两只大手"的机制作用。

三是银政联审机制。市水利局、中国人民银行雅安中心支行全面深化战略合作，实行银政联审机制，建立企业"节水贷"名录库，形成"审核入库、事后监管、材料审核、贷款办理"的业务流程，确保"节水贷"业务顺利进行。

四是政策宣传引领。雅安市水利局通过组织市级部门联席会等活动，动员相关部门在工业、农业、教育等领域开展政策宣传，鼓励并引导符合条件的项目和企业积极申请"节水贷"，推动"节水贷"落地见效和节水型社会建设。

（2）主要成效

"节水贷"业务通过提供低利率贷款，提高办贷效率，鼓励企业进行节

---

① 《以金融之力　拓宽绿色发展之路——创新绿色信贷产品》，https://www.yaan.gov.cn/credit/staticPage/0df28e86-3ad8-48f0-89f5-29e7139294d9.html。

水智能化升级和转型，并带动节水设备制造、节水服务咨询等相关节水产业的发展。此外，雅安市政府通过开展"节水贷"业务，建立了包含近30家节水型企业的"节水贷"名录库，[1] 加强了对水资源的监督管理能力，为经济社会高质量绿色发展贡献节水力量。

3. 创新亮点

雅安市"节水贷"突破了传统贷款模式，结合水资源管理需求与金融资金支持，针对节水项目进行了金融产品创新。在实施过程中，政府通过提供低息贷款、利率优惠等政策，激发市场主体的节水行动内生动力，形成了政府、金融机构、企业共同参与"节水贷"业务的多方合作模式，有效推动了节水规划的落实。并且，雅安市建立了相关"节水贷"名录库和风险评估体系，对申请"节水贷"的企业进行严格的水资源使用和节水效果评估，确保资金用于提高水资源利用效率的项目。

4. 推广启示

"节水贷"业务是赋能雅安市绿色金融发展的又一有力引擎，其分类精准支持、政府市场协同、金融创新实践、多方共创价值、持续监管跟进等的业务运行模式具有创新性和示范性，为其他地区提供了水资源管理和节水型社会构建的参考路径。此外，结合"双碳"目标实现、高质量发展要求、新质生产力形成的大背景，"节水贷"业务从细小切面入手，发挥节水环保的正外部性作用，取得"牵一发而动全身"的实施效果，切实服务于国民经济绿色可持续发展。

四 经验与不足

（一）绿色金融环境建设

党的二十大报告指出，推动绿色金融健康发展，对于促进绿色经济发

---

[1] 《金融赋能助节水 绿色发展添引擎——雅安市首推"节水贷"为企业提供融资支持》，http：//slt. sc. gov. cn/scsslt/jsgzdt/2023/6/15/d5a5491ceb9a4f3d8d9cf520252d55c4. shtml。

展、切实把绿水青山转化为金山银山具有积极意义，要加快推动发展方式绿色转型。自 2018 年 10 月被确定为全省 5 个绿色金融创新试点地区之一以来，雅安市以绿色金融创新服务为抓手，大力发展绿色金融，积极探索绿色发展路径，促进《雅安市推进绿色金融发展实施意见》《关于积极开展雅安市绿色金融创新试点工作的通知》《雅安市贯彻落实推进"5+1"绿色产业金融体系建设的实施方案》《2022 年绿色金融重点工作方案》《金融支持雅安市建设绿色发展示范市工作实施方案》等的落地和实施，各项政策机制共同推动雅安绿色金融持续成长，助力实现"双碳"目标。

雅安市致力于激活经开区、雨城区及名山区作为当地绿色金融枢纽的关键职能，采取各种创新策略来构建本地化的互动体系，旨在促进周边县域的经济发展。通过加强市级机构间的协作与市及各县（区）之间的协调配合，雅安市优化了绿色项目的审批流程，确保绿色企业和项目加速在各县（区）内实现精准布局。截至 2023 年上半年，雅安市绿色金融发展指数在全省排名第二位，金融生态环境评价得分位列全省第四。[①] 截至 2023 年 9 月底，全市绿色贷款余额占各项贷款总额的比重达到 16.32%，超过全省平均水平4.05 个百分点，金融生态环境评价得分在全省名列第三。[②]

（二）绿色金融主体建设

1. 金融机构层面

雅安本地的金融机构在推动绿色金融发展中扮演了积极角色，通过推出创新性金融产品"碳减贷"和结合绿色信用及碳信用交易的"绿色信贷+碳交易"服务等，提供环境友好型金融解决方案。机构将绿色信贷和担保信贷作为旗舰产品，通过绿色保证、商业票据和贴现等补充金融工具，加大了对本地企业的支持力度，促进经济可持续发展。特别是雅安农商银行，将绿

---

① 《践行绿色理念"贷"动绿色发展——我市积极发挥绿色金融优势　推动经济低碳转型》，https://www.yaan.gov.cn/xinwen/show/08f262f044fd13fe5f099bdded1b6630.html。

② 中国人民银行四川省分行：《金融赋能"绿"动四川　第一批省级绿色金融创新试点成效展播》，https://mp.weixin.qq.com/s。

色金融视为战略重点，通过顶层规划，2023 年底其绿色贷款余额达到 197.4 亿元，涵盖了节能环保、清洁生产、生态环保升级和基础设施绿色转型等领域，分别对应额度为 72.2 亿元、5.4 亿元、49.4 亿元和 47.4 亿元。[①] 雅安市依托传统的节能减排和环保产品，针对碳减排关键领域实施定向贷款，通过碳减排支持工具提升减排成效。宝兴县借助碳汇交易推动实施碳汇造林项目，预期在项目周期内可实现 331.2 万吨的碳减排目标，年均减排量达 12.3 万吨。[②]

2. 政府层面

雅安市地方政府采取了创新的财政策略，通过地方债券的发行专门为环保项目募集资金，这一举措有效推动了 7 家企业成功实现绿色转型，并在新三板挂牌上市，此外还有 71 家企业成功在天府（四川）联合股权交易中心挂牌。为了进一步支持民营及小微企业发展，市政府成立了总额达 1 亿元的贷款风险补偿基金以及金额达 8250 万元的农业产业发展基金。通过实施"基金+担保+银行"的综合金融策略，有效降低了绿色科技项目的信贷风险，进而吸引了更多的资金投向这一重要领域。

凭借"大熊猫国家公园南部入口"这一得天独厚的区位优势，雅安市政府深入研究生态修复碳普惠方法学，旨在开发适应本地特色的碳汇标准。在此过程中，市政府致力于构建绿色企业与项目数据库，积极开展气候投融资实践，鼓励社会各界广泛参与，从而推动碳汇金融的发展。

3. 企业层面

雅安市政府与国资委携手，激励区域内的企业积极探索绿色金融发展新路径，引领绿色低碳产业稳健增长。市政府助力上市公司雅化集团发行 8 亿元债券及 15 亿元股票，这些资金专项用于支持绿色新能源锂电项目，包括锂电材料的扩展与高端产业链的建设，即覆盖锂矿、锂盐、材料、电池、回

---

① 雅安市融媒体中心：《四川雅安农商银行：奋力书写"五篇大文章"以高质量金融供给绘就中国式现代化雅安新画卷》，https：//mp. weixin. qq. com/s。

② 四川省林业和草原局：《四川雅安高质量推进林草碳汇项目开发试点工作》，https：//www. forestry. gov. cn/c/www/gglcswcy/551692. jhtml。

收等环节的完整循环。雅化集团通过债券融资，全面实现绿色转型。

正兴汉白玉股份有限公司在积极响应政府绿色生产号召的同时，获得900 余万元的税费优惠支持。公司将这部分税收优惠转化为绿色生产的研发投入，引进先进的硐采技术，实现了 80%废料的高效利用，显著提升了开采量和产品品质。这样的举措彰显了企业在绿色生产上的战略投入和进步。①

（三）绿色金融基础设施建设

1.制度供给

为实现"双碳"目标，雅安市着眼于推动产业与金融的融合，推动金融资源优先流向绿色和低碳领域，从而加速该市工业向绿色低碳转型。根据《雅安市"低碳贷"实施方案》，充分利用中国人民银行的再贷款资金和政府的财政补贴，为致力于低碳的企业与项目提供成本较低的融资支持，从而促进雅安市在低碳发展道路上迈出坚实的步伐。雅安农商银行推出"园保贷"产品，与钢结构绿色建筑公司携手，共同为省级财政和产业园区补偿金担保，成功发放了 400 万元流动资金贷款，节约融资成本 10 万元，年缴税额达 1500 万元，新增 300 余个就业岗位。

2.金融科技

为实施乡村振兴战略，雅安市以金融科技为支点，引导金融机构强化金融科技应用，创新金融产品，提升金融服务质量，推动绿色金融发展。雅安农村商业银行推出"智能农贸市场金融服务计划"，通过雅安慧采 ERP 系统，结合云技术、大数据分析以及物联网等前沿技术，加速了本地绿色农产品的市场流入，实现了对居民采购的智能化、数字化和信息化等全面升级。该行已向农贸市场整体授信 2 亿元，向关联商户授信 0.212 亿元，向关联农户和新型农业经营主体授信 3.86 亿元。雅安市致力于推动绿色行业的优质

---

① 《破难题 强机制 谋长远 开辟绿色发展新路径——我市发挥绿色金融作用助推经济高质量发展》，https：//www.yaan.gov.cn/xinwen/show/b5f2ac3a-a030-43fe-b087-0ab188034eaa.html。

增长，以大数据与互联网技术作为支撑，坚定不移地追求可持续发展，打造融合现代科技和绿色金融的综合体系，以此推动绿色发展战略实施。

（四）不足之处

1.绿色金融产品种类较少

在雅安市，绿色金融产品的种类较为有限，其流通渠道也相对较少，主要集中在贷款和保函业务上。与此同时，绿色债券、绿色担保及商业票据的折现等金融工具的体量相对较小。政府和机构对于绿色信用卡、绿色个人消费贷款以及绿色住房贷款等创新金融产品的推广力度不足，且关注度不高。银行在指导绿色金融产品设计方面存在缺失，多是基于现有贷款产品的主体和用途分类来进行配对，缺乏创新。银行更注重公司客户，个人对绿色金融的参与度不高，不利于全社会参与度的提升。

为探索非传统绿色金融产品，雅安市展开积极尝试。例如，中华财险四川分公司雅安中支积极参与大熊猫国家公园公益林、各县区野生动物和古树名木的保护工作，提供"林业碳汇险"613.23万元、"野生动物致害险"2400万元、"森林保险"218732.11万元保额，增强生物资源的抗风险能力，促进当地绿色资源发展，同时为雅安市的绿色金融产品创新树立榜样。①

2.绿色金融缺乏专门的管理部门

除雅安农商银行外，较少有大型商业银行的雅安分行设置专职部门机构来处理绿色金融业务，专职绿色金融人员缺乏。当前由部门与机构组建的绿色金融工作小组，其成员主要是临时从各机构或相关部门抽调的人员，这些成员往往是兼任职位，难以投入全部精力于相关任务。这种情况不仅影响了金融机构在推动绿色金融方面的领导力，还影响了工作的持续性和深入性。相关部门应设立专职绿色金融工作组，并督促各部门及时成立相关团队，加

---

① 《中华财险四川分公司雅安中支获评"四川省绿色金融创新试点地区绿色金融服务十大优秀案例（2018—2023）"》，https：//finance.ifeng.com/c/8Vdk848ikXN。

强绿色金融工作的引领作用，从而吸引更多的绿色金融专业人士参与，为雅安市绿色金融发展提供助力。

3. 绿色金融信息披露不足

政府应与银行合作加强信息披露。目前，雅安市绿色金融公开信息较为有限，缺乏专业的 ESG 报告，环境信息披露报告发布时间相对于其他城市较晚，报告内容也需要进一步丰富。雅安市大数据产业园发展取得显著成效，通过大数据项目可以有效收集、整理和分析大量绿色金融相关数据，帮助政府科学分析重点绿色领域存在的问题，并利用 AI 等新技术形成权威的绿色金融发展报告，供地区和省级金融机构及监管部门及时调整产品开发路线和政策方向，也有助于学者对当地绿色金融发展情况展开更具时效性和前瞻性的研究。

4. 绿色金融数字化程度有待提高

雅安市在绿色金融发展中存在信息不对称问题，导致企业难以全面了解绿色行为，用户对于不同场景和生命周期的绿色金融产品的需求难以被准确掌握。采用金融科技构建大型科技平台，有利于利用物联网、大数据、区块链等工具来缓解这一问题。金融机构可以借助大数据处理能力及时获取企业客户的绿色行为信息，从而支持金融机构做出合理的融资决策；推出符合客户需求的绿色产品，比起简单地将客户与现有产品相匹配，效率更高。目前雅安市已经认识到这一问题，正在积极探索数字化发展。例如，雅安农商银行推出线上产品，面向 6 万余户小微商户开通了"惠支付"绿色首付款业务，实现了城市居民贷款、农村居民贷款的线上化发放。这不仅实现了对客户的精准绿色产品投放，还大幅减少了客户为办理业务所产生的交通出行和纸质材料等方面的碳排放。

五　发展展望

（一）下一步试点创新领域

构建信息互联互通平台，推动金融实体与环境监管机构之间的信息交流，通过该平台有效开拓绿色信贷信息的传输途径，以充分激发信息在导向资本流向流速上的重要职能。借助雅安大数据产业园的带动作用，深度开发ERP系统的自动化管理模式等，建立绿色项目和企业融资对接机制。各相关机构应定期更新绿色项目及企业清单，确保重要信息能及时被传递至金融机构，加大金融机构对绿色信贷的支持力度。同时对于那些发行绿色债券的公司，根据现行政策提供财政贴息；从事绿色产业的企业可以依照相关法规享受税收减免优惠。

加强对绿色金融专业人才的培养，鼓励金融机构把绿色金融专才纳入人才发展战略考量，提升其在绿色金融领域的专业服务能力。可直接招募相关领域具有才干的人员投身于绿色金融发展一线。将绿色金融现有核心团队成员选派至顶尖高校和研究机构进行进阶学习，定期从高校和科研机构招募专业人才，为雅安市绿色金融的持续发展打下坚实的人才基础。着手构建与绿色金融稳步推进相关的标准化培训体系，全面增强与环境及社会风险相关的企业在风险管理方面的专业能力。

（二）创新路径与重点

强化顶层引导。雅安市政府可借鉴国际绿色金融组织的相关成功经验，优化绿色金融管理架构，提升对绿色金融的引导效能。设立专门机构有助于减轻政府部门压力，同时吸引绿色金融专家贡献力量，使之成为推动雅安绿色金融发展的驱动力。可借助政企优势，以专门的绿色金融工作小组对重点行业和企业展开环保督察，建立环保行为白名单和污染行为黑名单，利用财政资金降低绿色产业融资风险，对绿色产业资金进行积极正确的引导。

推进产品创新。雅安市可借鉴国际上成熟的绿色金融产品发展经验，设计和创新本地金融工具，促进环境保护与经济增长，推动地方绿色经济发展，参考成都市新都区落地的全国区县级首笔"碳中和"债券、"乡村振兴"中期票据等成功案例，创造具有地方特色、符合地方经济特点的产品，如绿色信用卡、绿色消费贷等；也可引入成熟的金融机构，如已采用赤道原则的兴业银行和重庆银行，借鉴国内外成功案例的经验和已有的成熟体系加快探索属于雅安自己的绿色金融体系和相关产品，以此拓展雅安绿色金融发展视野，形成雅安独有的绿色金融产品力量。

加强信息披露。监管机构可参照领先机构的环境、社会和治理报告标准，督促雅安市相关企业和部门优化其信息公开细则，利用金融科技提升绿色金融报告的精确性和客观性，为各个行业提供一套指导方针和参考模板；政府和金融机构还可以在各自的网站设置专门板块，展示绿色金融发展成果、计划目标，方便社会公众了解绿色金融发展最新动向，也有利于学者获取权威信息进行更深入的研究。

重视转型项目。转型金融与绿色金融互为补充，将绿色金融发展中涌现的有效做法运用到转型金融领域具有极大的潜力。政府在增加更多传统节能减排、环保产业绿色项目的同时，也应对转型项目给予足够的重视，鼓励低碳转型升级，推动"纯绿"项目和转型项目并进。雅安市的绿色转型项目正处于初始阶段，但也涌现出了代表性项目，如雅安安山钢铁有限公司投入5亿元完成技术改造的"绿色钢铁"项目，将再生资源回收废钢铁以水电为能源进行重新冶炼，践行了以绿色驱动转型发展的理念。

参考文献

《绿色金融撬动绿色发展》，《雅安日报》2022年1月26日。

《创新绿色金融服务模式　助力绿色高质量发展》，《雅安日报》2023年6月14日。

《以金融之力拓宽绿色发展之路》，《雅安日报》2023年8月2日。

李思捷、马天才：《新发展格局下雅安市绿色金融推动"双碳"目标实现路径研究》，《产业与科技论坛》2023年第15期。

蓝定香主编《2023年四川经济形势分析与预测》，社会科学文献出版社，2023。

李中锋主编《成渝地区双城经济圈建设报告（2023）》，社会科学文献出版社，2023。

刘伟主编《四川社会发展报告（2023）》，社会科学文献出版社，2023。

李晟之、李晓燕主编《四川生态建设报告（2023）》，社会科学文献出版社，2023。

王遥、任玉洁等：《中国地方绿色金融发展报告（2023）》，社会科学文献出版社，2023。

王遥、毛倩、赵鑫等：《全球绿色金融发展报告（2022）》，社会科学文献出版社，2023。

张伟伟、高锦杰：《绿色金融对中国经济增长的影响机理》，社会科学文献出版社，2021。

中国建银投资有限责任公司投资研究院主编《中国投资发展报告（2023）》，社会科学文献出版社，2023。

温涛、何茜：《全面推进乡村振兴与深化农村金融改革创新：逻辑转换、难点突破与路径选择》，《中国农村经济》2023年第1期。

赵亚雄、王修华、刘锦华：《绿色金融改革创新试验区效果评估——基于绿色经济效率视角》，《经济评论》2023年第2期。

文书洋、刘浩、王慧：《绿色金融、绿色创新与经济高质量发展》，《金融研究》2022年第8期。

孟维福、刘婧涵：《绿色金融促进经济高质量发展的效应与异质性分析——基于技术创新与产业结构升级视角》，《经济纵横》2023年第7期。

B.11
阿坝州绿色金融发展报告

吴佳其*

摘　要： 阿坝州作为四川省绿色金融创新试点的代表性民族地区，立足川西北"藏羌走廊"生态示范区功能定位，深入贯彻落实绿色发展理念，近年初步形成以国有银行为主体的"6∶2∶1"绿色金融机构体系；探索出特色鲜明的5A级旅游景区"门票收益权＋应收账款"和"绿色信贷＋产业基地＋农牧民"绿色金融模式；绿色金融试点正通过支持绿色生态资源价值实现、带动普惠金融发展、支持地方产业转型，赋能民族地区绿色经济发展；社会信用体系建设正由城市向乡村纵深推进，绿色金融主体间的融合促进了地区"绿色金融＋普惠金融"协同发展，为民族地区实现共同富裕探索了新路径。

关键词： 绿色资源　绿色普惠金融　藏羌走廊　阿坝州

一　引言

　　阿坝州素有"川青咽喉"和"熊猫家园"之称，是全国唯一的藏族羌族自治州。阿坝州于2018年入选四川省绿色金融创新试点地区以来，围绕绿色金融发展"三大功能、五大支柱"，立足川西北"藏羌走廊"的生态示范区定位，深入践行绿色发展理念，加大绿色金融创新与探索力度。阿坝州绿色金融体系中，绿色信贷占据主导地位，截至2022年底，全州金融机构

＊ 吴佳其，高级经济师，经济学博士，四川省社会科学院金融财贸研究所助理研究员，主要研究方向为银行实证、产业与制度金融学、金融社会学。

绿色信贷余额 136.2 亿元，同比增长 58.3%，增速在四川省首批 5 个绿色金融创新试点地区中保持领先水平。此外，阿坝州专门针对绿色保险出台了财政金融政策，大力发展草原巨灾保险和畜牧保险，并给予一定的财政补贴，加强对绿色保险的政策引导，探索符合地方实际的绿色保险和环境风险防范机制。近年来，绿色金融支持阿坝州支柱产业发展取得显著成效，持续赋能川西北生态示范区建设。阿坝州绿色金融信用环境建设正由市县向乡村纵深推进，绿色金融主体协同发展趋势明显，正就绿色金融引领普惠金融高质量发展、助力民族地区实现共同富裕作出有益探索。

阿坝州的绿色金融创新试点正通过以下途径对经济社会发展产生推动作用。①绿色金融支持绿色生态价值实现。绿色生态资源丰富但基础设施建设较滞后是阿坝州探索绿色生态资源保护和价值转化同步实现时面临的第一道难关。为此，近年来阿坝州积极探索"绿色信贷+绿色生态项目"金融模式为绿色生态资源开发提供资金支持，为绿色生态价值转化奠定基础。②绿色金融带动普惠金融发展。阿坝州具有独特的绿色农业、畜牧业资源禀赋，但产业发展还处于初级阶段，整体发展水平较低。为此，阿坝州探索"绿色信贷+担保+村集体经济+农牧民"金融模式，推动绿色生态资源开发，支持当地普惠金融发展，带动农牧民走上共同富裕之路。③绿色金融支持生态产业体系建设。在保护生态环境的同时，通过培育可持续的生态产业体系来解决生态移民的持续增收问题，为此，阿坝州探索了"绿色信贷+产业基地+农牧民"金融模式。

二 创新发展典型案例

（一）案例一：绿色金融支持景区生态观光固定资产投资

1. 创新背景

阿坝州的 5A 级旅游景区之一——黄龙国家级风景名胜区是国务院批准的首批国家级重点风景名胜区。黄龙沟保存着当今世界规模最宏大、最完美、最奇丽的地表钙化景观，具有极高的科学和美学价值，集"世界自然遗产"（1992年）、"世界人与生物圈保护区"（2000年）、"绿色环球21"（简称"GG21"，2002年）三项桂冠于一身。受"8·8"九寨沟地震影响，黄龙景区栈道出现基础变形，栈板及护栏局部出现凹陷、翘立、断裂等设施设备损坏问题，已严重影响正常使用，危及来往游客的人身安全，急需维修加固。为恢复完善景区基础设施，同时提高景区旅游服务品质，景区围绕绿色发展理念，制定生态旅游总体规划，在黄龙景区内修建电瓶车道总长度约2公里，并购买电瓶车50辆，总投资4700万元。该项目的投资人为松潘A旅游公司。

2. 具体做法

一是发挥地方法人金融机构优势，及时提供金融服务。松潘A旅游公司位于黄龙国家级风景名胜区内。阿坝州农商银行凭借分支机构广覆盖的优势，在日常为景区提供金融服务中获悉，该公司在修建景区栈道和购置电瓶车时面临资金缺口。黄龙景区拟采用的生态观光车使用电池产生动力，清洁环保无污染，符合绿色金融相关准入门槛。银行随即与地方党政部门、承贷主体对接沟通，了解项目资金需求情况。得益于银行各职能部门的协同配合，目标授信客户的资金缺口在第一时间得到填补。

二是急客户资金短缺之所急，高效开展授信调查。旅游业作为阿坝州经济支柱产业，近几年来，受地震、疫情等影响，游客接待量大幅减少，传统生态旅游优势发挥受到严重制约。本绿色金融项目对改善景区固定资产投资状况和景区配套环境具有重大意义。阿坝州农商银行作为阿坝州唯一的地方法人金融机构，担负了支持本土旅游业在新冠疫情和地震多重灾害之后快速复苏的使命。经多年调查研究，为保护黄龙景区生态环境，每年12月至次年3月为景区封闭式保育期，该期间内景区禁止建设动工。阿坝州农商银行黄龙景区分支机构了解到项目建设动工时间受限的情况后，及时向上级单位报告。随后，上级信贷部门和黄龙景区一线分支机构针对该绿色金融项目联合开展实地跟踪调查，并将调查结果及时上报阿坝州农商银行总行，保障了授信决策的科学性和及时性。

三是开设"绿色通道"及时提供优惠信贷支持。农商银行黄龙景区分支机构了解到，松潘 A 旅游公司并不具备申请物权担保贷款的抵押物，随即向总行报告该情况。阿坝州农商银行为服务好地方支柱产业发展，立即开展补充调查。在综合考虑拟建项目经营现金流的稳定性、银企之间的长远合作前景后，决定对松潘 A 旅游公司提供信用贷款以支持黄龙景区基础设施固定资产投资。同时，为及时缓解企业燃眉之急，阿坝州农商银行决定开通信贷审批绿色通道，以更快速、更精准地为企业提供信贷支持。2020 年 10 月至今，已向松潘 A 旅游公司发放多笔信用贷款。同时，鉴于该企业是小微企业，为最大限度降低企业综合融资成本，给予了较各项贷款加权平均利率更低的利率优惠。

3. 创新亮点

自 2018 年阿坝州被列为绿色金融创新试点地区以来，阿坝州农商银行结合川西北阿坝生态示范区建设目标，在"党委总揽、政府主导、人行推动、监管督促、部门联动、金融机构参与"的绿色金融工作机制引导下，全面践行地方法人金融机构推进属地绿色金融高质量发展的主体责任。阿坝州农商银行建设景区票务系统等，以提供相关综合性金融服务，加大对景区建设、景区环境保护等项目的信贷支持力度，全力支持地区旅游产业发展。本案例中，地方金融机构全面对接地区保护性景区开发项目绿色发展的资金需求，做到急事急办，及时提供定制化金融服务，为其他地区助力四川省"双碳"目标实现提供了经验借鉴。

4. 实践效果

在阿坝州农商银行信贷资金支持下，该项目已经修建完成，多维度地提升了黄龙 5A 级旅游景区的游客观景体验。一是丰富了游客在景区内的游览交通方式，游客在各景点之间能更便利地通行。二是借助观光车，游客可实现快进慢游，深度观赏体验的时间更充裕。三是加强了游客的安全保障，缓释了九寨沟"8·8"地震灾害引致的潜在风险，同时，若游客面临新的突发事件，景区工作人员可及时展开救援。四是景区基础设施升级转型也意味着黄龙景区绿色生态社会价值和经济价值的创造性实现。景区经济价值的实现，也代表着阿坝州"绿色信贷+绿色生态"项目金融模式的成功。为阿坝州开展绿色生态价值转化工作提供更有价值的应用场景。

（二）案例二：绿色金融带动九寨沟乡村振兴和普惠金融发展

1.创新背景

九寨沟县地处青藏高原东南缘，拥有 2 个国家级自然保护区、2 个省级自然保护区和 1 个国家森林公园、4 项国家级非物质文化遗产。地方金融机构以支持支柱产业绿色转型升级为主线，围绕"三地一典范、美丽新九寨"战略目标和"一屏四带、全域生态、三地共建、五业同优"发展新格局，以支持绿色生态产业、绿色信贷等多种金融产品创新为主导，逐步建立多元化、广覆盖的九寨沟县绿色金融市场体系、结构体系、基础设施体系，在优化产业结构、改善生态环境、促进共同富裕等方面发挥着积极作用。

2.具体做法

一是创新绿色生态产业的金融支持模式，助力绿色资源转变为经济资源。围绕乡村振兴战略，按照"做大基地、做强企业、做响品牌"的思路，培育新型经营主体，建设一批现代综合农业示范园，成立新型专业合作社，阿坝州农商银行九寨沟分支机构持续予以信贷支持，累计授信近亿元，实行"企业+合作社+农牧户"金融合作模式，加快发展有机蔬菜、特色水果、花卉等特色产业，并对流转土地进行改良和改梯，建成"创业就业+乡村旅游+农业产业化"一体化乡村振兴产业基地，打造集观光、旅游、民俗体验于一体的高原现代农业产业示范园区。

二是拓展信贷抵质押方式，支持全域旅游发展。探索"景区门票收益权+应收账款"新担保模式，并与景区固定资产担保模式相结合，使大额融资需求得到满足。该担保方式已在九寨沟嫩恩桑措国家森林公园有所应用，该景区是九寨沟县的第二大国家 4A 级旅游景区，也受到"8·8"九寨沟地震的影响，景区内基础设施被大量损毁，已严重影响其正常使用，难以保障游客的安全，为此，银行和景区基于平等协商，实行"景区门票+应收账款"复合型担保模式，成功开展银企合作，首次合作金额就超 1 亿元。

三是创新农业小额信用贷款服务，推动绿色金融牵引普惠金融发展。依托九寨沟县的高端旅游资源，借助数字金融手段，将农户信用体系评定结果作为授信决策依据，创新推出"九寨农户信用贷"金融产品。实行线下收集信用信息、线上评级授信，依据授信等级最高可获得40万元、期限3年的纯信用贷款，还可以通过手机银行App享受支付结算便利，动态跟踪资金成本变化，确保小额信用贷款客户可以获得低利率资金。

3. 创新亮点

阿坝州农商银行九寨沟分支机构依托绿色生态资源禀赋，积极拓展县域绿色生态产业融资渠道，对地方生态保护和高质量发展产生积极影响。一是促进了川西北民族地区城乡绿色金融多方联动。联合州、县、乡等各级政府和相关职能部门创新政策、协调各方市场主体、明确规则，充分发挥当地森林、旅游资源等生态资源优势吸引投资，有效引导金融机构将信贷资源配置到符合地方支柱产业发展的重点领域。二是促进了绿色金融产品结构优化。积极开展应收账款、股权、知识产权、林权等权利质押融资和农村土地"两权"担保融资，探索碳排放权、排污权、用能权、用水权等权利的质押融资金融模式，开创无担保普惠金融新路径，促进生态产品"资源—资产—资金"互动融通，推动生态产业链与金融链深度融合。三是促进了川西北民族地区生态产品价值的实现。从授信政策、内部资源配置、资金转移定价和绩效考核等多方面予以支持，重点关注民营企业、小微企业、农户和牧民等客户群体，致力于以绿色金融带动普惠金融发展。

4. 实践意义

阿坝州地方金融机构通过大力推动绿色金融发展，积极支持九寨沟县创建国家级环境优美乡镇、国家级生态乡镇、省级生态乡镇、省级生态村、州级生态村、县级生态家园，全县森林植被覆盖率达82.15%，有机、绿色、无公害农产品种植面积比重达53.76%。总体来看，该县具有独特的旅游、绿色农业、道地中药材等资源禀赋，但各个产业的发展程度还不高，产业融合发展水平也较低。九寨沟县致力于推动绿色金融支持绿色生态产业体系建设，深入推进"绿色信贷+复合性担保+村集体经济（产业基地）+农牧民"

金融模式，尤其是绿色信贷支持绿色生态资源开发，助力普惠金融发展，带动民族地区农牧民实现共同富裕，体现了重要的实践价值。

（三）阿坝州绿色金融案例启示

上述"绿色金融支持景区生态观光固定资产投资""绿色带动九寨沟乡村振兴和普惠金融发展"等典型案例，归纳其金融服务模式均可视为"地方特色产业+绿色信贷"产融合作模式。基于这些案例的产融合作模式，对做好阿坝州后续的绿色金融创新试点工作有以下启示。

一是阿坝州需要紧扣地方优势产业开展绿色金融创新。阿坝州的旅游资源在全省范围内都具有明显优势，拥有 5A 级旅游景区 3 个、4A 级旅游景区近 30个。因此围绕旅游产业布局绿色金融产品及服务，对其他产业发展的带动效应更大。二是重视发挥绿色信贷在阿坝州绿色金融体系中的"压舱石"作用。绿色信贷占支配地位与当地绿色金融发展程度和产业结构特性密切相关，尤其要重视发挥地方法人金融机构对绿色信贷的支撑作用，提升地方法人金融机构推进属地绿色金融高质量发展的责任担当意识。三是以综合化的绿色金融服务增强政银企之间的合作黏性。金融机构与合作景区围绕信贷、支付结算、现金管理、数字化转型等开展综合性金融合作，拓展绿色金融领域的产融合作深度，为景区基础设施建设提供金融支持，服务民族地区旅游业发展和营商环境建设。四是促进市（州）县乡村绿色金融多方联动，以川西北民族地区生态产品价值实现带动普惠金融发展，进一步以普惠金融带动民族地区实现共同富裕。

三　经验与不足

（一）绿色金融主体发展的经验与不足

阿坝州当前的绿色金融体系主要由 9 家[①]以国有资本为主导的绿色金融

---

① 特别说明，笔者依据公开资料整理而成，为阿坝州提供绿色金融服务的包括但不限于这 9家金融机构。后续报告将会结合实际情况予以更新。

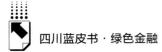

主体构成,可以依据其金融功能进一步地细分为"6:2:1"三类主体,详情如表1所示。

第一类是绿色信贷服务机构,主要由6家国有银行构成。绿色银行在阿坝州绿色金融体系中长期居于主导地位,主要包含1家政策性银行、4家国有商业银行、1家地方农商银行(国资参股)。政策性银行以中国农业发展银行为代表,国有商业银行主要包含中国农业银行、中国工商银行、中国建设银行、邮储银行。地方农商银行为当地唯一法人银行——阿坝州农商银行。第二类是绿色保险服务机构,主要有2家,分别是中华财险和中航安盟保险两家保险公司。第三类是绿色担保服务机构,以阿坝州中小企业融资担保公司为代表,为国有独资,属于地方法人机构。因此从表1绿色金融主体的资本属性来看,阿坝州绿色金融后续创新试点可以沿用政府主导型制度变迁方式。

表1　阿坝州"6:2:1"绿色金融主体构成

金融主体	属性	重点投资领域	代表性服务
中国农业发展银行	政策性银行	乡村基建、粮油储备乡村振兴、生态文旅	粮油储备
中国农业银行	国有商业银行	绿色产业、清洁能源生态旅游、环保产业	基于"两山"理念的"6+N"产业服务
中国工商银行	国有商业银行	交通基建、清洁能源绿色产业	道路建设贷款
中国建设银行	国有商业银行	乡村振兴、金融科技	第一书记振兴贷
邮储银行	国有商业银行	清洁能源	光伏贷
阿坝州农商银行	地方法人银行	文旅产业、绿色环保产业清洁能源、乡村振兴	景区基建及文旅融合
中华财险	国有控股保险公司	农牧业保险	牦牛保险、畜牧业数字化转型
中航安盟保险	国资参股保险公司	乡村振兴、牦牛保险巨灾保险、保证保险	牦牛价格指数保证返贫保险、牦牛保险
阿坝州中小企业融资担保公司	政府性融资担保公司	贷款担保、票据承兑担保、贸易和项目融资担保	中小企业融资担保

资料来源:依据公开资料整理。

就阿坝州当前的"6∶2∶1"绿色金融体系来看，存在的不足是金融主体种类较为单一，主要包含银行、保险和担保三类金融机构，绿色金融产品及服务以银行绿色信贷为主。以银行绿色信贷为主导的绿色金融体系在我国乃至全世界都普遍存在。按照围绕产业链布局资金链的原则，阿坝州绿色金融体系的主体结构是否应该优化、该如何优化，都需要以是否更有利于促进地方支柱产业发展为依据。调查发现，作为四川省绿色金融创新首批试点区域，阿坝州近年来在绿色金融主体协调发展领域积极探索，采取的主要措施包括财政金融互动、金融机构间合作深化、绿色金融与普惠金融协同发展。

一是"绿色金融"财政金融互动发展探索民族地区实现共同富裕之路。除了加强市场层面银行、保险、担保机构的深入合作外，政府层面也在积极探索财政金融互动，如阿坝州出台了《阿坝州深入实施财政金融互动政策的配套措施》，明确对绿色信贷年度新增贷款额排名全州前3名的机构，州级财政按其年度新增贷款额的0.5‰、单户最高不超过50万元给予奖励。积极探索财政政策对绿色保险的发展引导。在一系列财政金融互动政策引导下，阿坝州发展绿色金融的政策环境持续改善。

二是绿色金融主体间的合作深化。绿色金融服务模式取得成绩如下。第一，夹金山A资源开发公司是阿坝州重点支持的乡村振兴基地，近年来得到州内农业发展银行、农业银行、农商银行等机构联合授信支持，同时成都锦泰保险提供自然灾害保险保障。通过"再贷款+信贷+保险"模式，推动了该公司的绿色发展，现已种植绿色有机玫瑰近两万亩，带动周边3个乡镇的农户实现增收，产生了绿色示范效应。第二，四川A农业开发公司面临着成本激增、风险加大的困境，为此，中国建设银行和中华财险为该企业量身定制了绿色金融支持方案。第三，除上述绿色金融案例所提及的银保合作外，阿坝州还创新绿色金融的担保方式，支持绿色有机种植养殖。红原A乳业公司在融资中面临抵押物不足的制约。阿坝州农商银行采取"乳制品存货保险+商标质押"创新模式，成功破解了企业抵押物不足的制约。这些绿色金融主体间的合作模式，呈现出跨业合作特征，相较于传统绿色信贷模式，合作的综合化趋势明显。

三是"绿色金融+普惠金融"融合支持共同富裕。例如，为鼓励更多农户参与绿色种植养殖，阿坝州农商银行与 A 农产品收储公司签订协议，约定收储的绿色有机农产品占比如果低于30%，将在现执行的低利率基础上，至少上浮 0.5%作为惩罚性利率，实现了贷款利率与绿色有机农产品在收储农产品中占比的挂钩。同时 A 收储公司也将绿色种植养殖理念通过利益链向农户传递。"绿色金融+普惠金融"模式助力民族地区实现共同富裕，不仅具有经济价值，还具有明显的社会价值。

（二）绿色金融社会信用环境建设的经验与不足

阿坝州绿色金融体系以绿色信贷为主导，地方金融系统以社会信用体系建设为抓手持续优化绿色金融生态环境。阿坝州印发《阿坝州深化农村信用体系建设助力乡村振兴实施方案》，构建州发改委、人民银行、乡村振兴局"三牵头"工作机制和州县、乡村联动体系，积极探索开展信用县创建，以及信用产业园区建设、诚信新型农业经营主体建设、信用乡村建设、信用户创建等活动，这些举措为高质量建设阿坝州的社会信用体系奠定了基础。

但是需要注意的是，阿坝州在有效推动社会信用体系建设的同时，可以引入征信中介服务机构，创新推出系列基于信用软实力的特色绿色金融服务、税费减免政策等，让信用产业园区、诚信新型农业经营主体、信用农牧户切身感受到信用带来的便利和价值，市场主体的真实感受更能产生持久的示范效应。可以进一步引入手机 App、牦牛保险 GPS 服务等信息化手段，完善阿坝州绿色金融的支付结算、动产担保登记等基础设施应用场景。

（三）绿色金融担保服务的经验与不足

阿坝州的绿色金融体系，无论是以绿色信贷为主的间接融资，还是以绿色债券为主的直接融资，都需要配套债务融资这一必不可少的担保服务。如果企业的信用达不到银行授信准入门槛，则需要担保机构提供第三方增信服务。相比于保险公司而言，担保公司在绿色金融和普惠金融实践中的可及性更高。目前，阿坝州最重要的担保机构是中小企业融资担保公司，该公司是经阿坝州人民政府于 2003 年批准设立的国有控股担保机构，也是阿坝州唯一的政府性融资担保机构。该担保公司开展贷款担保、票据承兑担保等多项业务，形成了以融资担保为主、非融资担保为辅的多元化担保格局，并开拓了应收账款、股权质押和个人无限责任等反担保业务，业务范围覆盖阿坝州的文旅产业、绿色环保产业等支柱产业，地域范围覆盖全州所有县市，已形成全方位、多功能、综合性的担保服务网络，初步建成阿坝州中小微企业融资担保增信综合服务平台。

有必要深入探索"国有银行+政府性担保"财政金融互动新模式，促进绿色金融主体的深入合作。在后续协同发展"绿色金融+普惠金融"方面，可以继续实行以"银行+担保"为主的间接融资模式，探索相应的财税优惠政策。在抓住重点、找准方向的基础上，积极构建以绿色债券为主的直接融资体系。可以探索民族地区绿色金融专项债发行，积极争取绿色金融再贷款和再贴现支持。进一步发挥国有政策性担保公司的担保桥梁作用，继续加强与省信用再担保机构、政策性开发性银行、国有商业银行、保险公司、投资银行等金融机构的合作，拓宽阿坝州"6：2：1"绿色金融市场主体的融资渠道，重点扶持阿坝州绿色中小微企业发展，建设数字化中小企业担保增信综合服务平台，支持阿坝州为民族地区绿色金融创新试点探索新模式、积累新经验。

四　发展展望

（一）下一步试点创新领域

阿坝州"6：2：1"绿色金融主体主要集中为政策性银行、国有商业银行、地方农商银行、保险公司、政府性融资担保公司等，由国资控股或参股，因此阿坝州下一步的绿色金融创新试点可以继续稳步推进政府主导型制度变迁。结合具体的绿色金融产品及服务分析，阿坝州的绿色金融以间接融资的银行绿色信贷为主导，其他绿色金融产品和服务缺乏。尤其是直接融资的绿色公司债券、绿色企业债券发展较滞后，这与阿坝州川西北生态示范区的发展定位有关，区域发展定位在一定程度上决定了经济发展中的支柱产业选择。高附加值企业一般集中分布在以制造业为主导的高科技产业，而制造业也是当前绿色低碳转型需求最为迫切的产业。阿坝州在绿色金融转型领域仍有较大的发展空间。

阿坝州后续的绿色金融创新试点仍需紧扣地方优势生态产业开展金融创新。阿坝州旅游生态资源优势显著，因此可以围绕旅游生态产业链布局绿色金融创新链，推动阿坝州绿色金融创新和转型发展。应客观看待绿色信贷在阿坝州绿色金融体系中的主导地位，因为地区金融结构常常内生于产业结构。阿坝州绿色信贷占比高在一定程度上说明银行间接融资更适宜于其现阶段的绿色产业发展，在建立绿色债券、绿色股权直接融资体系时需要渐进式地予以推进。结合表1中6家金融主体对阿坝州的绿色产业发展支持各有侧重，后续可以继续发挥各自的比较优势，针对绿色生态产业的薄弱环节重点发力。从上文的典型案例看，要重视发挥地方法人金融机构的支撑作用，践行地方法人金融机构推进属地绿色金融高质量发展的主体责任。客观来讲，阿坝州绿色金融工具相对单一，金融体系发展还处于起步阶段。后续可以围绕绿色信贷完善社会信用体系，加快绿色金融基础设施建设，以金融机构数字化转型带动景区数字化转型。进一步探索绿色金融和普惠金融协同发展路径，促进川西北生态示范区市县、乡村多级绿色金融参与主体的联动，以川西北民族地区旅游资源等生态产品价值实现带动普惠金融发展，进而助力当地加快实现共同富裕目标。

（二）创新路径与重点

现阶段阿坝州的绿色金融体系以绿色信贷为主导，而绿色信贷有赖于良好的信用环境和法治环境，因此可以就制度型营商环境优化进行深入的探索。制度性营商环境优化需要增强市场主体的参与感、获得感。阿坝州发改委等部门联合制定了深化农村信用体系建设、助力乡村振兴的方案，并以信用产业园区、诚信新型农业经营主体、信用户等市场主体建设为载体促进乡村振兴。需要重视的是，诚信作为一种道德规范，具有深厚的文化传统属性，社会信用体系建设需要久久为功，注意与民族地区的传统文化融合。在推进社会信用建设的同时，要及时推出基于信用软实力的特色绿色金融服务和税费减免等配套政策，增强市场参与主体的获得感，以产生自内而外的示范效应。信用环境为绿色金融"诚信之治"奠定了基础，更需要注意的是，"诚信之治"要有法治保障才能持久，因此"德治"和"法治"要协同推进，不可偏废，择机将此理念融入阿坝州特色金融文化中予以培育试点。

对于阿坝州前期试点中绿色金融工具相对单一的问题，可以继续围绕旅游资源、清洁能源、农牧产业等绿色资源禀赋，以文旅融合、清洁能源开发、生物多样性保护为重点，借鉴其他绿色金融试点地区的先进做法，探索发行区县级乡村振兴票据、县级"碳中和"债券、森林碳汇遥感指数保险，并发放与法人银行碳足迹相挂钩的贷款。引导地方法人金融机构开发绿色金融债券，包括银行和交易所的市场绿色债券、碳中和债、票据、资产支持证券产品。开发环境污染责任保险产品，探索牦牛保险新模式。以绿色金融持续推进阿坝州川西北生态示范区建设。结合川西北民族地区地广人稀的特点，提升支付结算金融服务的可及性。深入推进绿色金融机构手机银行 App、移动支付在旅游、交通、购物、校园、医疗等领域的场景建设。在此方面，阿坝州金融系统已积累了一些经验。中国人民银行阿坝州中心支行可以联合政府主管单位，深化与中国银联、数字金融公司、通信运营商的合作，以绿色普惠金融为载体，推进阿坝州金融基础设施建设，促进绿色金融的数字化提质增效。

参考文献

范从来、程一江：《完善绿色信贷可持续发展机制》，《中国金融》2022 年第 24 期。

梁勤星：《我国绿色金融发展路径探索——以四川省为例》，《西南金融》2018 年第 4 期。

卢露、何乐、周科、何帅：《绿色信贷融资担保：理论逻辑、实践及挑战》，《西南金融》2023 年第 12 期。

郑琨：《阿坝州绿色金融发展实践》，《中国金融》2017 年第 24 期。

B.12
宜宾市绿色金融发展报告

李晓渝*

摘　要： 本报告全面梳理了四川省宜宾市绿色金融发展取得的显著成效，详细剖析了创新发展典型案例，并总结了绿色金融环境、主体及基础设施建设方面的经验与不足。宜宾市在绿色金融业务、机制、机构、人员及产品等方面取得了显著进展，并通过创新实践探索出了一批具有亮点和示范效应的成功案例。同时，宜宾市在绿色金融环境建设、绿色金融主体培育、绿色金融基础设施建设等方面仍存在一定的不足。基于此，宜宾市可探索在绿色金融科技领域进行试点创新，包括政策引导与市场驱动相结合、深化国际合作与交流、加强绿色金融人才培养和引进、完善绿色金融风险评估与管理体系等，力争在绿色金融发展道路上迈出更加坚实的步伐。

关键词： 绿色金融　金融环境　基础设施　宜宾市

一　发展成效

随着全球气候变化和环境问题日益严峻，绿色金融作为推动各国经济和社会可持续发展的重要力量，受到社会各行各业的广泛关注。四川省宜宾市作为我国西部地区的重要城市，近年来在绿色金融发展方面取得了显著成效，深化绿色金融改革，加强政策引导和市场培育，推动绿色金融与经济社会发展深度融合，加强与国际国内绿色金融市场的交流与合作，引进更多优

＊ 李晓渝，四川省社会科学院金融财贸研究所助理研究员，主要研究方向为绿色金融。

质金融资源和先进经验。为推动宜宾市绿色金融发展再上新台阶进行了积极的探索，业务规模不断扩大，机制建设不断加快，机构实力持续增强，人才队伍日益壮大，产品创新不断涌现。这些成绩的取得为宜宾市经济社会可持续发展奠定了坚实的基础。全域推进绿色金融特色化创新试点，加快形成绿色金融发展的"宜宾"模式。宜宾作为四川省的"生态优先绿色低碳发展先行区"和"省级绿色金融创新试点地区"，进行了许多有益探索，在谱写中国式现代化四川新篇章中硕果累累并展现出了应有的担当和作为。本报告旨在全面总结宜宾市在绿色金融业务、机制、机构、人员和产品等方面取得的显著进展，分析其发展特色与亮点，以期为其他区域的绿色金融发展提供参考与借鉴，也期待宜宾市在绿色金融发展的道路上不断探索创新，为构建美丽中国贡献更大力量。

（一）绿色金融业务发展成效

1. 绿色信贷规模持续扩大

绿色金融是实现金融改革和经济转型良性互动的重要手段，也是培育新的经济增长点和推动经济可持续发展的重要手段。宜宾拥有得天独厚的绿色发展条件，抓住建设现代化区域中心城市发展机遇，瞄准和聚焦优质白酒、动力电池、光伏、数字经济四大产业集群，构建现代化产业体系，绿色融资需求急剧增长。宜宾市金融机构积极落实国家绿色金融政策，加大对绿色产业的信贷支持力度。近年来，绿色信贷规模逐年增长，有效促进了绿色产业发展。截至 2023 年 9 月末，全市绿色贷款余额 369.9 亿元、同比增长 66.7%。①

2. 绿色债券发行稳步推进

宜宾市积极推动绿色债券发行工作，鼓励符合条件的企业通过发行绿色债券筹集资金，用于绿色项目建设、开发和运营。宜宾市金融工作局和市发展改革委等单位联合举办了多期绿色债券专题培训班，邀请国内资深券商债

---

① 《宜宾：以绿色金融助推经济社会高质量发展》，《宜宾日报》2023 年 11 月 16 日。

券发行团队来宜授课。各区县发展改革局、金融工作局、生态环境局，以及市直有关单位、各平台公司组织相关工作人员等参与了培训，极大地提高了全市企业使用绿色债券融资工具的能力，对拓展多元化融资渠道和推动绿色产业发展提供了有力的支持。稳步推进绿色债券发行工作，为绿色产业提供稳定的资金来源，也为提升宜宾市在绿色金融市场的影响力起了积极的作用。

3. 绿色保险创新不断推进

2023 年 8 月，四川省地方金融监管局和中国人民银行四川省分行等部门联合印发《关于扩大省级绿色金融创新试点地区相关工作的通知》，确定新增宜宾市、攀枝花市为省级绿色金融创新试点地区。

宜宾市人民政府鼓励保险机构面向乡村振兴示范村镇、现代农业园区、乡村特色旅游区、循环经济示范区、重点风景名胜区等推出环境责任保险。探索建立与气候变化相关的巨灾保险制度，积极开展环境保护技术装备保险、低碳环境保护类消费品的质量安全责任保险、船舶污染责任保险、森林保险和农牧业灾害保险等业务。积极推动保险机构参与养殖业环境污染风险管理，建立农业保险理赔与病死牲畜无害化处理联动机制。① 宜宾市金融机构在绿色保险领域积极探索，开展绿色保险创新，推出了一系列具有地方特色的绿色保险产品，涵盖了环境污染责任险、绿色车险等多个方面的险种，为环境保护和生态修复提供了有力的保险产品支持。宜宾市保险业逐步建立了符合四川省实际情况的绿色保险环境风险防范机制。

4. 绿色投资

宜宾市鼓励金融机构增加绿色投资比重，支持环保类企业发展。绿色投资的增加不仅推动了绿色经济发展，也促进了当地经济结构的优化。2023年全市新增 21 家企业进入省级绿色企业库，新增 12 个项目进入省级绿色项

---

① 《我市构建绿色金融体系服务低碳产业发展》，https：//www.yibin.gov.cn/xxgk/zdlyxxgk/cyzxsj/202312/t20231208_ 1933289_ wap. html，2023 年 12 月 8 日。

目库。截至 2023 年 11 月 16 日，全市绿色企业达到 37 家，绿色项目达到 14 个，数量均居全省地级市第 1 位。

（二）绿色金融机制建设成效

绿色金融机制建设主要体现为优化综合服务，构建多层次、多渠道的绿色金融服务体系，形成多元化的绿色金融服务模式，围绕绿色项目开展多品种绿色金融产品和服务创新，为经济发展特别是绿色金融发展提供更多的金融资源，以支持高质量绿色发展。

2023 年宜宾市印发了《宜宾市创建省级绿色金融创新试点地区工作实施方案》，立足建设生态优先绿色低碳发展先行区的战略定位，聚焦四大产业集群、六大特色板块，提出强化财经互动、丰富绿色金融体系等改革举措，建立完善的绿色金融体系，包括：拓展绿色金融产品服务体系，引导社会资本投向"一蓝一绿"产业新赛道；构建绿色金融基础设施体系，提高绿色金融投向的精准性和有效性；完善绿色金融政策支持体系，加大绿色金融的财政支持力度、强化绿色金融风险分担；打造绿色金融创新体系，全域推进绿色金融的特色化创新试点。

1. 政策体系不断完善

宜宾市政府高度重视绿色金融发展，制定了一系列支持绿色金融发展的政策措施，包括财政补贴、税收优惠、风险补偿等，为绿色金融业务的开展提供了有力的保障。积极创建省级绿色金融创新试点地区，计划 3 年内安排 7893 万元财政资金支持绿色金融发展，助推生态优先绿色低碳发展先行区建设。2023 年以来，签约投融资合作项目 72 个、总金额 315.13 亿元，新增省级绿色企业 21 家、省级绿色项目 12 个。

2. 市场机制日益成熟

宜宾市积极推动绿色金融市场发展，构建了绿色项目融资对接渠道，促进绿色项目与金融机构之间的对接。同时，鼓励金融机构开展绿色金融产品和服务创新，满足市场多元化的绿色融资需求。围绕绿色新能源和数字经济新蓝海"一蓝一绿"产业赛道，设立 10 只总规模达 176.81 亿元绿色的基

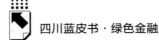
金，助力动力电池、晶硅光伏等低碳产业发展。2023年以来，向9家碳账户企业投放绿色信贷资金22.55亿元，发布全国首单1.71亿元动力电池产业链资金支持专项计划。[①]

3.监管机制逐步健全

宜宾市金融监管部门加大对绿色金融业务的监管力度，建立了绿色信贷统计监测管理制度，努力防范环境风险，加大信息披露力度。定期对金融机构的绿色信贷业务进行检查和评估，以确切发挥绿色信贷的引导作用，防止因信息不对称而带来的环境风险。监管部门要求各银行业等金融机构公开绿色信贷政策和方向等信息，披露绿色信贷发放情况。尤其是对于涉及重大环境影响的项目，除了要根据法律法规披露相关信息和接受利益相关方的监督外，还要加强与环境保护部门的沟通，确保绿色金融政策得到有效的执行。

（三）绿色金融机构发展壮大成效

1.金融机构数量不断增加

宜宾市积极引进优秀的金融机构，同时鼓励本地金融机构拓展绿色金融业务。注资3亿元设立的全市首家国有小额贷款公司自2023年8月开业以来实现贷款投放9000万元。成立西南联合产权交易所宜宾分所。成立宜宾高投私募基金管理有限公司，设立宜宾名门秀股权投资基金等7只基金。持续深化产融合作对接。通过组织"银政担企"产融对接和市外金融机构宜宾行等活动为全市经济发展注入金融资源。截至2023年末，全市存贷款余额9874.97亿元，同比增长17.46%。[①]

2.金融机构服务能力不断提升

宜宾市金融机构不断加强自身功能建设，提升绿色金融服务能力。通过提高服务效率、优化业务流程、加强风险控制等举措，极大地提升了绿色金

---

① 《关于2023年度法治政府建设情况和2024年工作打算的报告》，https://czj. yibin. gov. cn/zzzq/gzdt/202403/t20240306_ 1963321. html，2024年3月6日。

融服务的专业化和精细化水平。目前，宜宾市已拥有一定数量的绿色金融专营部门和专业团队，为绿色金融发展提供了有力的支撑。

（四）绿色金融人才队伍建设成效

1.人才引进力度加大

宜宾市高度重视绿色金融人才的引进和培养工作，通过制定政策、搭建人才交流渠道等，吸引了许多拥有丰富经验和专业技能的绿色金融人才。同时，加强国际合作，加大双向合作开放力度，以建设内陆沿江开放高地为契机，积极引进绿色金融专业人才、先进理念和管理经验。推动与相关国际金融组织的交流与合作，充分利用双边和多边合作机制，促进国际国内绿色金融人才开展交流和合作。

2.人才培训体系不断完善

宜宾市建立了完善的绿色金融人才培训体系，包括定期举办绿色金融培训班、邀请专家学者线上线下授课等方式，提升了金融从业人员的绿色金融业务水平，为绿色金融发展提供了坚实的人才保障。国家金融人才（宜宾三江）中心暨川西南金融人才（三江新区）服务中心的成立，是宜宾市三江新区金融人才服务体系建设中的里程碑事件，为区域高质量绿色产业的发展注入新的力量。

（五）绿色金融产品创新成效

为了高标准建设省级绿色金融创新试点地区，宜宾在持续完善绿色金融体系、支持绿色金融机构和绿色企业蓬勃发展的同时，不断推出绿色金融创新产品。

1.产品种类不断丰富

宜宾市金融机构在绿色金融产品创新方面取得了显著成效，推出了一系列绿色金融产品，包括绿色信贷、绿色债券、绿色基金、绿色保险、绿色信托、绿色租赁、绿色保理等，建立了绿色企业（项目）融资租赁、商业保理白名单，创设了"绿采贷""碳足迹"等。截至2023年12月4日，投放

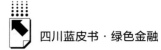

"绿色租赁" 14. 68 亿元，"绿色保理" 12. 06 亿元，[①]满足了不同客户的绿色融资需求。

2. 产品设计更加贴合市场需求

宜宾市金融机构在产品设计上更加注重市场需求和客户体验。通过深入了解绿色产业的特点和客户需求，设计出更加符合市场实际的绿色金融产品，推动绿色融资产品和服务创新。大力推广绿色信贷资产证券化、合同环境服务、合同能源管理未来收益权质押贷款、特许经营权质押贷款、排污权抵押贷款、节能减排融资等金融工具。满足绿色项目合理融资需求，加大项目贷款，以及收费权质押、应收账款质押、土地流转收益保证贷款等支持力度，为绿色项目并购提供融资服务。推出绿色车贷、绿色储蓄卡、绿色信用卡等零售类金融产品，满足个人绿色消费需求。创新担保方式，积极推动履约保函、知识产权质押、股权质押以及林权抵押等担保方式创新。[①] 提高产品的市场竞争力，增强绿色发展的动能。

二　创新发展典型案例

通过多年的发展，宜宾市在绿色金融发展方面取得了显著的成效。下文总结和分析三个典型的创新发展案例。通过金融创新、构建金融基础设施体系等，宜宾市积极引导社会资本投向绿色产业，推动清洁能源和动力电池等产业快速发展，这不仅为当地经济社会可持续发展注入了新动力，也为其他地区绿色金融发展提供了有益的经验。未来，宜宾市应继续深化绿色金融改革，推动绿色金融与经济社会发展深度融合，为实现"双碳"目标贡献更大力量。

（一）案例一：宜宾市绿色金融改革创新试验区建设

1. 创新背景

在全球环境问题日益严峻的背景下，绿色金融作为推动经济社会可持续

---

① 《宜宾市绿色金融发展规划（2018—2020 年）》，https：//www. yibin. gov. cn/xxgk/zcfg/szfbwj/ysfbf/201906/t20190604_ 1002274. html，2019 年 6 月 4 日。

发展的重要手段，受到越来越多国家和地区的关注。全国各地都在积极践行绿色金融发展理念，特别是在"双碳"目标的引领下，探索绿色金融可持续发展的有效途径和方式，以金融支持传统产业转型升级、绿色低碳优势产业高质量发展和新兴产业创新发展为主线，构建高效专业的绿色金融服务体系。加大绿色信贷、绿色债券、绿色保险、绿色基金、绿色担保等多领域金融产品和服务的创新力度，丰富融资服务模式，拓宽绿色投融资渠道，加强环境信息披露，树立良好的绿色发展公众形象。[①] 宜宾市作为长江上游的重要节点城市，肩负着保护生态环境、推动绿色发展的重任。面对资源环境约束日益趋紧、生态系统退化形势日益严峻等，宜宾市政府以高度的责任感和使命感，积极响应国家绿色发展号召，充分发挥金融在促发展、转方式、调结构等方面的积极作用，全力打造绿色金融改革创新试验区。宜宾将建设成生态优先绿色低碳发展先行区作为战略定位，聚焦四大产业集群、六大特色板块，采取强化财经互动、丰富绿色金融体系等举措，结合地方经济发展特点，推动绿色金融改革，为长江经济带乃至全国的绿色发展提供可以借鉴的经验。宜宾市的绿色金融改革创新试验区建设，是在深入贯彻落实国家绿色发展战略、推动供给侧结构性改革的大背景下展开的。宜宾市依托独特的地理位置和资源优势，结合国家战略需求，以绿色金融创新为突破口，积极探索金融与产业、生态、民生等的深度融合，旨在构建具有地方特色的绿色金融体系，为地方经济社会高质量发展提供有力支撑。

2. 主要做法

宜宾市在绿色金融改革创新试验区建设过程中，坚持以政府为引导、以市场为主导的原则，采取了一系列切实有效的措施。

（1）宜宾市完善绿色金融政策支持体系

加强顶层设计，制定并实施了《宜宾市绿色金融发展规划（2018—2020年）》，明确了绿色金融发展的总体目标、方针、政策、重点任务和保障措施。成立了绿色金融工作领导小组，加大绿色金融的财政支持力度、强

---

① 《四川新增两个省级绿色金融创新试点地区》，《四川日报》2023年9月9日。

化绿色金融风险防范和分担，强化综合服务，构建多层次的绿色金融服务质量体系，统筹协调全域绿色金融改革创新的领导工作，确保各项政策措施得到有效的执行。

（2）宜宾市建立完善绿色金融体系

积极创新绿色金融产品和服务体系。通过创新绿色信贷、绿色债券、绿色基金、绿色租赁、绿色保理等多品种金融工具，满足企业绿色发展的资金需求，全域推进绿色金融特色化创新试点。积极推进多品种绿色金融产品和服务创新，努力增强绿色发展动能。引导社会资本投向绿色产业和绿色项目，包括引导社会资本投向"一蓝一绿"产业新赛道、搭建绿色金融服务平台、汇聚绿色金融资源和信息、提供一站式绿色金融服务。此外，建立绿色项目库，围绕绿色项目开展多元绿色金融产品和服务创新，为金融机构提供优质的绿色投融资标的，促进绿色金融与实体经济的深度融合。

（3）宜宾市政府注重完善绿色金融基础设施

建立绿色金融信息共享平台，实现政府部门、金融机构和企业之间的信息共享；建立绿色金融评价体系，对金融机构的绿色金融业务进行量化评估；激励金融机构加大绿色投入，提高绿色金融投向绿色产业的精准性和有效性；增强绿色金融监管和风险防范意识，确保绿色金融业务的稳健运行。

（4）宜宾市积极营造绿色金融发展的良好环境

举办绿色金融论坛、绿色金融培训活动等，提升全社会的绿色金融参与度。此外，加强与国际国内绿色金融市场的交流与合作，引进先进的绿色金融理念和技术，提升宜宾市绿色金融改革创新试验区建设的国际化水平。

3. 创新亮点

宜宾市在绿色金融改革创新试验区的建设中，涌现出多个具有地方特色的亮点。

（1）探索绿色金融与产业融合新模式

宜宾市紧密结合地方产业发展实际，将绿色金融资源重点投向节能环保、清洁能源和绿色交通等领域，推动传统产业转型升级和新兴产业发展壮大。得益于绿色金融的支持，宜宾市绿色产业蓬勃发展，并成为推动经济高质量发展的新动力。

（2）构建绿色金融生态环境

宜宾市注重金融生态环境建设，积极构建政银企合作机制，形成绿色金融发展的强大合力。通过加强金融法规建设、完善金融监管体系和优化金融服务流程等，为金融机构和绿色企业提供了良好的发展环境，推动绿色消费和绿色生产成为社会发展新风尚。

（3）打造绿色金融改革创新示范区

宜宾市以绿色金融改革创新试验区建设为契机，积极争取国家和省级各项政策支持，加强与金融机构的合作与交流，努力打造具有全国影响力的绿色金融改革创新示范区，利用大数据、云平台和区块链等先进技术，提升绿色金融服务的能力、效率和透明度。通过示范区的建设，为宜宾市乃至全国的绿色发展提供可借鉴、可复制、可推广的经验。

4. 实践效果

宜宾市绿色金融改革创新试验区建设取得了显著成效。

（1）绿色金融规模不断扩大

通过绿色金融改革创新试验区建设，宜宾市吸引了大量绿色金融资本，绿色金融发展取得明显成效，绿色金融创新产品不断涌现，绿色市场蓬勃发展。绿色金融各项指标加快提升，多点多极、以点带面的发展格局初步形成。随着绿色金融产品和服务的不断创新，宜宾市绿色信贷余额持续增长，绿色债券发行规模逐年扩大，截至 2023 年 9 月末，全市绿色贷款余额 369.9 亿元、同比增长 66.7%，规模居全省地级市（除成都外）第 1 位。2023 年全市新增 21 家企业进入省级绿色企业库，新增 12 个项目进入省级绿色项目库。全市绿色企业达到 37 家，绿色项目达到 14 个，数量均居全省地级市第 1 位，推动了地方绿色产业的快速发展，绿色金融对地方经济社会文化发展的支撑作用日益凸显。

（2）产业结构得到优化升级

在绿色金融的支持下，宜宾市传统产业实现了绿色化改造和升级，新兴产业如清洁能源、节能环保和绿色交通等快速发展。创建国家级绿色工厂12个，绿色低碳产业的产值占规上工业产值的比重达42%。建成投运500千伏建昌—叙府输变电工程，清洁能源供给能力新增200万千瓦、年新增绿电160亿度，提升了经济效益和社会效益，形成了绿色、低碳、环保、循环的产业发展新格局。

（3）生态环境明显改善

通过金融资源向绿色产业倾斜，支持环保项目，宜宾市生态环境质量显著提升，"一河一策"推动小流域Ⅴ类、劣Ⅴ类水质全面消除，国省考核断面水质优良率保持在100%。环境空气质量在全国168个重点城市中排名上升4个位次。生态系统功能的稳定性不断增强，人民群众对生态环境的满意度和幸福感不断提升。宜宾"江之头"入选国家级美丽河湖优秀案例，南溪区获批国家生态文明建设示范区，长宁县入选美丽四川建设先行试点县，生态优先绿色低碳发展成为全社会共识。

（4）金融服务水平显著提升

宜宾市金融机构不断创新服务模式和产品，为企业和居民提供了更加便捷、高效的金融服务。创新开发"宜蓝保""宜绿保"等绿色金融产品，预计全市绿色贷款余额达400亿元、增长60%。建设充电桩达11419台，充电接口、重卡换电等补能场景不断完善。同时，加强金融监管和风险防范，确保金融市场稳健运行。

5. 启示

宜宾市绿色金融改革创新试验区的建设经验对于其他地区的绿色发展具有重要的启示。

（1）要坚持政府引导和市场主导相结合的原则

绿色金融改革创新是推动地方经济发展的重要手段，政府在绿色金融改革创新中应发挥规划引导、政策支持等作用，同时充分发挥市场在资源配置中的决定性作用，激发金融机构和企业参与绿色发展的积极性。需要政府、金融机构和企业共同参与，形成合力。

（2）要注重金融创新与产业融合

金融创新应紧密结合地方产业发展实际，推动金融资源向绿色产业和绿色项目倾斜，促进产业结构优化升级和经济发展方式转变；要注重利用现代科技手段提升金融服务水平，推动绿色金融业务创新发展。

（3）要加强绿色金融基础设施建设

完善绿色金融信息共享平台、金融监管体系等，提高金融服务的效率和质量，为绿色发展提供有力支撑。

（4）要营造绿色金融发展的良好环境

加强绿色金融宣传教育和培训，提升全社会对绿色金融的认知；加强与国内外绿色金融市场的交流与合作，引进先进的绿色金融理念和技术；完善绿色金融政策体系，为绿色发展提供坚实的制度保障。

宜宾市绿色金融改革创新试验区建设是一个长期而复杂的过程，是一个不断探索的过程，需要政府、金融机构、企业和社会各界的共同努力。其成功经验对于推动全国绿色金融改革创新具有重要的示范作用。同时，宜宾市也需要在未来的工作中持续深化金融改革创新，不断完善绿色金融体系，进一步提升金融服务实体经济的能力，为长江经济带乃至全国的绿色发展作出更大的贡献。

（二）案例二：绿色金融创新引领动力电池产业集群发展

1. 创新背景

在全球绿色低碳发展的大背景下，我国将绿色低碳发展上升到国家战略层面，提出"双碳"目标。绿色金融作为推动经济绿色转型的重要工具，其重要性日益凸显。在"双碳"目标下，宜宾市作为四川省重要的工业城市，以绿色低碳发展为核心战略，紧抓绿色金融发展机遇，以绿色金融创新为引领，大力发展动力电池产业集群，积极打造动力电池产业高地，不仅为地方经济发展注入新动力，也为我国绿色低碳发展提供有力支撑。传统的金融体系和产品服务难以完全满足动力电池产业绿色、高效、可持续发展的需求，需通过绿色金融创新，引导社会资本投向绿色产业。

宜宾市动力电池产业集群的发展，得益于其独特的地理位置、资源优势和产业基础。同时，国家对于新能源汽车产业的支持以及市场对动力电池的需求，也为宜宾市动力电池产业集群发展提供了有利的条件。宜宾市积极探索绿色金融与产业融合发展模式，通过绿色金融创新引领动力电池产业集群快速发展。

2. 主要做法

（1）构建绿色金融政策体系

宜宾市出台了一系列绿色金融政策，包括绿色信贷、绿色债券、绿色基金等，为动力电池产业提供全方位的金融支持。同时，建立绿色金融专营部门，推动金融机构设立绿色金融事业部或绿色支行，专门服务于绿色产业发展。

（2）创新绿色金融产品和服务

针对动力电池产业的特殊性，宜宾市在金融机构内部设立绿色金融专营部门，配备专业的绿色金融团队，负责绿色信贷、绿色债券等绿色金融产品创新和推广，推出了动产质押融资、供应链金融等金融产品，满足了企业多样化的融资需求。为了推动企业降低碳排放、实现绿色转型，金融机构探索开展碳排放权质押贷款等新型绿色信贷业务，推出了动力电池产业绿色信贷等产品，降低了融资成本，提高了融资效率，并设立了绿色债券发行渠道，支持企业通过发行绿色债券来筹集资金。

（3）加强绿色金融基础设施建设

宜宾市建立了绿色金融信息服务平台，实现政府部门、金融机构、企业之间的信息共享，此外，加快绿色金融信用体系建设，完善绿色金融风险评估和防范机制，为绿色金融创新和产业发展提供有力的保障。

（4）深化绿色金融国际合作与交流

宜宾市积极与国内外金融机构和绿色金融组织开展合作与交流，引进先进的绿色金融理念和技术，推动绿色金融创新发展。

（5）建立绿色风险评估体系

宜宾市结合动力电池产业的特点，建立绿色风险评估体系，对绿色项目进行严格筛选和评估，确保资金投向绿色、高效的项目。

3. 创新亮点

（1）动力电池产业链金融一体化服务

宜宾市金融机构针对动力电池产业链上下游企业，制定了一体化金融服务方案。通过整合产业链资源，使绿色金融产品更贴近市场需求，优化融资结构，降低融资成本，有效满足产业发展的资金需求，提高产业链的整体竞争力。

（2）绿色债券支持动力电池产业发展

宜宾市成功发行了多期绿色债券，专项用于支持动力电池产业的研发、生产和应用。这些绿色债券的发行不仅拓宽了企业的融资渠道，也提升了宜宾市在绿色金融市场的影响力。

（3）碳排放权交易与绿色金融创新结合

宜宾市积极探索碳排放权交易与金融创新的结合点，力推碳排放权成为企业融资的新工具。依托碳排放权相关金融创新产品，激励企业主动减排、降低碳强度，推动动力电池产业向绿色低碳方向转型。

（4）设立绿色金融专营部门推行专业化服务

宜宾市致力于推动绿色金融服务的专业化、精细化，提高服务效率和质量。

4. 实践效果

（1）动力电池产业规模持续扩大

在绿色金融创新的推动下，宜宾市动力电池产业快速发展，规模持续扩大，产业链不断完善。一批绿色、高效、可持续发展的具有核心竞争力的动力电池项目和企业成为地方经济发展中的重要引擎。

（2）绿色金融产品与服务不断丰富

宜宾市绿色金融产品和服务不断创新，满足了动力电池产业不同阶段的融资需求。同时，绿色金融专营部门的设立和绿色金融服务专业化水平的提升，也为产业发展提供了有力支撑。

（3）绿色金融市场活跃度提升

随着绿色金融政策的深入实施和绿色金融创新的不断推进，宜宾市绿色金融市场的活跃度显著提升。越来越多的社会资本投向动力电池等绿色产

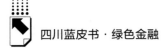
业，为产业发展提供了源源不断的动力。

（4）生态效益与经济效益双赢

宜宾市通过绿色金融创新引领动力电池产业集群发展，不仅实现了经济效益的提升，也取得了显著的生态效益，更推动了经济结构的优化升级。动力电池产业的绿色低碳转型有效降低了碳排放强度，改善了生态环境，既实现了经济增长与环境保护的协调，也实现了经济效益和生态效益的双赢。通过绿色金融创新的引领，为当地经济发展注入了新的活力。

5. 启示

（1）坚持政策引导与市场驱动相结合

宜宾市绿色金融创新的成功实践表明，政策引导与市场驱动是推动绿色金融发展的关键。政府应出台相关政策和措施，为绿色金融创新提供有力保障；同时，应充分发挥市场在资源配置中的决定性作用，激发金融机构和企业参与绿色创新的积极性。

（2）加强金融创新与产业融合

金融创新与产业融合是推动经济绿色转型的重要途径。宜宾市通过绿色金融创新引领动力电池产业集群发展的实践表明，金融机构应紧扣产业发展需求，创新金融产品和服务模式，推动金融资源向绿色产业倾斜。

（3）注重风险防范与可持续发展

在推动绿色金融创新和产业发展的过程中，注重风险防范和可持续发展。宜宾市通过建立绿色金融风险评估和防范机制、加强金融基础设施建设等，有效降低了金融风险，保障了金融创新的稳步推进。

（4）深化国际合作与交流

宜宾市在绿色金融创新方面的成功实践也得益于与国内外金融机构和绿色金融组织的深入合作与交流。未来，应继续加强国际合作与交流，引进先进理念和技术，推动绿色金融创新发展。

（5）绿色金融创新是推动绿色产业发展的重要动力

通过设立绿色金融专营部门、创新绿色金融产品等，可以有效引导社会资本投向绿色产业，促进产业绿色、高效、可持续发展。同时，绿色金融发展也需要政府、金融机构、企业等多方的共同努力，形成合力。

（三）案例三：构建绿色金融基础设施体系助力清洁能源产业发展

1.创新背景

随着全球气候变化问题日益严峻，清洁能源产业作为推动经济绿色转型的核心力量，逐渐成为全球能源体系的重要组成部分。中国作为全球最大的能源消费国，积极推动清洁能源产业发展对于应对气候变化、实现可持续发展具有重要意义。宜宾市作为四川省重要的工业城市和清洁能源产业基地，面临着传统产业转型升级和新兴产业发展的双重任务。在这一背景下，宜宾市积极构建绿色金融基础设施体系，助力清洁能源产业发展，为地方经济注入新动力，也为全国乃至全球绿色金融发展提供了有益借鉴。

2.主要做法

（1）完善绿色金融政策体系

宜宾市出台了一系列绿色金融政策，包括财政补贴、税收优惠等，降低了清洁能源项目的融资成本，提高了项目的盈利能力。明确金融支持清洁能源产业的目标和任务。通过设立绿色金融专项资金、提供税收优惠支持等，引导金融机构加大对清洁能源产业的支持力度。同时，加强政策协同，确保各项政策在清洁能源产业发展中形成合力。

（2）建立绿色金融组织体系

宜宾市积极引进和培育绿色金融专营部门，包括绿色信贷、绿色保险、绿色基金等，形成多元化、专业化的绿色金融服务体系。这些机构专注于清洁能源产业的金融服务，为产业发展提供专业的金融解决方案。

（3）搭建绿色金融服务平台

宜宾市整合政府、金融机构、企业等多方信息，建立绿色金融信息共享服务平台，提高金融服务的透明度和效率，为金融机构和清洁能源企业提供信息交流、项目对接、风险评估等服务；通过平台化运作，实现金融资源的优化配置，提高金融服务的效率和水平。

（4）强化绿色金融人才培养和引进

宜宾市注重绿色金融人才的培养和引进工作，通过举办培训班、开展交流活动等，提升金融机构从业人员的绿色金融专业素养；同时，积极引进国内外优秀的绿色金融人才，提高金融服务的专业化和精细化水平，为地方绿色金融发展注入新的活力。

3. 创新亮点

（1）创新绿色金融产品和服务模式

宜宾市金融机构在清洁能源产业领域推出了多品种创新金融产品和服务，如绿色债券、绿色信贷、绿色保险等。这些产品不仅满足了清洁能源企业的融资需求，也降低了企业的融资成本，提高了融资效率。

（2）打造绿色金融生态圈

宜宾市通过构建绿色金融基础设施体系，打造了一个涵盖政策、组织、服务、人才等的绿色金融生态圈。在这个生态圈中，各要素相互关联、相互促进，提高了金融服务的针对性和有效性，共同推动清洁能源产业发展。

（3）运用金融科技提升绿色金融服务效率

宜宾市积极运用金融科技手段提升金融服务的效率和水平，通过采取大数据、云计算和区块链等技术手段，实现金融信息的实时共享和精准分析，为清洁能源企业提供更加便捷、高效的金融服务。

（4）政策化引导

完善的金融政策支持体系为清洁能源产业发展提供了有力的政策保障。

4. 实践效果

（1）清洁能源产业快速发展

绿色金融基础设施体系不断完善，宜宾市清洁能源产业快速发展，一批具有核心竞争力的清洁能源项目和企业成功落地，产业规模持续扩大，技术水平不断提升。同时，金融基础设施的不断完善，有利于提升宜宾市金融服务的整体水平，为经济高质量发展提供有力支撑。

（2）金融资源向清洁能源产业倾斜

通过构建绿色金融基础设施体系，宜宾市引导更多的金融资源流向清洁能源产业。金融机构对清洁能源产业的信贷支持力度不断加大，资金投放量持续增加，为产业发展提供了有力的资金保障。

（3）生态环境质量得到提高

清洁能源产业的发展不仅带动了地方经济增长，也改善了生态环境。宜宾市清洁能源产业替代了部分传统高污染产业，减少了污染物排放，提高了空气质量。

5. 启示

（1）坚持绿色发展理念

宜宾市积极构建绿色金融基础设施体系、助力清洁能源产业发展的实践表明，坚持绿色发展理念是推动经济转型升级的关键。只有通过绿色发展，才能实现经济的可持续发展和生态环境的持续改善。

（2）加强政策引导和金融支持

政府在推动清洁能源产业发展中应发挥积极作用，出台相关政策措施，引导金融机构加大对清洁能源产业的支持力度。同时，金融机构也应创新金融产品和服务模式，满足清洁能源企业的融资需求。

（3）构建金融基础设施体系

金融基础设施是支持清洁能源产业发展的重要保障，是推动绿色金融发展的重要因素。通过建立金融信息共享平台、完善金融政策支持体系、加强金融人才培养等，可以推动绿色金融服务的专业化、精细化，为绿色产业发展提供坚实的金融支撑。同时，金融基础设施建设也需要兼顾科技创新和数字化发展，提高金融服务的效率和便利性。宜宾市通过完善绿色金融政策体系、建立金融组织体系、搭建金融服务平台等，强化了金融基础设施建设，为清洁能源产业发展提供了有力支撑。

（4）注重人才培养和引进

人才是推动清洁能源产业发展的关键。宜宾市注重金融人才的培养和引进工作，为地方金融发展提供了有力的人才保障，提升了金融从业人员的专业素养。

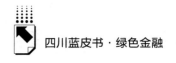

三　经验与不足

　　四川省宜宾市作为西南地区重要的经济节点，近年来在绿色金融发展方面取得了显著进步。然而，与其他先进地区相比，宜宾市在绿色金融环境建设、绿色金融主体培育、绿色金融基础设施建设等方面仍存在一定的不足。本部分旨在深入剖析这些不足，以期为宜宾市乃至更广泛地区的绿色金融发展提供有益参考。

（一）绿色金融环境建设

1.绿色发展理念普及不够深入

　　宜宾市积极倡导绿色发展理念，但部分企业和公众对绿色金融的认识尚停留在表面，缺乏深入理解。这导致绿色金融市场的参与度不高，绿色金融产品的创新和应用也受到一定的限制。

2.绿色金融政策体系尚不完善

　　宜宾市在绿色金融政策制定方面已有一定成果，但政策体系尚不完善。一方面，部分政策缺乏针对性；另一方面，政策之间的协同性不强，未能形成合力。这在一定程度上影响了绿色金融政策的实施效果。

（二）绿色金融主体培育

1.绿色金融机构数量不足且功能单一

　　宜宾市绿色金融机构数量相对较少，且功能较为单一，目前以银行类金融机构为主，保险、证券、基金等多元化绿色金融机构发展滞后，导致绿色金融市场的竞争不够充分，金融服务的广度和深度受限。

2.绿色金融人才匮乏

　　绿色金融发展需要一批拥有绿色金融专业知识和实践经验的人才队伍。宜宾市在绿色金融人才培养和引进方面存在不足。一方面，本地高校和培训机构对绿色金融人才的培养力度不够；另一方面，对外部绿色金融人才的吸引力不足，难以吸引并留住高层次金融人才。

（三）绿色金融基础设施建设

1. 制度供给不足

绿色金融发展离不开完善的制度保障。宜宾市在绿色金融法律法规、监管政策、激励机制等方面的制度供给尚显不足，导致绿色金融市场的规范化和透明化程度不高，不利于绿色金融市场的健康发展。

2. 金融科技应用滞后

金融科技在提升金融服务效率、降低运营成本、创新金融产品等方面具有重要的作用。然而，宜宾市的金融科技应用相对滞后。一方面，金融机构对金融科技的投入不足，缺乏足够的技术支持和人才保障；另一方面，金融科技在绿色金融领域的应用场景和模式创新不足，未能充分发挥其潜力。

（四）其他

1. 绿色项目融资渠道不畅

宜宾市在绿色项目融资方面存在一定的困难。一方面，绿色项目通常具有投资大、回收周期长等特点，传统融资渠道难以满足其资金需求；另一方面，绿色金融市场的融资渠道和工具相对有限，难以满足不同类型绿色项目的融资需求。

2. 绿色金融市场体系不健全

宜宾市绿色金融市场体系尚不健全。目前，绿色金融市场的参与主体多是传统金融机构，缺乏多元化的市场参与者和交易平台，导致绿色金融市场的交易活跃度不高，市场功能尚未充分发挥。

四 发展展望

四川省宜宾市作为长江上游的重要生态屏障和西南地区的经济增长极，近年来在绿色金融发展方面取得了显著成效。面对全球经济绿色转型和国内经济高质量发展的双重机遇，宜宾市绿色金融发展正站在新的历史起点上，展现出巨大的潜力。本部分旨在深入分析宜宾市绿色金融发展现状，展望其未来发展趋势，并提出下一步试点创新领域、创新路径等，以期为宜宾市乃至全国绿色金融事业的持续发展提供有益参考。

（一）宜宾市绿色金融发展现状

宜宾市在绿色金融政策引导、绿色金融产品创新、绿色金融基础设施建设等方面取得了积极进展。政府出台了一系列支持绿色金融发展的政策措施，鼓励金融机构加大对绿色投融资项目的支持力度。同时，宜宾市积极探索绿色金融产品和服务创新，推出了一批具有地方特色的绿色信贷、绿色债券、绿色保险等金融产品，有效满足了绿色产业发展的融资需求。此外，宜宾市还加强绿色金融基础设施建设，建立绿色金融服务平台，推动金融信息共享。

（二）未来发展趋势展望

1.绿色金融市场规模将持续扩大

随着国家对绿色发展的重视度不断提升，绿色金融市场规模将持续扩大。宜宾市作为四川省乃至全国的重要绿色产业基地，其绿色金融市场需求将更加旺盛。未来，宜宾市将吸引更多国内外金融机构和资本进入绿色金融领域，推动绿色金融市场发展。

2.绿色金融产品创新将更加活跃

为了满足不断增长的绿色融资需求，宜宾市将进一步加强绿色金融产品创新。未来，宜宾市将探索更多元化的绿色金融产品，如绿色资产证券化、绿色租赁、绿色担保等，为绿色产业提供更加灵活多样的融资方式。

3.绿色金融国际合作将更加深入

在全球绿色转型的大背景下，宜宾市将积极参与国际绿色金融合作和交流，借鉴国外成功的绿色金融发展经验。通过加强与国际绿色金融组织、金融机构的合作，宜宾市将推动绿色金融标准、绿色金融认证等方面的国际对接，提升绿色金融发展的国际化水平。

（三）下一步试点创新领域

1.绿色金融科技领域

宜宾市可探索绿色金融科技领域的试点创新，运用大数据、云计算、区块链等先进技术手段，提升绿色金融服务的效率和精准度。例如，可以建立绿色金融数字化平台，实现绿色金融信息的实时共享和智能分析，或者推动金融科技在绿色金融风险管理、绿色评估认证等方面的应用，提高绿色金融业务的合规性和安全性。

2.碳金融市场

随着全国碳市场的逐步发展，宜宾市可积极试点碳金融市场创新。通过开展碳排放权交易、碳资产质押融资等业务，为企业和项目的碳减排提供金融支持，促进绿色低碳发展。

3.绿色金融与乡村振兴融合

宜宾市拥有丰富的农业资源和乡村旅游资源，可将绿色金融与乡村振兴相结合，探索绿色金融支持乡村振兴的创新模式。例如，可以推出针对农村特色产业、生态农业的绿色信贷产品，或者设立绿色投资基金，引导社会资本投入农村绿色发展领域。

（四）创新路径

1.政策引导与市场驱动相结合

宜宾市应继续加强政策引导，出台更多有利于绿色金融发展的政策措施；同时，也要注重发挥市场机制的作用，鼓励金融机构和企业自主开展绿色金融创新实践，通过政策与市场的双重驱动，推动绿色金融发展形成良性循环。

2.深化国际合作与交流

宜宾市应积极加强与国际绿色金融组织和机构的交流与合作，引进国外先进的绿色金融技术和经验。同时，也要推动本地绿色金融机构和企业"走出去"，参与国际绿色金融市场的竞争与合作，提升宜宾市绿色金融发展的国际影响力。

（五）创新重点

1. 加强绿色金融人才培养和引进

宜宾市应重视绿色金融人才的培养和引进工作，建立健全绿色金融人才培养机制。通过举办培训班、开展交流活动等方式，提升本地金融从业人员的绿色金融专业素养。同时，也要积极引进国内外优秀的绿色金融人才，为宜宾市绿色金融发展提供智力支持。

2. 完善绿色金融风险评估与管理体系

宜宾市应建立健全绿色金融风险评估与管理体系，加强对绿色金融项目的风险评估和监测。通过制定科学的评估标准和指标体系，对绿色项目的环境效益、经济效益和社会效益进行全面评估，确保资金投向符合绿色发展要求的项目。

（六）总结

展望未来，宜宾市绿色金融发展将迎来更加广阔的空间，但也面临更加艰巨的任务。通过不断探索和创新，宜宾市必将在绿色金融发展道路上迈出更坚实的步伐，为推动经济高质量发展和生态文明建设作出贡献。

参考文献

《宜宾：以绿色金融助推经济社会高质量发展》，《宜宾日报》2023 年 11 月 16 日。

《我市构建绿色金融体系服务低碳产业发展》，https：//www. yibin. gov. cn/xxgk/zdlyxxgk/cyzxsj/202312/t20231208_ 1933289_ wap. html，2023 年 12 月 8 日。

《宜宾市绿色金融发展规划（2018—2020 年）》，https：//www. yibin. gov. cn/xxgk/zcfg/szfbwj/ysfbf/201906/t20190604_ 1002274. html，2019 年 6 月 4 日。

《关于 2023 年度法治政府建设情况和 2024 年工作打算的报告》，https：//czj. yibin. gov. cn/zzzq/gzdt/202403/t20240306_ 1963321. html，2024 年 3 月 6 日。

《四川新增两个省级绿色金融创新试点地区》，《四川日报》2023 年 9 月 9 日。

B.13
攀枝花市绿色金融发展报告[*]

龙云飞 甘路 李晶[**]

摘　要： 践行绿色发展新理念、助力"双碳"战略实施是新发展阶段下金融体系服务实体经济的重要任务。攀枝花市作为典型资源型城市，在绿色金融组织领导架构和政策体系建设、绿色金融改革创新试点探索、绿色金融支持经济绿色低碳转型发展、金融机构绿色金融发展实践等方面走出了一条具有区域特色的绿色金融改革创新之路，积极探索金融支持主导产业、重点行业及关键企业绿色低碳转型路径，绿色金融发展成效凸显。未来，攀枝花市将从金融支持绿色低碳转型基础设施建设、完善多元化金融支持绿色低碳转型产品和服务体系、健全多层次支持绿色低碳转型的金融组织体系、创新建立金融支持绿色低碳转型政策支撑体系、建立健全绿色金融和转型金融风险防范体系等方面发力，逐步构建具有地方特色、服务绿色低碳转型、组织体系完备、产品服务丰富、政策协调顺畅、稳健安全运行的绿色金融和转型金融服务体系。

关键词： 资源型城市　低碳转型　绿色贷款　绿色金融

一　发展成效

近年来，攀枝花市围绕高质量建设共同富裕试验区这一重大战略任务，

---

[*] 本研究是 2023 年度四川省哲学社会科学基金项目"成渝地区双城经济圈绿色金融体系构建与路径优化研究"（项目批准号：SCJJ23ND145）的阶段性成果。

[**] 龙云飞，攀枝花学院教授、硕士生导师，主要研究方向为金融理论与政策、区域经济；甘路，中国人民银行攀枝花市分行副科长、经济师，主要研究方向为金融政策、区域经济；李晶，四川省社会科学院金融财贸研究所副研究员、硕士生导师，主要研究方向为绿色金融、区域经济。

深入推进经济社会绿色低碳转型发展。全市金融系统深入落实市委、市政府重大决策部署，积极发挥绿色金融"三大功能"作用，努力构建绿色金融"五大支柱"，积极探索金融支持全市主导产业、重点行业及关键企业绿色低碳转型，绿色金融发展成效显著。

（一）绿色金融组织领导架构和政策体系初步形成

攀枝花市高度重视绿色金融发展，将其作为推动主导产业转型升级、构建现代化产业体系的重要举措。早在 2018 年攀枝花市政府就印发《攀枝花市绿色金融发展规划》，制定了八个方面的政策措施，提出绿色贷款占比达到 15% 等一系列政策目标。2022 年，在市级层面成立了金融工作领导小组，下设绿色金融改革专项工作组，并建立了相应的工作机制。2024 年初，攀枝花市政府印发《攀枝花建设金融支持绿色低碳转型创新试点工作方案》，对绿色金融长期发展进行了全面安排部署。此外，攀枝花市政府还专门成立了碳达峰碳中和工作委员会，攀枝花市发改委牵头编制了《攀枝花市碳达峰实施方案》，从产业端制定多项支持经济低碳转型的政策措施。住建、经信等部门也分别针对城乡建设、工业等领域制定了碳达峰专项行动工作方案。财政部门发挥财政资金的撬动作用，设立绿色低碳产业基金，实现了产业政策、财政政策和金融政策的有效联动，初步构建了绿色金融发展组织架构和政策体系。

（二）绿色金融服务经济转型发展质效稳步提升

一是有效落地绿色信贷政策工具，累计通过碳减排支持工具、"川碳快贴"等政策工具支持对接碳减排项目融资、碳减排票据贴现超过 4 亿元。二是积极拓展绿色金融产品和市场体系，辅导和推动高碳企业发行科创票据助力低碳转型，实现直接债务融资超 10 亿元。三是积极搭建绿色项目融资平台，依托四川联合环境交易所"绿蓉融"平台，建立了绿色企业和项目库，并积极向金融机构推介。截至 2023 年末，入库 11 家绿色企业和 3 个绿色项目，成功促成对接金额 9504 万元。四是绿色项目信贷投入持续增加，截至 2023 年末，全市绿色贷款余额 180.53 亿元，占各项贷款的比重为 17.8%，占比居全省第三位，其中，用于工业低碳转型方面的贷款金额为 46.93 亿元，同比增长 95.5%。

（三）绿色金融改革创新试点探索多点推进

在绿色金融改革试点过程中，攀枝花市注重发挥政府主导作用，激发市场主体活力，构建了"政府+市场"绿色金融发展格局，形成了"政府主导、机构主推、部门协同、县区落实"的绿色金融发展模式，绿色金融改革创新在各县（区）多点推进、效果纷呈，如仁和区支持银行机构探索成立绿色支行，并达成政银战略合作意向，推动绿色转型发展；仁和区混撒拉村和米易县龙华村在打造零碳村过程中，加强与金融机构合作，充分利用"零碳光富贷"等专项信贷产品，加快零碳村建设；西区格里坪工业园区、钒钛高新区、仁和光电产业园区等联合金融机构，通过"产业园区贷""科创贷""制惠贷"等产品支持园区内企业低碳技改和绿色化生产；盐边县与政策性金融机构合作，通过低息贷款，有力地支持了国家储备林项目建设；东区聚焦银江水电站等重大绿色项目融资需求，促成以水电站经营期内电费收费权为质押的银团贷款模式，保障了银江水电站顺利建设。

（四）政银企三方合力赋能绿色金融服务实体经济发展

一是政府层面，整合资源，加强引导。充分发挥财政资金的撬动作用，市级层面整合资源设立规模达 30 亿元的绿色低碳产业基金，仁和区设立规模达 5 亿元的光电产业风险基金。中国人民银行攀枝花市分行运用"川碳快贴"等货币政策工具，引导金融机构加大绿色低碳转型支持力度。2023 年，清洁能源产业等领域的绿色贷款利率优惠力度加大。市级金融管理部门共同设立金融支持绿色低碳转型创新工作室，围绕金融支持绿色低碳转型生态体系建设，加强政策研究和智力支持。

二是机构层面，主动作为，大力支持。攀枝花农商银行设立绿色支行，明确新增贷款的 35% 投向绿色产业企业。相关银行机构创新"银团贷款+行内联贷""债转股"等方式，精准对接高碳产业绿色低碳转型资金需求，推出"零碳光富贷""光伏小额贷"等信贷产品赋能零碳村建设。积极支持攀钢5G+全链接智能采矿、攀钢钒3号/4号焦炉节能环保改造、龙佰6万吨海绵钛绿色智能制造等一批重大绿色改造项目。截至2023年末，全市银行机构发放绿色信贷余额180.5亿元，同比增长20.7%，主要投向资源循环利用、可再生能源及清洁能源等企业。

三是企业层面，抢抓机遇，加快转型。攀钢集团等企业加快绿色低碳转型步伐，成功发行深交所首单2亿元低碳转型债券，发行各类科创债、永续债达34亿元，并获评深圳证券交易所"绿色发展固定收益产品优秀发行人"。钒钛股份非公开发行股票募资22.8亿元，主要用于支持6万吨/年熔盐氯化法钛白改造、五氧化二钒提质升级改造、碳化高炉渣制备氯化钛白研发等转型项目。安宁股份积极推进股票增发工作，募集资金支持年产6万吨能源级钛（合金）全产业链项目建设。

二 创新发展典型案例

（一）工商银行攀枝花分行发展绿色金融案例

1. 工商银行攀枝花分行绿色贷款整体情况

截至2024年3月末，工商银行攀枝花分行绿色贷款余额69.56亿元，较年初增加12.57亿元，较年初增长22.05%；较上年同期增加21.39亿元，同比增长44.41%。

2. 工商银行攀枝花分行绿色贷款行业分布情况

工商银行攀枝花分行绿色贷款主要分布在以下行业。

截至2024年3月末，制造业绿色贷款余额32.85亿元，较年初增加5.45亿元，增速19.89%，主要是2024年向攀钢集团有限公司发放矿产资源综合利用绿色贷款。

电力、热力、燃气及水生产和供应业绿色贷款余额23.25亿元，较年初增加 0.18 亿元，主要向存量银江电站项目提款。

采矿业绿色贷款余额 11.7 亿元，较年初增加 6.5 亿元，增速 125%，主要是向安宁股份、龙佰矿冶、红格南矿发放矿产资源综合利用绿色贷款。

交通运输、仓储和邮政业绿色贷款余额 1.19 亿元，主要向成昆铁路项目贷款，较年初无变化。

信息传输、软件和信息技术服务业绿色贷款余额 0.57 亿元，较年初增加 0.57 亿元，主要是积微电商有新增贷款。

表 1 工商银行攀枝花分行绿色贷款统计

单位：亿元，%

行业	2023 年 3 月末余额	2023 年末余额	2024 年 3 月末		
			余额	同比增速	较年初增速
制造业	20.15	27.40	32.85	63.01	19.89
电力、热力、燃气及水生产和供应业	24.31	23.17	23.25	−4.37	0.33
采矿业	2.5	5.2	11.7	368	125
交通运输、仓储和邮政业	1.21	1.19	1.19	−1.27	0.39
信息传输、软件和信息技术服务业	0	0	0.57	—	—
建筑业	0	0.03	0.00	—	−100.00
合计	48.17	56.99	69.56	44.41	22.05

资料来源：中国工商银行攀枝花分行。

3. 工商银行攀枝花分行绿色金融工作具体做法

一是积极落实绿色金融工作政策要求，强化组织推动。工商银行攀枝花分行成立了由分行一把手任组长的绿色金融工作推进小组，压实辖内支行逐户走访职能，重点走访了水风光氢储、钒钛产业、绿色矿山等项目，按月召开项目推动会，以"注入金融活水"方式推动攀枝花市绿色行业高质量发展。

二是支持钢铁绿色发展标杆企业攀钢集团低碳转型。积极向总行、省行争取政策，加大对攀钢集团的支持力度，2023 年为攀钢集团年度授信增加 5 亿元，并在 2024 年开年实现全部投放；同时重点支持攀钢绿色设备购置贷

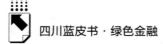

款、投资攀钢绿色债券。

三是加大金融对绿色民营企业的支持力度，为绿色民营经济发展注入活力。积极对接市内龙佰矿冶、安宁股份等优质绿色矿山民营企业，结合企业实际需求，提供专业化的一揽子绿色金融服务方案，2024年以来支持企业矿产资源综合利用绿色贷款5亿元。

四是扎实推进攀枝花建设共同富裕试验区的重大绿色项目融资工作，服务于地方经济发展。加强水电、运输行业等存量绿色项目的提款工作；同时持续跟进辖内光伏、氢能、钒储能、矿产开发、水电、抽水蓄能等重大项目。

五是积极运用多种绿色金融产品，全方位助力绿色金融发展。近年来，工行不断加强绿色金融产品创新，形成涵盖绿色贷款、绿色债券、绿色理财、绿色租赁、绿色投资、绿色基金等的多元化、多层级绿色金融产品体系。在绿色信贷领域，工商银行攀枝花分行结合客户特点推出流动资金贷款、固定资产贷款、供应链融资、绿色消费贷款等绿色信贷产品，满足企业的差异化需求；在绿色债券领域，积极参与市内绿色债券的发行与承销工作，构建全方位绿色金融直接融资服务体系；在绿色租赁领域，拟引入工银租赁公司，支持安宁钛材项目；在绿色战投领域，拟引入工银投资，支持攀钢钒钛产业发展。

（二）攀枝花农村商业银行发展绿色金融案例

1. 攀枝花农村商业银行发展绿色金融整体情况

2023年，攀枝花农商银行紧紧围绕省委、省政府赋予攀枝花市"两区三地一粮仓一门户"的新定位新要求，紧扣高质量建设共同富裕试验区的重点领域和关键环节，在市委、市政府的坚强领导下和各级部门的关心支持下，认真践行金融工作的政治性、人民性，助力攀枝花市绿色低碳转型。截至2023年末，攀枝花农商银行各项存款余额274.83亿元，较年初净增19.72亿元，增长7.74%；贷款余额219.17亿元，较年初净增30.96亿元，占全市贷款增量的20.98%，增长16.45%。其中，绿色贷款余额16.85元，较年初增加 8.12 亿元，增长 93.01%，高于同期各项贷款同比增速 76 个百分点，正在对接的绿色产业项目 16 个，拟授信金额 51 亿元。

2. 攀枝花农村商业银行发展绿色金融具体做法

牢固树立绿色金融发展理念，立足攀枝花市资源禀赋、产业结构调整和能源结构优化，以支持产业转型升级、节能环保、清洁能源、资源循环利用等优势产业高质量发展为主线，积极探索绿色金融有效发展路径。一是搭建"2+N+1"组织体系。制定《绿色信贷发展战略》《绿色金融发展实施意见》，明确加大绿色金融支持力度，逐步压缩不符合"绿色"信贷政策要求的存量客户。配套制定信贷规模、绿色通道、利率优惠、KPI 考核等专项政策，引导信贷资源流向绿色低碳转型领域。以仁和支行为试点，打造一个绿色支行，为绿色、转型融资提供专业化金融服务。二是强化政策支撑。与仁和区签订绿色发展协议，为其提供不低于 100 亿元的绿色信贷支持。设立光电产业发展风险基金，为光电产业发展和园区建设提供专项信贷支持。制定《碳减排票据再贴现操作规程》，用活用好政策性工具，积极拓宽融资渠道。三是加大信贷支持力度。2023 年，聚焦工业企业低碳转型，以攀钢、龙佰等为核心企业，深化供应链金融服务，支持链上企业向矿产资源综合利用、废旧资源再生利用等转型升级，清洁生产和节能环保产业贷款余额 10.36 亿元。聚焦清洁能源产业发展，专班对接重点项目 15 个，向大唐观音岩水电站、中电建、四川能投、蜀道清洁能源等授信 40 亿元，新增投放贷款 9.85 亿元。聚焦生态保护和环境治理，支持耕地保护及污染治理等，助力打造生态宜居的和美乡村，贷款余额 2.28 亿元。聚焦农业农村绿色转型，支持阳光康养、绿色旅游等行业发展，为颛顼龙洞、昔格达花田、金家村特色康养等相关文旅行业 48 家企业发放贷款，余额达 6.91 亿元。聚焦零碳村建设，创新推出"光伏贷"，为个人及小微企业提供信贷支持 2097 万元，与税务局合作代征全市近 2000 户分布式光伏个人所得税。聚焦风险防控，坚持底线思维，增强环境和社会风险识别能力，绿色信贷不良率控制在 1% 以内，并按要求开展绿色金融环境信息披露工作。

3. 攀枝花农村商业银行发展绿色金融下一步设想

攀枝花农村商业银行坚持服务于实体经济的根本宗旨，为共同富裕试验区建设和绿色金融创新试点地区发展提供坚强的金融保障。一是完善金融服务体系。坚持创新驱动，探索研究转型金融实施路径，通过金融产品、服务方式、组织体系等创新，切实形成一套可复制的、运行安全稳健的绿色金融服务体系。二是大力支持重点领域的绿色低碳转型。强化"绿色专班"作用发挥，加大对工业绿色低碳转型和清洁能源的金融支持力度，确保绿色信贷增速不低于各项贷款平均增速。重点支持以五大发电集团为主的在攀能源央企、省市属国企、大中型民营企业及其控股子公司投资的客户；支持"绿能+储能+水利""三位一体"、氢能制储输用全要素全产业链发展等，推动水、风、光、氢、储"五位一体"协调发展。三是注重发展效能。加强行业政策和发展趋势跟踪研判，统筹绿色金融发展与风险防范，促进绿色低碳产业高质量发展。注重发挥绿色金融、普惠金融的协同作用，让绿色金融惠及中低收入群体，共享绿色经济发展红利。

三 经验与不足

攀枝花市在绿色金融发展领域取得较好成绩的同时，也面临多重挑战与问题。

（一）市场认知度不足和金融创新能力有限

在推进绿色金融发展过程中，仍然存在市场认知度和受众接受度不高的问题。尽管金融机构已经着手大力推广绿色金融产品，但中小企业对绿色金融产品和绿色金融服务的了解仍不足，对绿色金融的理解度仍待进一步提升。另外，攀枝花市属于典型的资源型城市，经济和产业绿色转型具有一定的特殊性，金融机构在设计和投放绿色金融产品方面应进一步加强针对性和创新性，特别是要因地制宜地开展绿色金融创新实践。

（二）融资渠道不够多元化和风险评估体系不完善

目前，攀枝花市绿色项目资金主要来自银行贷款，绿色债券和绿色基金等其他融资渠道发展相对滞后，绿色金融的实施主体主要是大型商业银行，较为单一的融资模式和资金来源导致绿色金融供给不充分，很大程度上制约了绿色项目发展空间。同时，针对绿色项目的较为成熟的风险评估体系及评价标准尚未形成，金融机构在开展绿色项目风险评估时存在一定的主观性和较大的自主度，在一定程度上导致绿色项目融资成本较高，同时也阻碍了金融机构在绿色金融领域的深入发展。此外，绿色信贷产品与绿色项目之间的匹配度和适配度有待进一步提升，绿色信贷产品对绿色产业的要求较高，而绿色投资对绿色金融的补充作用发挥得尚不充分，绿色金融供给与需求不匹配情况仍然存在。因此，应根据绿色项目特点制定相应的政策措施和监管规则，并结合金融机构自身优势和区域经济发展需要开展相关业务活动，为绿色项目提供资金支持。

（三）支持公正转型政策力度有待进一步加强

攀枝花市出台实施了一系列绿色金融相关政策，然而当前政策支持仍不充分，特别是对于小微企业和初创企业在绿色转型领域的投融资支持不足，部分政策有待进一步细化。此外，金融机构尚未将公正转型纳入转型融资框架，未构建公正转型融资监测评价体系，也未披露公正转型方面的融资信息，造成金融机构对小微和初创企业的支持政策难以通过金融产品的形式落地。

（四）发展绿色金融的意识有待进一步增强

公众的日常生活水平与生态环境相关性较强，因此公众对节能环保生态等方面政策的关注度较高，公众的环保意识提升较快。但对于绿色金融，民众普遍认为与金融机构相关，与自己的关系不大，对与其相关的政策和产品的接受度和了解度不足。究其原因，一是公众了解绿色金融产业的渠道不够，绿色金融产品的覆盖度和可达度不高，直接导致绿色金融发展动力不足。二是公众不了解绿色消费，绝大部分民众在购买产品时，并不会考虑这种产品的生产过程是否符合节能环保要求，绿色低碳意识还有待进一步提升，因此也难以通过绿色消费倒逼企业主动提供绿色金融产品及相关服务。

四　发展展望

（一）下一步试点创新领域

1. 在政策层面，建立政策引导机制，不断完善配套基础设施

一是要建立绿色、转型金融政策支持体系。攀枝花市相关部门要对标国家绿色金融标准，推动和指导金融机构规范披露环境信息、进行碳核算、开展环境权益融资等绿色金融活动；与国内权威的第三方研究机构合作，深入探索制定转型金融地方标准，编制转型金融支持目录，发展转型金融工具；制定绿色金融、转型金融专项财金互动政策，支持金融机构设立绿色、转型金融专营机构，为绿色、转型投融资活动提供专业化金融服务；加强攀枝花地方金融组织建设，重点支持小微企业绿色低碳转型，开展新能源汽车相关金融业务，引导发展绿色消费，积极引进有影响力的绿色金融中介服务和研究机构，参与攀枝花绿色、转型金融规划和产业转型金融标准编制工作；强化货币政策工具运用，推动金融机构加大项目筛选和对接力度。通过加强激励引导，建立支持绿色低碳转型的金融业绩考核评估机制，将金融机构绿色信贷和转型信贷投放、产品服务创新等纳入考核内容，探索将考核结果与监管评级、机构准入、宏观审慎评估、业务发展、财政奖补等相挂钩。

二是要完善与绿色、转型金融发展相匹配的基础设施。要结合现有国家和省级层面的相关绿色企业、项目评价标准，探索制定攀枝花市绿色企业和项目评价标准，科学界定低碳转型活动范围；要开展绿色企业、绿色项目、转型企业和转型项目的遴选和认定工作，建立绿色和转型企业、项目数据库，并定期将入库企业和项目推至金融机构，深化融资对接；要依托四川联

合环境交易所等环境权益交易市场，引导企业开展碳排放权、用能权、排污权、水权等交易业务。加快企业碳账户建设，按照省级碳排放核算工作的要求，探索构建碳核算方法、算法和数据体系；可在格里坪近零碳排放园区开展碳账户试点，率先建立园区内企业碳账户，并与金融管理部门联合出台与碳排放相挂钩的激励政策，推动碳核算方面的产融合作。

三是加强绿色低碳领域产融政策的协同配合。加快推动绿色低碳领域的贸易投资合作，提升环境产品跨境贸易收支便利化、自由化水平，吸引国内外投资者参与水、风、光、氢、储等产业发展。为国内外投资者打造发展绿色经济和绿色技术的良好营商环境，将水、风、光、氢、储作为吸引外资的重点领域。规范碳排放贸易市场，对接相关技术标准，增强绿色创新企业参与国际市场竞争的能力。积极服务于太阳能发电、风电等企业"走出去"，推动实施一批绿色能源项目。

2. 在金融机构层面，加快发展绿色金融和转型金融

一是率先探索制定绿色金融和转型金融发展规划。有条件的金融机构，特别是法人金融机构要积极采纳赤道原则，制定绿色发展战略，从顶层设计的角度将绿色金融和转型金融纳入自身发展规划及治理架构，从战略层面开展理论研究，制定支持绿色金融和转型金融发展的方案、规划等，并推动各分支机构落地落实。目前攀枝花农商行已成为国家层面探索制定银行机构转型规划的试点行。二是打造健全的绿色金融和转型金融产品体系，率先形成转型金融支持实例。国内外商业银行在绿色金融、转型金融产品和服务创新上积极开展实践，推出了可持续发展挂钩贷款、可持续发展挂钩债券、转型债券等产品。各银行机构要使信贷资源流向绿色低碳转型领域，加强绿色和转型融资产品创新，围绕攀枝花市绿色低碳转型重点支持领域，积极探索绿色信贷资产证券化、合同环境服务、合同能源管理未来收益权质押贷款、特许经营权质押等。银行、证券等金融机构要大力支持低碳转型领域的直接融资，帮助符合条件的企业和项目发行绿色企业债、公司债、绿色资产担保债券、绿色收益支持证券、绿色资产支持票据、绿色永续债等绿色债券以及碳中和债；指导优质的绿色企业在境内外资本市场上市融资。保险机构要积极创新绿色低碳转型保险产品，支持节能环保、新能源、新材料、生物医药等产业企业购买环境污染责任保险，健全生态环境损害赔偿机制。三是率先建设转型金融管理体系。金融机构要探索将转型金融相关指标嵌入业务流程管理，建立与转型金融风险管理相关的配套工具、规范标准与制度体系。比如，将火电、煤炭、钢铁等高碳行业的节能、碳排放等相关指标纳入考核范畴，开展针对高碳行业转型风险的压力测试，为转型过程中可能出现的风险做好应对预案。探索设立绿色金融、转型金融专营机构，打造金融支持绿色低碳转型的服务"港湾"。

3. 在企业层面，主动对接"双碳"需求大力发展低碳经济

现阶段，虽然企业低碳转型的呼声日益高涨，但真正做好准备踏上碳中和征程且取得实质进展的企业仍"凤毛麟角"。大多数企业对低碳转型怎么转、要做什么还不清楚。综合国际国内先进经验，企业可在以下三个方面进行准备。一是明确价值导向，将低碳发展融入企业核心价值，做好战略决策转变准备。对企业而言，既要了解自身优势，也要"放眼四周"，发现未被满足的社会需要。两者的重合之处就是企业的"核心价值"所在。优秀的企业价值导向清晰，能指引其战略政策落地实施。因此，企业一定要提高政治站位，充分认识到实现"双碳"目标是以习近平同志为核心的党中央经过深思熟虑作出的重大战略决策，事关中华民族永续发展和构建人类命运共同体，应该在全世界向低碳经济转型的浪潮中，主动作为、积极转型。二是识别碳中和大潮中自身发展的机遇和风险，做好应对挑战、抓住机遇的准备。每一家企业都深受气候变化的影响，没有谁能够"独善其身"，众多企业将气候变化引起的自然灾害以及政策法规的不确定性视为最大风险。一旦碳定价、碳税等机制得到推广，高排放企业的生产成本将呈直线式上升。环境对企业的影响还包括技术迭代、顾客需求转变、企业声誉等，涉及企业生产经营的方方面面。如果企业没有危机意识，没有提前做好准备，将很难应对气候变化所引发的一系列冲击。危机的背后也蕴藏着机遇，低碳转型市场规模无疑是巨大的。比如，对能源企业而言，能源效率提升和能源储存技术大规模应用，为其创造了第二增长极；对建筑企业而言，未来绿色建筑市场

的发展潜力巨大。三是明确减碳目标、识别抓手，做好低碳转型准备。碳中和目标不是短时间内就可以实现的，要从现在开始设定减碳路径，推动减排与发展共进。从国内外先进企业转型经验来看，要先摸清自己的碳排放量底数，建立企业碳账户，盘查产业链各个环节碳排放基数，再分范围、分阶段设立碳减排目标，并为实现目标设置切实的时间表。同时，还要识别和运用减碳抓手，跟进与企业有关的减排技术，积极果断地实施减碳举措，调整运营环节，通过企业深层次的转型实现减碳目标。

（二）创新路径与重点

1. 聚焦绿色低碳转型总体要求，明确金融支持阶段目标

初步构建具有地方特色、服务绿色低碳转型、组织体系完备、产品服务丰富、政策协调顺畅、稳健安全运行的绿色金融和转型金融服务体系，形成服务实体有力、路径特色鲜明的绿色低碳转型金融发展模式，为全国资源型工业城市绿色低碳转型提供可复制、可推广的经验借鉴。与此同时，推动金融业逐步发展壮大，金融支持绿色低碳发展的规模较快增长，年均绿色低碳转型信贷增速不低于各项贷款平均增速，为攀枝花高质量建设共同富裕试验区、现代化区域中心城市贡献力量。

2. 聚焦绿色低碳转型发展战略，锚定支持五大重点领域

一是大力支持工业绿色低碳发展。围绕"2+3"现代工业体系建设，支持高耗能粗放发展方式向绿色低碳集约发展方式转变、"攀枝花制造"向"攀枝花智造"转变，推动工业全方位、全区域、全周期绿色低碳发展。

二是大力支持清洁能源及关联产业发展。围绕氢能制储输用和装备制造全要素全产业链发展、水电基地建设、风电开发、光伏发电、储能产业和清洁能源输配体系建设、绿色载能产业发展以及"绿能+储能+水利""三位一体"项目建设等，加大金融支持绿色低碳产业高质量发展力度。

三是大力支持绿色低碳农业和服务业发展。结合乡村振兴战略，加大"4+1"现代特色农业体系金融支持力度，促进农业固碳增效。积极培育发展电子商务、现代物流、科技服务等现代服务业；支持阳光康养、绿色旅游

等行业发展；促进大数据等新兴技术应用，推进商贸流通、信息服务等服务业绿色转型。

四是大力支持建筑领域绿色低碳发展。支持建设超低能耗建筑、近零能耗建筑、零能耗建筑和零碳建筑等示范工程，推动低碳建筑规模化发展。支持攀枝花市开展绿色建筑创建行动，建设二星、三星等高星级绿色建筑，加快既有建筑绿色化改造，推动建筑太阳能光伏光热一体化应用和绿色建材利用；支持装配式建筑发展，推进智能绿色建造。

五是大力支持生态保护和环境治理。积极支持长江流域生态保护、山水林田湖草沙和金沙江干热河谷生态保护与修复治理，巩固生态系统碳汇能力，提升碳汇增量；支持大宗固废综合利用、农业农村污染治理、"散乱污"企业清理整治、环保基础设施建设及污染治理设施提标升级改造等，满足大气、水、土壤污染防治等环境治理方面的金融需求。

3. 聚焦绿色低碳转型实现路径，细化五项任务措施

一是金融支持绿色低碳转型基础设施建设。构建绿色低碳转型企业、项目认证标准体系。探索制定攀枝花市绿色企业、项目评价标准，科学界定绿色低碳转型活动范围，编制产业转型升级指导目录和标准。建立绿色低碳转型企业、项目数据库，并实时更新、动态管理，将入库企业和项目定期推送至金融机构，深化融资对接、享受优先支持政策。开展碳账户建设。探索设立工业企业等分类企业碳账户，通过"建立企业碳账户—确定评价标准—结果运用"等，推动碳核算产融合作。推进绿色金融基础设施运用。强化绿色信用信息共享，依托"天府信用通"与"绿蓉融"平台，促进绿色企业、绿色项目线上融资对接。

二是完善多元化金融支持绿色低碳转型产品和服务体系。扩大支持绿色低碳转型信贷供给。鼓励各银行机构建立绿色信贷和转型信贷管理服务机制，使信贷资源流向绿色低碳转型领域，降低绿色信贷、转型信贷成本。大力推动绿色低碳转型领域直接融资。支持符合条件的企业、项目和法人金融机构发行绿色债券以及碳中和债。加大地方政府债券对公益性绿色、转型项目的支持力度。积极推动符合条件的绿色企业、转型企业上市挂牌融资。以财政资金为引导，探索设立绿色发展基金、绿色低碳转型基金，支持全市转型升级、节能减排、生态建设和绿色产业发展等。积极发展支持绿色低碳转型的保险服务。引导创新绿色低碳转型保险产品，健全环境损害赔偿机制。推动农业保险增品、提标、扩面，支持科技保险、专利保险、巨灾保险等创新产品先行先试。创新推出绿色企业、转型企业贷款保证保险等险种。丰富环境权益融资工具。引导企业开展碳排放权、用能权、排污权、水权等的交易业务。积极推动金融机构探索环境权益融资，拓宽企业绿色低碳融资渠道。

三是健全多层次支持绿色低碳转型的金融组织体系。支持设立高层级金融机构和绿色金融、转型金融专营机构。丰富辖内金融机构种类、数量，提升攀枝花市金融聚集力。支持各金融机构设立绿色低碳转型金融专营分支机构，为绿色低碳转型投融资提供专业化金融服务。鼓励创新型金融组织发展。强化地方金融组织体系建设，重点支持绿色低碳转型小微企业发展。积极引进绿色金融中介服务和研究机构。支持绿色支付体系建设。支持金融机构应用电子支付工具，大力推动"智慧支付"在民生领域的应用。推动核心企业积极签发供应链票据，助力实现应收账款票据化。

四是创新建立金融支持绿色低碳转型政策支撑体系。探索建立风险分担和贴息奖补机制。制定绿色金融、转型金融专项财金互动政策，支持金融企业在攀枝花市设立高层级金融机构和绿色低碳转型金融专营机构。加大货币政策工具支持力度。强化再贷款、再贴现等各类货币政策工具运用，争取更多政策红利在辖内释放，促进全市降碳增效。实施差异化的信贷支持政策。对于绿色低碳转型过程中出现资金链紧张等暂时性困难的企业，积极给予金融帮扶；按照急事急办原则，及时满足煤电企业保供发电合理融资需求，不搞"一刀切"。强化创先争优激励引导。通过开展评优评先活动，建立支持绿色低碳转型的金融业绩考核评估机制、强化考核结果运用等，加强激励引导。

五是建立健全绿色金融和转型金融风险防范体系。积极稳妥地做好风险防范化解和处置工作。加强绿色信用体系建设，建立健全绿色、转型企业诚信激励约束机制。依法保护金融机构合法权益，严厉打击恶意逃废债行为，加强金融债权案件审理和执行。

参考文献

潘明清、谢清华、崔冉：《资源配置视角下绿色金融对绿色技术创新的影响研究》，《经济问题》2024年第4期。

潘方卉、张弛、崔宁波：《绿色金融对农业绿色发展的影响效应及其作用机制研究》，《农业经济与管理》2024年第1期。

王遥：《绿色金融体系如何推动经济绿色转型》，《人民论坛·学术前沿》2024年第1期。

王晋斌：《绿色金融助力社会可持续发展》，《人民论坛》2023年第22期。

黄秀路、武宵旭、袁圆、王小雨：《绿色金融改革的节能效应与机制》，《中国人口·资源与环境》2023年第8期。

严恒普：《"双碳"背景下我国绿色金融发展路径探析》，《环境保护》2023年第15期。

张奔、宫大卫、于潇：《绿色金融标准演进路径及制度逻辑研究》，《统计与信息论坛》2023年第9期。

孟维福、刘婧涵：《绿色金融促进经济高质量发展的效应与异质性分析——基于技术创新与产业结构升级视角》，《经济纵横》2023年第7期。

张永亮、惠冰洁：《绿色金融政策对企业全要素生产率的影响效应研究》，《福建论坛（人文社会科学版）》2023年第6期。

华怡婷、石宝峰：《绿色金融对经济高质量发展的影响研究》，《工程管理科技前沿》2023年第3期。

林木西、肖宇博：《绿色金融促进经济高质量发展的测度及其作用机制研究》，《当代经济科学》2023年第3期。

肖仁桥、肖阳、钱丽：《绿色金融、绿色技术创新与经济高质量发展》，《技术经济》2023年第3期。

李成刚：《绿色金融对经济高质量发展的影响》，《中南财经政法大学学报》2023年第2期。

黄孝武、宗树旺、林永康：《绿色金融发展的区域差异及创新效应》，《统计与决策》2022年第24期。

柴晶霞：《绿色金融影响宏观经济增长的机制与路径分析》，《生态经济》2018年第

9 期。

史代敏、施晓燕：《绿色金融与经济高质量发展：机理、特征与实证研究》，《统计研究》2022 年第 1 期。

吕鲲、潘均柏、周伊莉、李北伟：《政府干预、绿色金融和区域创新能力——来自 30 个省份面板数据的证据》，《中国科技论坛》2022 年第 10 期。

刘钒、马成龙：《绿色金融影响区域经济高质量发展的耦合协调研究》，《江西社会科学》2022 年第 6 期。

刘霞、何鹏：《绿色金融在中部地区经济发展中的影响效应研究》，《工业技术经济》2019 年第 3 期。

王志强、王一凡：《绿色金融助推经济高质量发展：主要路径与对策建议》，《农林经济管理学报》2020 年第 3 期。

案 例 篇

B.14
四川银行绿色金融发展报告

四川银行课题组

摘　要：　四川银行成立于2020年11月，是以攀枝花市商业银行和凉山州商业银行为基础，引入28家投资者，采取新设合并方式设立的四川省首家省级法人城市商业银行，注册资本人民币300亿元，位居全国城商行前列。自成立以来，四川银行坚持绿色金融发展底色，持续强化对四川省绿色转型发展的金融支持，金融向绿服务效能不断提升。四川银行制定了《四川银行股份有限公司"十四五"绿色金融发展规划》，建立了层次分明、系统完整、协调有序的绿色发展治理框架，创设"川银绿金"业务体系。截至2023年末，绿色金融业务余额同比增长超90%，打造了全省高碳行业首笔可持续发展挂钩贷款、四川银行首笔EOD项目贷款、绿色支持与托底帮扶高效融合等服务典范。四川银行将进一步融入绿色金融大文章，不断创新服务模式，为支持四川省绿色发展提供更多、更优的四川银行服务蓝本。

关键词：　四川银行　绿色金融　川银绿金

2023 年 10 月，习近平总书记在中央金融工作会议上发表重要讲话，从党和国家事业发展全局的战略高度，部署当前和今后一个时期的金融工作。会议首次提出要"加快建设金融强国"，并指出要做好科技金融、绿色金融、普惠金融、养老金融、数字金融五篇大文章，为推进金融高质量发展指明了方向。从 2012 年中国政府在联合国可持续发展大会上首次提出建设绿色金融体系的构想至今，其一直是国家发展的重中之重。2016 年 8 月，中国人民银行等七部门联合印发《关于构建绿色金融体系的指导意见》，绿色金融发展上升到国家战略层面，构建和完善绿色金融体系这一项系统性工程被提上日程。2021 年，中共中央、国务院印发了《关于完整准确全面贯彻新发展理念做好碳达峰碳中和工作的意见》，绿色金融作为完善政策机制的一环，被列入推动"双碳"目标实现的重要措施。

实践证明，绿色金融既是经济社会高质量发展的重要推动力，也是金融业自身转型发展的长久动力源，培育新质生产力，金融向绿工作大有可为。基于四川省丰富的绿色区域资源禀赋，四川银行坚持从战略高度推进绿色金融发展，构建特色绿色金融体系，持续加大对绿色经济、低碳经济和循环经济的支持力度，更好地服务于实体经济发展。

一　四川银行基本情况简介

四川银行股份有限公司于 2020 年 11 月正式挂牌开业，是以攀枝花市商业银行和凉山州商业银行为基础，引入 28 家投资者，采取新设合并方式设立的四川省首家省级法人城市商业银行，注册资本人民币 300 亿元，位居全国城商行前列。四川银行坚定"服务实体经济，服务中小企业，服务城乡居民"的市场定位，立足四川、扎根四川、服务四川，以建设低碳环保的绿色银行、惠及民生的普惠银行和数字驱动的智慧银行为目标，致力于成为服务四川经济社会发展的金融主力军、地方金融旗舰，以及成渝地区双城经济圈建设中的支柱型金融机构。

秉承"好雨知时润物无声"的经营服务理念，四川银行全面推进

"川银绿金"产品体系建设，综合运用绿色信贷、绿色债券、绿色票据等金融工具，加大对经济绿色转型升级的支持力度，推动绿色金融研究成果落地转化。截至 2023 年 12 月末，四川银行集团口径资产规模 3379.65 亿元，其中绿色金融业务余额 110.98 亿元，较年初增长 92.54%。主动授信企业覆盖四川省 21 个市（州），开业不满 2 年即获中诚信、联合资信双 AAA 主体评级，获《每日经济新闻》"年度服务实体经济金融贡献奖"、《经济观察报》"值得托付绿色金融机构"，全力打造全国示范引领性绿色银行。

二 四川银行绿色金融发展成效

（一）顶层设计，完善绿色金融组织体系

1. 形成四川银行完备的绿色发展治理架构

2023 年，四川银行制定出台的《四川银行股份有限公司"十四五"绿色金融发展规划》（以下简称《规划》），是引导绿色金融发展的纲领性文件。《规划》指出，深入贯彻落实绿色金融理念，构建四川银行特色绿色金融体系，持续加大对绿色经济、低碳经济和循环经济的支持力度，更好地服务于实体经济，全力将"绿色银行"作为重点打造的"三张名片"之一，力争建设全国示范引领性绿色银行。通过全面构建绿色金融组织架构，明确责任分工，压实主体责任，四川银行已形成层次分明、系统完整、协调有序的绿色金融治理架构（见图 1）。

2. 董监高全面参与绿色金融治理进程

董事会层面，负责确定绿色金融发展战略，审批由高级管理层提出的绿色金融发展目标和提交的相关报告，监督、评估绿色金融发展战略执行事项。董事会下设战略发展委员会，负责研究绿色信贷发展战略，审议高级管理层提出的绿色信贷目标和提交的绿色信贷报告；风险管理委员会与关联交易控制委员会负责监督绿色金融战略实施和达标情况；审计委员会通过聘请

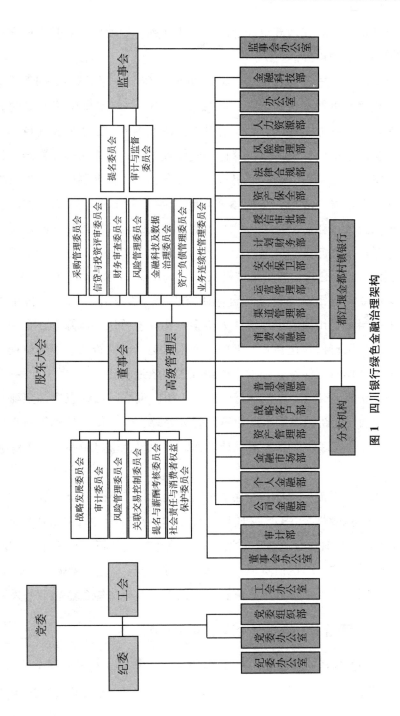

图 1　四川银行绿色金融治理架构

第三方审计机构、委托内部审计部门等方式抽查典型项目，对其环境和社会风险管理进行专项审计。

监事会层面，履行监督职责，对董事会和高级管理层履行 ESG 及绿色金融战略相关职责情况进行监督，持续关注 ESG 战略实施情况，专题研究 ESG 工作进展，在夯实基础管理、提升能力建设等方面给予监督建议。

高级管理层层面，主持全行绿色经营管理工作，组织实施年度经营计划和投资方案，拟定绿色金融管理机构设置方案和基本管理制度。根据董事会确定的绿色金融发展战略，全面落实绿色金融发展工作，就工作方向、目标、组织及重大议题做出决策；针对主要目标实施内控和评估，听取绿色金融发展情况汇报并向董事会报告。

3. 创设形成绿色金融专项工作机制

一是成立四川银行绿色金融合作研究机制。2022 年，四川银行正式被吸纳为央行绿金委川内首家地方法人金融机构理事单位。以绿金委合作研究为基础，四川银行搭建包括政府部门、学术机构、研究机构、评级机构在内的绿色金融合作研究体系，加快合作研究成果落地转化。

二是成立四川银行绿色金融行业研究小组。围绕区域绿色资源禀赋与发展现状，持续开展新能源汽车产业链、固废处理、生活垃圾处理等重点项目研究、目标客户梳理和产品方案设计工作，梳理绿色金融政策，开展绿色金融专题研究。

三是成立四川银行"绿色金融青年先锋队"。充分提升全行员工推动绿色金融工作的积极性、主动性和创造性，成立跨条线、跨部门的"绿色金融青年先锋队"，围绕绿色金融政策执行、绿色产业分析、绿色金融产品创新、绿色信贷投放、绿色信贷识别、绿色债券投资、绿色金融研究、环境与社会风险管理等重点工作，集思广益、群策群力，推进绿色金融业务发展。

（二）政策指引，建立健全绿色金融制度体系

1. 完善内部绿色金融制度

持续加强绿色金融制度体系建设，四川银行先后制定了《四川银行股

份有限公司绿色金融业务管理办法（试行）》《四川银行股份有限公司"川银绿金"绿充贷操作规程（试行）》等多项绿色金融相关制度，不断完善自身绿色金融顶层设计，为绿色金融业务开展提供制度支持。同时，以国家和地区出台的绿色金融相关战略部署、行业政策等为导向，持续加大对绿色金融、普惠小微、涉农等重点领域的信贷支持力度，给予优惠定价和减费让利；建立绿色金融考核激励机制，设立优惠定价模型，从减值支出、资本成本、FTP 等多方面给予补贴，形成鼓励绿色信贷投放的导向，助力区域"双碳"目标实现。

2. 强化绿色领域风险评估与风险防控

明确环境相关风险识别路径，在尽职调查、合规审查、授信审批、合同管理、资金拨付管理、贷后管理等各环节加强绿色金融管理，完善客户环境和社会风险评估分类机制。将相关分类结果作为信贷准入、管理和退出的重要依据，重点关注客户污染预防和控制、劳动和工作条件、环境和社会风险评估及管理系统等内容。通过对办理贷款、票据承兑、保函、保理、贸易融资、信用证等表内外本外币信贷业务以及表内外投资业务的公司和小微企业授信客户（不含个人客户）开展环境和社会风险管理，依据授信业务面临的环境和社会风险的严重性及客户在应对环境和社会风险所采取措施的有效性及公司治理综合评价，按照环境和社会风险程度高低，将客户分为 A、B、C 三类。针对不同类别的客户，采取差异化授信政策，同时，建立全流程环境风险管理体系，包括贷前尽职调查、授信审查、合同管理、放款管理、监督检查五大环节，确保相关风险可控。

3. 遵守采纳气候与环境国际公约/框架/倡议

为全面提升绿色金融管理水平，四川银行主动引入绿色金融国际标准、技术和管理工具，积极对标《气候友好型金融机构评价导则》（T/CSTE0289-2022），开展气候友好型金融机构自评价工作，努力建成气候友好型金融机构。四川银行致力于加强绿色金融能力建设，推动绿色信贷高质量发展，提高投融资端的环境绩效，在办公运营环节通过控制资源和能源消耗、延伸线上业务服务半径，降低碳排放，间接支持我国"双碳"行动。

（三）强化供给，健全绿色金融产品体系

1. 构建"川银绿金"产品体系

四川银行紧跟监管指引和市场变化，围绕"双碳"目标，聚焦绿色金融特色行业，为绿色金融客户提供多样化、定制化服务。通过加强科学统筹，全面推进公司金融、金融市场、资产管理、普惠金融、运营管理、个人金融六大方面的"川银绿金"产品体系建设（见图2），主动支持节能环保、清洁生产、清洁能源、生态环境、基础设施绿色升级、绿色服务六大绿色产业发展，推动能源、钢铁、有色金属、交通、建筑等领域的企业开展低碳转型升级和数字化转型，支持高碳排放企业实施技术改造等。

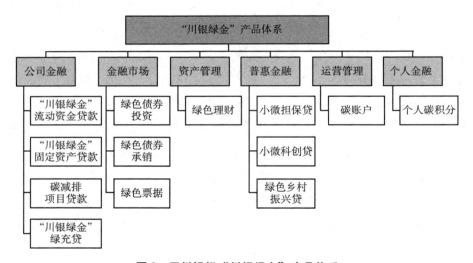

图2 四川银行"川银绿金"产品体系

2. 拓展绿色金融创新产品

围绕绿色重点项目开发、传统产业绿色改造、生产工艺转型升级等融资需求，积极进行产品创新、新客拓展，重点支持绿色制造业、高新技术企业、高成长性现代服务业等领域；创新绿色投行业务，探索开发碳资产融资工具等环境权益融资产品，基本形成覆盖低碳产业链上下游的绿色创新产品

库。自成立以来，创新落地四川银行首笔 EOD 项目贷款、四川省首单高碳行业可持续发展挂钩贷款等创新产品类型，为服务企业绿色转型提供创新服务蓝本。

3. 探索新的绿色金融业务模式

持续强化产品融合创新，通过将绿色金融与地区实体经济、科技金融、普惠金融、民营经济、新质生产力、制造强省、乡村振兴等相结合，探索发掘"绿色+制造""绿色+科创""绿色+普惠"新模式，形成托底帮扶与绿色转型等方面的服务典范，全面助力经济高质量发展。

（四）强化服务，提升绿色金融服务水平

1. 强化绿色金融信贷服务支持

一是积极落实四川省生态环境厅、四川省经济和信息化厅近零碳排放园区试点工作安排，"碳"寻绿色新经济、气候投融资进园区，为园区企业提供"结算+投资+融资+顾问"全面综合金融服务。二是面向绿色制造企业以及科创企业，除提供绿色金融优惠政策外，还提供川银智造贷、川银科创贷、订单融资等专项产品，同时根据企业特点推出"碳账户挂钩贷款"等气候投融资服务。三是着力打造"绿色金融"提质增效工程。通过制定专有信贷流程、设置专项激励考核机制、建设"绿色银行"等方式，切实推动业务经营与"绿水青山就是金山银山"理念的深度融合。

2. 开展"商行+投行"综合化服务

一是围绕绿色企业融资需求，搭建"投、承、贷、研"综合服务体系，以非金融企业债务融资工具承销资质获取为契机，不断强化从客户资产组织、项目包装到承销发行、投资交易的投行一体化服务。二是积极联动基金、信托、保险、金融租赁等机构，为绿色企业和项目提供"资本金+配套融资"、并购融资、股权融资、组合融资、债券融资等全周期金融服务。三是加大政策资金投入力度，围绕绿色、供应链、科创、小微企业，做好票源挖掘，开通针对绿色票据的"优惠贴现+再贴现"绿色通道，助推绿色产业发展。

3. 全力推动绿色金融服务创新

一是个人服务领域"创新节碳"。积极探索碳积分、碳账户等方式，同时通过"1分钱乘公交地铁""9.9元青桔单车月卡畅骑"等活动支持"轨道+公交+慢行"绿色出行低碳生活方式，推出电子银行等绿色银行服务，全面助力节能降碳。二是金融科技赋能绿色创新。根据绿色金融业务认定标准增加信贷系统业务绿色认定功能，添加绿色业务标识，实现覆盖业务申报、客户准入、授信审批、合同签订、贷后管理的全流程管理，进一步提高绿色金融管理水平和效率。三是创新开展低碳经营。打造四川银行首个"零碳网点"天府广场支行、四川省首家数字化碳管理系统网点——成都分行彭州支行，积极开展绿色办公活动，提升员工节能环保意识，全方位践行低碳运营。

4. 加快绿色金融合作研究成果落地

四川银行积极构建包括监管部门、优秀研究机构、头部评级机构在内的综合研究平台。作为央行旗下中国金融学会绿色金融委员会在四川的唯一法人机构理事单位，借助与绿金委平台的合作优势，四川银行组织员工参加绿金委年会及培训，学习交流绿色金融前沿成果，推动绿色金融研究成果落地。积极参与生态环境主管部门《气候投融资项目支持目录及认定范围》的编制工作，促进气候投融资试点共建，参与《成都市零碳券管理办法》和碳减排挂钩贷研究讨论。2023年，实现首个成果——四川省绿色金融发展指数（2023年）落地，通过建立四川绿色金融发展指数，对四川绿色金融发展情况进行评估，对存在的不足进行深入研究分析，为四川绿色金融发展提供数据支撑。推动完成天府金融指数项目（2023年）发布工作，为成都打造西部金融中心提供理论支撑。

（五）区域合作，打造共建共享的绿色金融合力

1. 推进德阳区域绿色金融战略合作

四川银行积极开展战略合作，服务经济绿色发展，共建产融合作、金融互助等机制，以重点绿色行业为载体、以重大项目为抓手，协同推进区域绿

色低碳发展。2023 年 8 月，四川银行与德阳市人民政府签订了《建设世界级清洁能源装备制造基地的战略合作协议》，围绕德阳市加快建设世界级清洁能源装备制造基地、中国装备科技城的重大使命，建立高效务实工作机制，共同为推动四川省绿色低碳优势产业高质量发展贡献力量。合作期间，四川银行向德阳市提供信贷和类信贷融资支持，支持"五大中心"建设、重点制造企业和重点项目建设、生态环保等重点领域。同时，德阳市政府邀请四川银行参与相关项目的研究，共同建立创新联动招商合作机制，吸引省外投资项目落地德阳。

2. 拓展区域气候金融产品创新与实践合作

2023 年 12 月，四川银行参加"关注气候转型金融赋能发展"天府气候投融资产业促进中心揭牌仪式并进行气候金融产品创新与实践分享。四川银行与四川天府新区生态环境和城市管理局签订战略合作协议，在气候投融资试点方面展开深度合作，积极探索新发展模式，共谋公园城市的绿色发展之路。此外，四川银行与四川天府新区管理委员会签署战略合作协议，向四川天府新区企业及个人提供融资支持，为辖内社会经济发展提供全方位的金融服务。四川银行积极助力四川天府新区气候融资试点，将探索在总行营业部设立气候投融资网点，积极开展气候投融资实践。

三　四川银行绿色金融服务案例

自成立以来，四川银行持续加大绿色金融产品和服务创新力度，提升绿色金融的覆盖率、可得性、便利性，强化绿色金融对产业转型升级的支撑，为地方经济绿色发展注入新动能。四川银行加大绿色信贷及债券投放力度，截至 2023 年末，绿色金融业务余额较年初增长 92.5%，其中绿色信贷余额较年初增长 74.9%，绿色债券投放量较年初增长 96.1%。

（一）探索"绿色+乡村振兴"的托底帮扶新模式

四川银行坚持将托底性帮扶的万源市作为践行金融工作政治性和人民性

的主阵地、巩固拓展主题教育成果的主战场，充分发挥国有企业的示范带头作用和在地方经济社会发展中的金融主力军作用。四川银行制定了《四川银行股份有限公司关于做好欠发达县域托底性帮扶工作推动万源追赶跨越发展工作方案》，从帮扶机制、工作原则、重点任务、保障措施等方面采取20条具体举措，集成金融服务，创新金融产品，建立绿色通道，通过量化指标、降低贷款利率等方式推出"一揽子"金融政策服务包，推动万源市经济加快追赶、跨越发展。

自托底性帮扶工作开展以来，四川银行积极发挥万源地区绿色资源禀赋优势，探索绿色创新服务模式。一是联合外汇交易中心开展"兴村筑梦"托底帮扶交易活动，面向全国统一大市场宣传达州万源，支持乡村振兴，累计有超400家国股大行、城农商行、头部券商等的近1100名从业人员深度参与，参与活动人数近4000人次，累计达成交易额4300亿元，引资入川规模超360亿元。二是锚定万源绿色资源富集、产业优势鲜明的特点，服务小微、涉农、民营客户的支付结算和短期融资需求，围绕万源特色产业培育推出专属票据产品，并嵌入特色产业供应链生命周期，推动万源地区首家绿色企业"巴山雀舌"进入四川环交所绿色企业库，享受绿色融资政策，打造托底帮扶绿色转型典范，拓宽帮扶"全频段"。

（二）落地全省高碳行业首笔可持续发展挂钩贷款

2023年11月，四川银行向四川启明星铝业有限责任公司发放3亿元可持续发展挂钩贷款，属于四川银行首笔"转型金融+制造"创新业务，深度服务于传统制造业绿色低碳转型升级，为后续探索转型金融提供了实践样板。转型金融是央行围绕"双碳"目标提出的重要发展方向，是绿色金融的重要补充。其核心是将贷款利率与借款人减污降耗等指标挂钩，若贷款期内企业达到既定目标，贷款利率则按约定予以下调。该笔贷款通过与借款人ESG绩效目标挂钩，在实现预定ESG绩效目标的情况下，给予贷款利率优惠支持。据测算，该贷款期间可每年节约标准煤13091.52吨，减排二氧化碳22826.58吨、二氧化硫373.89吨、氮氧化物49.49吨，节能减排成效显著。

（三）落地四川银行首笔 EOD 项目贷款

四川银行为南充市嘉陵江某综合治理生态环境导向开发（EOD）试点项目授信 3.5 亿元。该项目是 2022 年生态环境部、国家发改委和国开行全国第二批 EOD 试点项目名单中四川省的两个试点项目之一。该项目通过积极探索生态环境治理项目与资源、产业开发项目的融合模式，有效解决生态环境建设因公共属性较强而生态效益难以转化为经济效益的问题。

（四）落地四川银行首笔碳减排支持贷款

四川银行为四川省某能源投资公司提供融资服务并发放全行首笔碳减排支持贷款，资金用于支持某工业园区综合能源站（加氢站）项目建设。该项目深入落实习近平总书记对四川工作系列重要指示精神、省委第十届十次全会将攀枝花定位为"氢能产业示范城市"的战略部署、市委关于以打造氢能产业示范城市为引领推动绿色低碳产业高质量发展的意见，替代化石燃料，有效改善城市能源结构，优化城市投资环境，提高环境质量。

（五）票据业务助力传统行业节能环保发展

四川银行为攀枝花青杠坪矿业有限公司办理绿票贴现 0.74 亿元，并以贴现票据成功向中国人民银行申请办理碳减排票据再贴现 0.74 亿元，借助货币政策工具对绿色企业实现精准"滴灌"，促使二氧化碳减排量超 3000 吨。该公司主要从事钒钛磁铁矿的开采、洗选加工业务，为四川联合环境交易所"绿蓉融"绿色金融服务平台绿色企业库内企业。作为"川碳快贴"重点支持领域的民营企业，攀枝花青杠坪矿业有限公司的超细粒闭路筛分提质降耗及选钛尾矿综合利用技改工程具有碳减排效应。四川银行工作人员在了解到企业需求后，通过业务办理绿色通道，提供对接服务，给予企业贴现利率优惠支持，采用"额度优先、办理优先、利率优惠"措施，切实为企业提供"真金白银"的优惠和便利，降低企业融资成本。

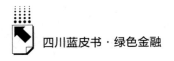

（六）全方位支持生物多样性、新能源等领域发展

四川银行支持成都市某水环境有限公司污水处理厂及配套基础设施建设及设备采购项目，助力改善园区内污水处理设施不健全、环境容量有限等问题，减少环境污染。投资眉山某公司非公开发行的绿色公司债券，资金用于偿还四川省某生态旅游景区绿色贷款，改善景区交通设施及污染物处理配套设施，助力打造为全球生物多样性保护的重要区域。为成都某汽车科技发展有限公司提供固定资产贷款，用于支持39个新能源汽车充电点位、4970台充电桩的建设，支持新能源车产业发展，助力"双碳"目标实现。

四 未来展望

四川银行将深入贯彻落实习近平生态文明思想，主动推进经济社会全面绿色转型发展。围绕"双碳"目标，不断完善绿色金融发展格局，充分发挥省属法人银行优势，强化政府与金融、金融与产业的协同，通过跨期、跨界资源配置，引导未来产业发展走上绿色低碳的道路，支持绿色金融服务持续深化。

（一）强化绿色金融战略执行力

"十四五"期间，围绕"双碳"目标，四川银行厚植绿色、可持续发展底色，着力打造绿色银行、普惠银行、智慧银行，推动绿色金融高质量发展。坚持"党的全面领导、服务实体经济、以客户为中心、守正创新发展"基本原则，不断完善绿色金融组织体系、建立健全绿色金融制度、强化绿色金融对产业转型升级的支撑力。

四川银行争取到2024年末，在绿色金融领域实现跨越式发展，进一步完善绿色金融经营管理体系，丰富绿色投资活动，创新绿色投资产品，扩大绿色产品覆盖面，绿色金融余额突破132亿元；到2025年末，绿色治理架构全面形成，绿色服务理念深入人心，绿色金融产品全面覆盖，绿色金融创新全面落实，绿色信贷规模大幅提升，绿色金融占比、信贷增量和增速、绿色信贷不良率等指标优于全省平均水平，初步建成具有示范引领作用的绿色金融法人机构，成为全国性绿色金融标杆银行，绿色金融余额突破 200 亿元。

（二）完善绿色金融支持政策

积极开展绿色创新，通过合理分配经济资本、信贷资源等方式优先支持绿色项目；积极创新与绿色、低碳、循环经济有关的金融产品和服务，完善绿色金融政策。

四川银行针对符合绿色金融投向的贷款项目持续给予减值支出、资本成本、FTP 等补贴支持，鼓励绿色信贷投放；建立绿色金融考核激励机制，将绿色企业作为重点群体，优先办理绿色、碳减排票据贴现业务，同时给予贴现价格优惠支持，加大绿色票据贴现力度，着力支持具有碳减排效应的企业和项目；开展差异化投融资引导工作，制定支持绿色金融的授信审批和风险管理政策，针对绿色客户，在风险可控原则下，制定差异化的绿色行业和区域政策、产品政策，开辟绿色授信通道。建立优先受理、优先准入、优先审批、优先放款等全流程绿色通道机制，为绿色企业提供便捷的服务。

（三）强化业研一体绿色金融工作机制

着力培育一支业务能力和研究能力突出的专业化队伍，培养和引进专业人才，系统开展包括绿色金融系列培训、宏观研究等在内的多层次工作，加强绿色投融项目经验的交流与分享，结合绿色金融发展情况开展继续教育。通过科学精准、规范有序、长期孵化的考评机制促进全员开展专业学习，全面普及绿色金融知识、深入践行绿色金融理念，不断提高从业人员绿色金融专业水平和服务能力。

四川银行将着重加强碳交易市场、乡村振兴等重点绿色领域的研究，强化与四川省政府部门、监管机构、学术机构、研究机构的深度合作。通过积极整合内外部力量，打造包括政府部门、行业协会、国际国内组织、高校科研究院所在内的全方位、开放式研究合作平台，做好区域绿色标准制定工作，开展绿色认证、环境风险评估等。积极参与学术交流和研讨会，加快形成定期或专项成果，承接全国绿色金融创新试点在四川省的落地项目，指导绿色金融创新工作实践，实现以专业能力提升绿色低碳效益，打造绿色低碳品牌。

（四）持续完善绿色金融产品及服务体系

围绕四川重点绿色产业，探索"绿色+科创""绿色+高端制造""绿色+普惠小微"新模式，使绿色金融与实体经济、"专精特新"、民营经济、制造强国、乡村振兴等有机结合，构建"川银"绿色金融产品体系。不断丰富绿色信贷、碳金融、绿色普惠、绿色债券、绿色基金等领域的产品，探索对市场主体、经济活动和资产项目向低碳和零碳排放转型的金融支持方式。

具体来看，一方面积极创新绿色产品，进一步完善绿色金融产品体系。针对不同担保需求，创新用能权质押、CCER质押、碳资产抵押等融资担保方式，拓宽企业融资渠道；针对重点绿色行业，创新如风电建设贷、土地增减贷、环易贷、资源循环利用贷等绿色金融产品；针对个人融资需求，研究推出绿色消费贷款、绿色信用卡、个人碳账户积分等产品，在绿色金融领域实现全维度覆盖。另一方面坚持"商行+投行"服务联动一体化。加强绿色债券投承一体综合服务，推动绿色直融市场发展；充分发挥省级法人银行服务优势，联动基金、信托、保险、金融租赁等机构，持续为绿色企业和项目提供"资本金+配套融资"、并购融资、股权融资、组合融资等全链条全周期金融服务，满足企业多元化的融资需求，全方位支持企业绿色发展；发行本行绿色债券，以本行绿色信贷资产为基础，通过资产证券化，盘活存量资产，优化资产负债结构，全面提升在绿色领域的服务支持能力。

四川银行将持续推动绿色金融业务稳健发展，加强产品创新与绿色金融研究，加强绿色金融战略规划及绿色金融政策宣贯，引导全行在战略决策、政策体系和自身运营以及主要业务领域全面践行可持续发展理念，继续为绿色产业的金融需求做好支持工作。

附录一
2018~2023年四川省绿色证券
重要政策文件

附表　2018~2023年四川省绿色证券重要政策文件

发布时间	文件名称	发布单位	相关内容
2018年1月	《四川省绿色金融发展规划》	四川省人民政府办公厅	推动证券市场支持绿色投资、支持绿色企业上市融资与再融资、支持符合条件的机构和企业发行绿色债券和相关产品,积极开发绿色投资产品,探索实施绿色项目评估
2018年9月	《关于继续实施财政金融互动政策的通知》	四川省人民政府办公厅	支持企业债权融资。对融资用于四川省基础设施和公共服务领域的重点项目,以及发行"双创"专项债券、绿色债券、"一带一路"债券、扶贫债券、军民融合债券、社会效应债券等创新型专项债券的企业,贴息比例分档对应提高2个百分点
2018年11月	《关于全面加强生态环境保护坚决打好污染防治攻坚战的实施意见》	中共四川省委、四川省人民政府	加强绿色金融体系建设。大力发展绿色信贷、绿色债券等金融产品。按规定在环境高风险领域建立环境污染强制责任保险制度,完善资源环境价格机制,开展碳排放权、用能权、排污权等生态环境权益的市场化、资本化试点,健全环境资源权益交易制度,出台用能权交易管理暂行办法,加快建设西部环境资源交易中心
2019年1月	《关于推进"5+1"产业金融体系建设的意见》	四川省人民政府	创新金融产品服务。推动金融机构开发新产品、开拓新业务,加强对产业重点领域和薄弱环节的服务。大力发展绿色信贷、绿色债券等金融产品。鼓励金融机构通过设立专业支行、特色支行、产业金融服务中心(事业部)等,实行差异化指标体系管理,建立审批"绿色通道"。组织"产业金融创新示范产品(服务)"评选,推动新产品研发、应用和市场推广

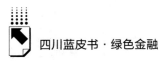

续表

发布时间	文件名称	发布单位	相关内容
2019 年 5 月	《四川省财政金融互动奖补资金管理办法》	四川省财政厅、中国人民银行成都分行等十部门	支持企业债权融资。特定企业指融资用于四川省基础设施和公共服务领域的重点项目，以及发行双创专项债券、绿色债券、"一带一路"债券、扶贫债券、军民融合债券、社会效应债券等创新型专项债券的企业
2021 年 1 月	《关于构建现代环境治理体系的实施意见》	中共四川省委办公厅、四川省政府办公厅	落实绿色金融政策，将环境信用作为企业信贷、发行绿色债券的重要参考。完善金融扶持政策，鼓励符合条件的企业和金融机构发行绿色债券。依法依规利用政府和社会资本合作（PPP）模式扩大绿色投资，推动符合条件的绿色项目 PPP 资产证券化
2021 年 2 月	《四川省国民经济和社会发展第十四个五年规划和二〇三五年远景目标纲要》	四川省人大（含常委会）	在环境高风险领域探索建立环境污染强制责任保险制度，鼓励发展重大环保装备融资租赁，支持企业发行绿色债券。推进绿色丝绸之路建设，支持企业在沿线国家开展绿色工程、绿色投资、绿色贸易
2021 年 6 月	《关于省属企业碳达峰碳中和的指导意见》	四川省政府国有资产监督管理委员会	推动绿色金融创新发展。推进绿色产业和绿色金融深度融合、创新发展，加强对绿色企业和绿色项目的投融资支持。统筹用好各类绿色金融工具，鼓励企业参与绿色信贷、绿色债券（碳中和债）、绿色基金、绿色担保、碳金融等多种绿色金融工具创新
2021 年 12 月	《关于以实现碳达峰碳中和目标为引领推动绿色低碳优势产业高质量发展的决定》	中共四川省委	大力发展绿色金融。整合金融资源、优化融资结构、强化财金互动，有序推进绿色低碳金融产品和服务开发。引导银行等金融机构积极运用中国人民银行碳减排支持工具，为绿色低碳产业项目提供长期限、低成本资金。大力发展绿色信贷、绿色债券、绿色基金、绿色保险和绿色信托。支持符合条件的绿色低碳优势产业领域企业上市融资、发行债券。支持有条件的地方创建国家绿色金融改革创新试验区。支持天府新区争取开展全国气候投融资试点。推动碳金融市场创新发展

续表

发布时间	文件名称	发布单位	相关内容
2022年3月	《关于完整准确全面贯彻新发展理念做好碳达峰碳中和工作的实施意见》	中共四川省委、四川省人民政府	积极发展绿色金融。发挥"绿蓉融"绿色金融综合服务平台作用,加大对金融机构绿色金融的评价力度,引导银行等金融机构创新开发绿色金融、转型金融产品,为绿色低碳项目提供长周期、低利率贷款支持。支持符合条件的绿色低碳产业企业上市融资和再融资
2022年7月	《四川省"十四五"节能减排综合工作方案》	四川省人民政府	完善经济政策。加大节能减排财政支持力度,发挥财政资金的带动作用,引导社会资本投入节能减排重点工程、重点项目和关键共性技术研发。扩大政府绿色采购覆盖范围。健全绿色金融体系,大力发展绿色信贷、绿色基金、绿色债券、绿色保险等金融工具。加大绿色金融评价力度,引导金融机构向绿色低碳项目提供优惠利率贷款支持,用好碳减排支持工具和支持煤炭清洁高效利用专项再贷款。加快绿色债券发展,支持符合条件的节能减排企业上市融资和再融资,将符合条件的绿色低碳项目纳入政府债券支持范围
2022年7月	《金融支持四川省"5+1"现代产业绿色高质量发展专项行动方案》	四川省经济和信息化厅	绿色债券承销及资产证券化。适用企业:符合"碳中和"债、转型债券、绿色及碳中和资产支持票据/证券要求的各类企业。授信方案:中国银行依托在岸、离岸市场优势,为四川省重点工业企业提供绿色债券路演、增信、债券承销、债券投资等系列金融服务,引荐合格投资人有效控制发行成本
2022年9月	《关于推动四川省重庆市银行业保险业高质量发展 更好地服务于成渝地区双城经济圈建设的意见》	中国银保监会四川监管局、中国银保监会重庆监管局	支持共筑长江上游生态屏障。支持地方法人机构结合自身实际并借鉴国内外成功实践经验,完善绿色金融制度体系。支持银行保险机构通过设立绿色金融专业部门、特色分支机构、专岗专职等方式,提升绿色金融专业服务能力和风险防控水平。鼓励银行保险机构聚焦碳达峰碳中和目标,积极发展能效信贷、绿色债券和绿色信贷资产证券化,探索碳金融、气候债券、环境污染责任保险、气候保险等创新型绿色金融产品。加强政策指引,优先支持长江上游生态保护、清洁能源、节能环保、绿色交通、资源综合利用等国家规划重点工程及优质项目,严控"两高一剩"行业信贷,坚决遏制高耗能、高排放、低水平项目盲目发展,推动成渝地区绿色、低碳、循环转型发展,共筑长江上游生态屏障

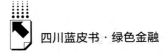

续表

发布时间	文件名称	发布单位	相关内容
2022年10月	《关于深入打好污染防治攻坚战的实施意见》	中共四川省委、四川省人民政府	充分发挥市场机制的激励作用。完善有利于绿色发展的价格政策及差别化管理政策。推动制定钢铁、水泥等重点行业差别化电价政策。推动绿色信贷、绿色保险、绿色债券等金融产品和服务创新,加快绿色金融标准建设。全面实施环保信用评价,充分发挥环境保护综合名录的引导作用。推广生态环境第三方治理,规范环境治理市场。深化生态环境价格改革,逐步调整优化污水、垃圾处理费用征收标准
2023年1月	《关于扩大四川省绿色金融创新试点区域的工作方案》	四川省地方金融监督管理局、中国人民银行成都分行	试点地区要更加突出地方特点与产业对接,形成绿色金融支持低碳、可持续、高质量发展的创新发展模式。绿色信贷、绿色债券、绿色直接融资、绿色保险等各项指标同比表现较好,地方法人金融机构绿色金融评价结果良好。水、光、风等清洁能源资源丰富,绿色农业、绿色旅游、绿色建筑、绿色交通、林业碳汇等的开发潜力巨大,开展气候投融资的基础条件好,生态产品丰富
2023年4月	《财政支持做好碳达峰碳中和工作实施意见》	四川省财政厅	健全市场化多元化投入机制。大力发展绿色信贷、绿色基金、绿色债券、绿色保险、绿色信托等金融工具。整合优化省级产业发展投资引导基金,设立绿色低碳产业发展引导基金,争取国家绿色发展基金更多地投资省内项目。支持符合条件的绿色低碳企业上市融资和再融资,将符合条件的绿色低碳项目纳入政府债券支持范围,在项目储备入库、新增债券分配、项目发行安排和债券品种设计等方面予以引导支持
2023年6月	《四川省进一步提升产品、工程和服务质量行动实施方案(2023—2025年)》	四川省质量强省工作领导小组	推动生产性服务质量专业化。扩大涉农金融服务供给,引导支持符合条件的农业企业上市融资。完善绿色金融标准体系,创新支持绿色低碳发展的金融服务,推动绿色直接融资和绿色债券发行
2023年11月	《关于践行新发展理念服务保障碳达峰碳中和工作的实施意见》	四川省高级人民法院	依法妥善审理绿色金融与环境信息披露案件。妥善审理涉环保、节能、清洁能源、绿色交通、绿色建筑等领域的项目投融资、项目运营、风险管理等案件;妥善处理因提供绿色信贷、绿色债券、绿色股票指数和相关产品,以及因绿色发展基金、绿色保险、碳金融等金融服务产生的纠纷。严格规范企业ESG(环境、社会和公司治理)信息披露行为

资料来源:四川省人民政府官网,北大法宝数据库。

附录二
2023年四川省上市公司 ESG
信息披露情况

附表 四川省 2023 年上市公司 ESG 信息披露情况

证券代码	证券简称	2023 年报 ESG 独立报告
600131.SH	国网信通	国网信通：2023 年环境、社会及公司治理（ESG）报告
000858.SZ	五粮液	五粮液：2023 年社会责任报告
688297.SH	中无人机	中无人机：2023 年度环境、社会责任与公司治理（ESG）报告
600779.SH	水井坊	水井坊：2023 年度环境、社会、公司治理（ESG）报告
600438.SH	通威股份	通威股份：2023 年环境、社会与公司治理报告
002422.SZ	科伦药业	科伦药业：2023 年环境、社会及治理报告（英文版）
002773.SZ	康弘药业	康弘药业：2023 年社会责任报告
300463.SZ	迈克生物	迈克生物：2023 年度可持续发展报告
002386.SZ	天原股份	天原股份：2023 年社会责任报告
000876.SZ	新希望	新希望：2023 年社会责任报告
688737.SH	中自科技	中自科技：2023 年度社会责任报告
600839.SH	四川长虹	四川长虹：2023 年度可持续发展（ESG）报告（英文版）
600109.SH	国金证券	国金证券：2023 年度社会责任暨环境、社会及公司治理（ESG）报告
002246.SZ	北化股份	北化股份：2023 年环境、社会与公司治理（ESG）报告
002466.SZ	天齐锂业	天齐锂业：2023 年社会责任报告 天齊鋰業<09696>-2023 可持續發展報告 天齊鋰業<09696>-（經修訂）2023 可持續發展報告
688319.SH	欧林生物	欧林生物：2023 年度社会责任报告暨ESG（环境、社会及治理）报告
600391.SH	航发科技	航发科技：2023 年度环境、社会及治理（ESG）报告
000155.SZ	川能动力	川能动力：2023 年社会责任报告
000629.SZ	钒钛股份	钒钛股份：2023 年社会责任报告
601811.SH	新华文轩	新华文轩：2023 年度社会责任报告 新華文軒<00811>-年報 2023

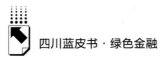

续表

证券代码	证券简称	2023 年报 ESG 独立报告
002935. SZ	天奥电子	天奥电子:2023 年度环境、社会及治理(ESG)报告
600702. SH	舍得酒业	舍得酒业:2023 年度环境、社会及管治报告
600101. SH	明星电力	明星电力:2023 年环境、社会及治理报告
600378. SH	昊华科技	昊华科技:2023 年环境、社会及治理(ESG)专项报告
600875. SH	东方电气	东方电气:2023 年社会责任报告 东方电气:2023 年度环境、社会及管治报告 東方電氣<01072>-2023 环境、社会及治理报告
600392. SH	盛和资源	盛和资源:2023 年度环境、社会及治理(ESG)报告
000598. SZ	兴蓉环境	兴蓉环境:2023 年度环境、社会及公司治理(ESG)报告
000568. SZ	泸州老窖	泸州老窖:2023 年社会责任报告
002190. SZ	成飞集成	成飞集成:2023 年度 ESG 报告
301239. SZ	普瑞眼科	普瑞眼科:2023 年度环境、社会及公司治理(ESG)报告
300678. SZ	中科信息	中科信息:2023 年社会责任报告
002497. SZ	雅化集团	雅化集团:2023 年社会责任报告
688117. SH	圣诺生物	圣诺生物:2023 年可持续发展报告
601107. SH	四川成渝	四川成渝:2023 年环境、社会与管治报告 四川成渝高速公路<00107>-2023 环境、社会及管治报告
002240. SZ	盛新锂能	盛新锂能:2023 年度环境、社会及治理(ESG)报告
603053. SH	成都燃气	成都燃气:2023 年度社会责任报告
300471. SZ	厚普股份	厚普股份:2023 环境、社会及治理(ESG)报告
600644. SH	乐山电力	乐山电力:2023 年度环境、社会与治理(ESG)报告
300425. SZ	中建环能	中建环能:中建环能 2023 年度 ESG 报告
002272. SZ	川润股份	川润股份:2023 年社会责任报告
600505. SH	西昌电力	西昌电力:2023 年度 ESG 报告
300019. SZ	硅宝科技	硅宝科技:2023 年度社会责任报告
600793. SH	宜宾纸业	宜宾纸业:2023 年度环境、社会及治理(ESG)报告
000731. SZ	四川美丰	四川美丰:2023 年社会责任报告
603327. SH	福蓉科技	福蓉科技:2023 年度社会责任报告
601838. SH	成都银行	成都银行:2023 年度社会责任报告
600880. SH	博瑞传播	博瑞传播:2023 年度社会责任报告暨环境、社会和治理(ESG)报告
603027. SH	千禾味业	千禾味业:2023 年年度企业社会责任报告
301256. SZ	华融化学	华融化学:华融化学股份有限公司 2023 年度社会责任报告
600674. SH	川投能源	川投能源:2023 年度履行社会责任报告
000810. SZ	创维数字	创维数字:2023 年社会责任报告

续表

证券代码	证券简称	2023 年报 ESG 独立报告
603759.SH	海天股份	海天股份:社会责任报告
300696.SZ	爱乐达	爱乐达:2023 年度社会责任报告
688506.SH	百利天恒-U	百利天恒:2023 年环境、社会及治理(ESG)报告
002926.SZ	华西证券	华西证券:2023 年度环境、社会及公司治理(ESG)报告
002268.SZ	电科网安	电科网安:2023 年社会责任报告
601399.SH	国机重装	国机重装:2023 年环境、社会及公司治理(ESG)报告
000558.SZ	莱茵体育	莱茵体育:2023 年社会责任报告
300987.SZ	川网传媒	川网传媒:2023 年度社会责任报告
600979.SH	广安爱众	广安爱众:2023 年度环境、社会及治理(ESG)报告
000801.SZ	四川九洲	四川九洲:四川九洲电器股份有限公司 2023 年度环境、社会及治理(ESG)报告

资料来源：Wind 数据库。

Contents

I   Generat Report

Abstract: In 2018, Sichuan Province started provincial-level green finance innovation pilot work, and has formed a green finance innovation development pattern in "5+2" pilot areas. From the overall situation of the country, the green finance development index of Sichuan Province ranks in the forefront; Sichuan green finance development environment index is in the first echelon, development performance index, vitality index and potential index are in the top ten. From 2018 to 2022, the environment index, performance index, vitality index and potential index of green finance development in Sichuan Province are maintained an overall upward trend; Affected by the COVID-19 epidemic, the development performance of green finance declined in 2021, but it still increased in 2022, maintaining a good upward trend on the whole. The green financial development environment, development performance, development vitality and development potential of the Chengdu-Chongqing Twin City economic Circle have been significantly improved. Compared with the Beijing-Tianjin-Hebei region, the Yangtze River Delta region, Guangdong, Hong Kong and Macao region, some indicators of the Chengdu-Chongqing Twin City economic Circle have reached or approached the advanced level. At present, the development of green finance in Sichuan has problems such as low scale, insufficient institutional innovation, and weak willingness to disclose information. It needs to innovate and develop from the aspects of development path optimization and development focus (transformation finance and green supply chain finance, carbon finance and climate finance, biodiversity finance, ecological finance and sustainable finance).

Keywords: Green Finance; Green Development; Sichuan

II   Technical Reports

B.2 Report of Sichuan Green Finance Development Index Syetem Construction Method and The Index Generation Method

Wei Liangyi, Wang Meng and Yang Jiamei / 043

Abstract: Starting from the theory of financial function and green development, and drawing on the practice and successful experience of compiling the existing green finance index, the index system of Sichuan green finance development is constructed based on the framework of "environment-performance-vitality-potential", taking into account the four principles of the goal-orientation, the index comprehensiveness, the data availability and the dynamic traceability. It contains 4 second-level indicators, 15 third-level indicators, 21 fourth-level indicators and 29 fifth-level indicators. The quantitative analysis methods such as data collection and processing, weight determination and index calculation are analyzed and determined. The index has a wide range of application, and has high reference significance and practical value for the decision-makers of government departments, the researchers and the financial institutions.

Keywords: Green Finance; Green Development; Sichuan

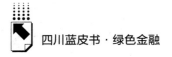

Ⅲ   Sub-Reports

B.3   Development and Prospect of Green
Insurance in Sichuan Province

Luo Zhihua / 064

Abstract: Driven by policies such as the "dual carbon" target, environmental protection policies, and the development requirements of green finance, China's green insurance protection capacity and the scale of green investment by insurance funds have shown a rapid growth trend in recent years. In this context, there is no doubt that the number and protection capacity of green insurance products in the insurance industry in our province will continue to show rapid growth in 2024-2025, as well as the investment in green bonds and green industry projects by insurance funds. However, there are still problems in our province, such as imbalanced development of green finance, lagging development of green insurance, and inadequate mechanism for sharing green insurance information. There is a lack of linkage mechanisms between green credit and green insurance, as well as between green bonds and green investment. Based on this, this report provides several preliminary suggestions for the development and prospects of green insurance in our province.

Keywords: Green Finance; Green Insurance; Green Investment; Environmental Pollution Liability Insurance

B.4   Sichuan Green Securities Development Report

Wang Zhengxi, *Du Kunlun* / 078

Abstract: In the process of Chinese-style modernization, the vigorous development of green finance is crucial to the realization of the "dual-carbon" strategic goal and the sustainable development of the economy and society. This report takes the green securities market in Sichuan province as the research object, analyzes the development foundation of green securities in Sichuan from the aspects of resource endowment, regulatory support and regional strategic synergy, and analyzes the development status, problems and new challenges of green securities in Sichuan from the three sub-dimensions of green bonds, green stocks and ESG disclosure of listed companies. In order to better build the green securities market in Sichuan province, better serve the high-quality development of Sichuan's economy and society, tell the story of Sichuan's green securities, and contribute to the wisdom of Sichuan's green development, this report proposes relevant strategies and initiatives in terms of precise policy implementation, scientific identification criteria, enhancement of market vitality, optimization of regulatory mechanism, and promotion of regional cooperation.

Keywords: Green Securities; Green Bonds; Green Stocks; ESG Disclosure; Capital Market

B.5 Report on The Development of Green Credit in Sichuan Province

Li Jing, Zheng Yuxuan / 103

Abstract: The Government Work Report proposes to accelerate the development of New Quality Product Force, and promote the construction of a modern industrial system and green transformation. Green credit is an important part of the green finance "the major article", and plays an irreplaceable role in promoting the low-carbon sustainable development of our country's industries and improving green new quality product force. This report analyzes the natural, economic and policy basis for the development of green credit in Sichuan Province, and sorts out the central and local policy guidelines, industrial sectors planning and financial policies to explore the needs of developing green credit in Sichuan Province. Then, based on the resources, market and product potential of green credit

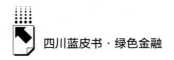
in Sichuan Province, this report also point out the realistic difficulties of the development of green credit in Sichuan Province from the aspects of data acquisition, the combination of theory and practice, and the construction of infrastructure platforms, and puts forward constructive policy suggestions for these problems.

Keywords: Green Credit; New Quality Product Force; Sustainable Development; Sichuan

B.6 Development Report on Green Fund in
Sichuan Province

Li Xianbin, Jianlian Erla / 117

Abstract: This report first elaborates on the basic concept of green funds and summarizes their significant characteristics. At the same time, it explains the role of green funds in promoting industrial development and related constraints. Next, an analysis is conducted on the economic, institutional, and technological foundations for the development of green funds in Sichuan Province. The demand for the development of green funds in Sichuan Province is summarized, and the potential and existing problems for the development of green funds in Sichuan Province are summarized. Finally, a series of countermeasures and suggestions were proposed to promote the development of green funds in our province.

Keywords: Green Industry; Green Finance; Green Industry Investment Fund; Green Fund

Ⅳ Area Reports

B.7 Chengdu's Green Finance Development Report

Wei Liangyi, Ma Cankun / 135

Abstract: The development of Green-Finance in Chengdu has achieved remarkable results. This paper takes Sichuan United Environment Exchange - "Green Rong Rong", Xindu District green finance Reform pilot zone - "Green Rong Tong", and Industrial Bank Chengdu Branch green finance services as typical cases, analyzes the background, the main practices, the innovation highlights, the development results and the enlightenment of green finance innovation and development in Chengdu. The development experiences of green finance in Chengdu are summarized from four aspects: construction of green finance products, construction of green finance environment, construction of green finance main body and construction of green finance infrastructure. It also prospected the next key development areas and innovation paths of green finance in Chengdu.

Keywords: Green Finance; "Green Rong Rong"; "Green RongTong"; Chengdu

B. 8   Guangyuan's Green Finance Development Report

Liu Xiaotian, Xie Fen / 149

Abstract: as one of the first green finance pilot areas in Sunac, Guangyuan has always made green finance reform a priority of regional financial reform and constantly improved the green finance system, we will vigorously develop green credit, Green Insurance and other financial instruments, and explore ways to promote the landing of green funds and bonds in Guangyuan, by means of overall planning, outstanding innovation, perfect supporting, multi-party efforts and entity-based, remarkable results have been achieved, and the reform and innovation cases have good promotion and reference value. While looking at the achievements of Guangyuan Guangyuan's green finance development, we also need to fully recognize the current problems and propose the next innovation pilot areas, innovation paths and priorities for Green Finance in Hong Kong. It is of great significance for Sichuan province to develop green finance and achieve peak carbon neutrality by exploring the effective connection between green finance and local green industry transformation.

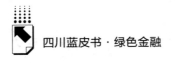
Keywords: Green Finance; Green Credit; Green Insurance; Green Fund; Green Bond

B.9　Nanchong Green Finance Development Report

Hu Jianzhong ／ 169

Abstract: In 2018, Nanchong City was listed as one of the first five green finance pilot areas in Sichuan Province. Nanchong constantly explores the development path of green finance according to local conditions, supports the development of key industries and fields, and improves the green finance system. By the end of 2023, Nanchong City has issued a total of 26. 057 billion yuan of green credit, with a year-on-year increase of 71. 48% in the balance of green loans, ranking fourth in the province. At the same time, there are also problems in the development of green finance in Nanchong City, such as fewer participating financial institutions, single green financial products, and lack of sharing information platforms. To this end, this paper puts forward some policy suggestions, such as sinking green finance, increasing innovation of green financial products and service models, establishing information sharing platform and increasing support of green finance for rural revitalization.

Keywords: Green Finance Pilot; Green Finance; Green Bank

B.10　Yaan's Green Finance Development Report　　*Lin Nan ／ 184*

Abstract: Ya'an, located in the transition zone between Southwest China's Sichuan Basin and the Western Qinghai-tibet plateau, is known as "The lungs of heaven", "Natural oxygen bar", "Panda Hometown", it is a famous historical and cultural city in Sichuan Province, a model city with beautiful environment in Sichuan province, and has a good foundation for the development of green financial market. Since its establishment as a pilot City for innovation, Ya'an has made remarkable achievements in the development of green finance, effectively supporting the green and high-quality development of the local economy. In addition, Ya'an has been continuously improving its green financial services and innovating green financial products, it has formed distinctive green financial service models, such as "Re-loan + Industry Fund + fiscal interest discount", "Finance + Ecology + Industry + poverty alleviation", "Finance + Leading Enterprises + cooperatives + poor households", etc., and the launch of innovative green financial credit products, such as "Low-carbon loans", "Green easy loans", "Pepper-scented loans" and "Water-saving loans", to meet the diverse financing needs of Ya'an's market players, and promote the development of green low-carbon solid industry quality and efficiency. At present, Ya'an's Green Finance Development Index and financial eco-environment assessment are both in the forefront of the province, which have very important research and analysis value and promotion reference significance.

Keywords: Green Finance; Green Gredit Products; Ya'an

B.11 Aba's Green Finance Development Report

Wu Jiaqi / 205

Abstract: As a representative ethnic region of green finance innovation , Aba bases on the functional positioning of the Ecological Demonstration Zone in "Tibetan Qiang Corridor" and deeply implements the concept of green development. In recent years, a "6 : 2 : 1" green financial institution system has been initially formed; Explore the "ticket revenue rights+accounts receivable" and "green credit+industrial base+farmers and herdsmen" models for 5A scenic spots; The green finance pilot is empowering the development of green economy in ethnic regions by supporting the realization of the value of green ecological resources, driving the development of inclusive finance, supporting local industrial transformation. The construction of the social credit system is being promoted from

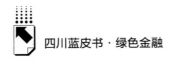
四川蓝皮书·绿色金融

cities to rural, and the integration of green finance entities has promoted the coordinated development of "green finance + inclusive finance", exploring new paths for achieving common prosperity.

Keywords: Green Resources; Green Inclusive Finance Tibetan Qiang Corridor; Aba

B.12 Yibin's Green Finance Development Report

Li Xiaoyu / 218

Abstract: This report comprehensively reviews the remarkable achievements of Yibin's green finance development in Sichuan province, and summed up the green financial environment, the main body and infrastructure construction experience and shortcomings. The report notes that Yibin has made significant progress in green finance business, mechanisms, institutions, people and products, and has identified a number of successful cases with bright spots and exemplary effects through innovative practices. At the same time, the report also reveals the challenges and shortcomings faced by Yibin in the development of green finance, and puts forward targeted development recommendations and prospects.

Keywords: Green Finance; Finance Development; Infrastructure; Yibin

B.13 Panzhihua's Green Finance Development Report

Long Yunfei, Gan Lu and Li Jing / 241

Abstract: Practicing the new concept of green development and helping the dual-carbon strategy is an important task for the financial system to serve the real economy in the new development stage. Panzhihua is a typical resource-based city. It has set out a path of green finance reform and innovation with regional characteristics in terms of green finance organization leadership structure and policy system construction, green finance reform and innovation pilot exploration, green finance support for green and low-carbon economic transformation development, and green finance development practice of financial institutions. Panzhihua actively explores the green and low-carbon transformation path of financial support for leading industries, key industries and key enterprises, and its green financial development has achieved outstanding results. In the future, Panzhihua will focus on development from the aspects of financial support for green and low-carbon transformation infrastructure construction, improvement of diversified financial support for green and low-carbon transformation products and services system, improvement of multi-level financial organization system to support green and low-carbon transformation, innovation and establishment of financial support for green and low-carbon transformation policy support, and establishment and improvement of green finance and transformation financial risk prevention system. It will build a green finance and transformation financial service system with local characteristics, serving green and low-carbon transformation, complete organizational system, products and services, policy coordination, and safe operation.

Keywords: Resource-based City; Low-carbon Transformation; Green Loan; Green Finance

V Case Report

B. 14 Bank of Sichuan Green Finance Development

Report

Sichuan Bank Co. , Ltd. / 258

Abstract: Bank of Sichuan was established in November 2020. It is based on Panzhihua commercial bank and Liangshan State Commercial Bank, the first provincial-level corporate city commercial bank in Sichuan Province, with a registered capital of RMB 30 billion yuan, is among the leading city commercial

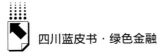

banks in China. Since its founding, the bank of Sichuan has continued to strengthen financial support for the development of green finance in Sichuan, and to enhance the efficiency of green services in finance. The bank of Sichuan has formulated the "14th five-year plan for the development of Green Finance" of the Bank of Sichuan Co., Ltd., create "Sichuan Silver Green Gold" business system. By the end of the 2023, the balance of green finance business had increased by more than 90% year-on-year, it has set up the first sustainable development-linked loan for high-carbon industry in Sichuan Province, the first EOD project loan from Sichuan Bank, Green support and efficient integration. The bank of Sichuan will further integrate into the green finance articles, constantly innovating the service mode, and provide more and better Sichuan Bank service blueprint for supporting the green development of Sichuan Province.

Keywords: Sichuan Bank; Green Finance; Sichuan Silver Green Gold

社会科学文献出版社

皮 书

智库成果出版与传播平台

❖ 皮书定义 ❖

皮书是对中国与世界发展状况和热点问题进行年度监测，以专业的角度、专家的视野和实证研究方法，针对某一领域或区域现状与发展态势展开分析和预测，具备前沿性、原创性、实证性、连续性、时效性等特点的公开出版物，由一系列权威研究报告组成。

❖ 皮书作者 ❖

皮书系列报告作者以国内外一流研究机构、知名高校等重点智库的研究人员为主，多为相关领域一流专家学者，他们的观点代表了当下学界对中国与世界的现实和未来最高水平的解读与分析。

❖ 皮书荣誉 ❖

皮书作为中国社会科学院基础理论研究与应用对策研究融合发展的代表性成果，不仅是哲学社会科学工作者服务中国特色社会主义现代化建设的重要成果，更是助力中国特色新型智库建设、构建中国特色哲学社会科学"三大体系"的重要平台。皮书系列先后被列入"十二五""十三五""十四五"时期国家重点出版物出版专项规划项目；自2013年起，重点皮书被列入中国社会科学院国家哲学社会科学创新工程项目。

皮书网

（网址：www.pishu.cn）

发布皮书研创资讯，传播皮书精彩内容
引领皮书出版潮流，打造皮书服务平台

栏目设置

◆ 关于皮书

何谓皮书、皮书分类、皮书大事记、
皮书荣誉、皮书出版第一人、皮书编辑部

◆ 最新资讯

通知公告、新闻动态、媒体聚焦、
网站专题、视频直播、下载专区

◆ 皮书研创

皮书规范、皮书出版、
皮书研究、研创团队

◆ 皮书评奖评价

指标体系、皮书评价、皮书评奖

所获荣誉

◆ 2008 年、2011 年、2014 年，皮书网均
在全国新闻出版业网站荣誉评选中获得
"最具商业价值网站"称号；
◆ 2012 年,获得"出版业网站百强"称号。

网库合一

2014年，皮书网与皮书数据库端口合
一，实现资源共享，搭建智库成果融合创
新平台。

皮书网

"皮书说"
微信公众号

权威报告·连续出版·独家资源

皮书数据库
ANNUAL REPORT(YEARBOOK)
DATABASE

分析解读当下中国发展变迁的高端智库平台

所获荣誉

- 2022年，入选技术赋能"新闻+"推荐案例
- 2020年，入选全国新闻出版深度融合发展创新案例
- 2019年，入选国家新闻出版署数字出版精品遴选推荐计划
- 2016年，入选"十三五"国家重点电子出版物出版规划骨干工程
- 2013年，荣获"中国出版政府奖·网络出版物奖"提名奖

皮书数据库

"社科数托邦"
微信公众号

成为用户

　　登录网址www.pishu.com.cn访问皮书数据库网站或下载皮书数据库APP，通过手机号码验证或邮箱验证即可成为皮书数据库用户。

用户福利

- 已注册用户购书后可免费获赠100元皮书数据库充值卡。刮开充值卡涂层获取充值密码，登录并进入"会员中心"—"在线充值"—"充值卡充值"，充值成功即可购买和查看数据库内容。
- 用户福利最终解释权归社会科学文献出版社所有。

数据库服务热线：010-59367265
数据库服务QQ：2475522410
数据库服务邮箱：database@ssap.cn
图书销售热线：010-59367070/7028
图书服务QQ：1265056568
图书服务邮箱：duzhe@ssap.cn

社会科学文献出版社 皮书系列
SOCIAL SCIENCES ACADEMIC PRESS (CHINA)

卡号：342322839239
密码：

S 基本子库
UB DATABASE

中国社会发展数据库（下设 12 个专题子库）

紧扣人口、政治、外交、法律、教育、医疗卫生、资源环境等 12 个社会发展领域的前沿和热点，全面整合专业著作、智库报告、学术资讯、调研数据等类型资源，帮助用户追踪中国社会发展动态、研究社会发展战略与政策、了解社会热点问题、分析社会发展趋势。

中国经济发展数据库（下设 12 专题子库）

内容涵盖宏观经济、产业经济、工业经济、农业经济、财政金融、房地产经济、城市经济、商业贸易等 12 个重点经济领域，为把握经济运行态势、洞察经济发展规律、研判经济发展趋势、进行经济调控决策提供参考和依据。

中国行业发展数据库（下设 17 个专题子库）

以中国国民经济行业分类为依据，覆盖金融业、旅游业、交通运输业、能源矿产业、制造业等 100 多个行业，跟踪分析国民经济相关行业市场运行状况和政策导向，汇集行业发展前沿资讯，为投资、从业及各种经济决策提供理论支撑和实践指导。

中国区域发展数据库（下设 4 个专题子库）

对中国特定区域内的经济、社会、文化等领域现状与发展情况进行深度分析和预测，涉及省级行政区、城市群、城市、农村等不同维度，研究层级至县及县以下行政区，为学者研究地方经济社会宏观态势、经验模式、发展案例提供支撑，为地方政府决策提供参考。

中国文化传媒数据库（下设 18 个专题子库）

内容覆盖文化产业、新闻传播、电影娱乐、文学艺术、群众文化、图书情报等 18 个重点研究领域，聚焦文化传媒领域发展前沿、热点话题、行业实践，服务用户的教学科研、文化投资、企业规划等需要。

世界经济与国际关系数据库（下设 6 个专题子库）

整合世界经济、国际政治、世界文化与科技、全球性问题、国际组织与国际法、区域研究 6 大领域研究成果，对世界经济形势、国际形势进行连续性深度分析，对年度热点问题进行专题解读，为研判全球发展趋势提供事实和数据支持。

法律声明

　　"皮书系列"（含蓝皮书、绿皮书、黄皮书）之品牌由社会科学文献出版社最早使用并持续至今，现已被中国图书行业所熟知。"皮书系列"的相关商标已在国家商标管理部门商标局注册，包括但不限于LOGO（　）、皮书、Pishu、经济蓝皮书、社会蓝皮书等。"皮书系列"图书的注册商标专用权及封面设计、版式设计的著作权均为社会科学文献出版社所有。未经社会科学文献出版社书面授权许可，任何使用与"皮书系列"图书注册商标、封面设计、版式设计相同或者近似的文字、图形或其组合的行为均系侵权行为。

　　经作者授权，本书的专有出版权及信息网络传播权等为社会科学文献出版社享有。未经社会科学文献出版社书面授权许可，任何就本书内容的复制、发行或以数字形式进行网络传播的行为均系侵权行为。

　　社会科学文献出版社将通过法律途径追究上述侵权行为的法律责任，维护自身合法权益。

　　欢迎社会各界人士对侵犯社会科学文献出版社上述权利的侵权行为进行举报。电话：010-59367121，电子邮箱：fawubu@ssap.cn。

社会科学文献出版社